工业和信息化高职高专"十二五"
规划教材立项项目

集装箱运输
管理实务

Container Transportation
Management Practice

刘雅丽 罗颖 ◎ 主编

解翠杰 杨光辉 ◎ 副主编　李建欣 ◎ 主审

21世纪高等职业教育财经类规划教材

物流管理专业

Logistics Management

人民邮电出版社

北京

图书在版编目（CIP）数据

集装箱运输管理实务 / 刘雅丽，罗颖主编. -- 北京
：人民邮电出版社，2011.9（2019.2 重印）
21世纪高等职业教育财经类规划教材. 物流管理专业
ISBN 978-7-115-25951-6

Ⅰ. ①集… Ⅱ. ①刘… ②罗… Ⅲ. ①集装箱运输管
理－高等职业教育－教材 Ⅳ. ①U169.6

中国版本图书馆CIP数据核字(2011)第146442号

内 容 提 要

本书详细介绍了集装箱相关知识、集装箱的使用与装载、集装箱货物的交接、集装箱码
头业务、集装箱的运输业务、多式联运业务、进出口运输业务以及集装箱运输费用的计算，
并拓展了相关技能，如增加了危险货物集装箱运输等内容。

本书以工作任务为导向，按集装箱运输实务的操作开展项目教学。每个项目由相应知识
与能力目标、项目引入、相关知识、项目实施、项目小结、综合练习与实训 6 部分组成。通
过学习和训练，学生能够进行各项集装箱运输实务操作。

本书可供报关与国际货运、国际航运管理、物流管理、交通运输管理、港航企业管理、
港口商务、国际商务等高职高专相关专业选作专业教材，也可供国际运输港航企业、国际船
舶代理公司、国际货运代理公司等企业的业务人员自学或岗位培训使用。

◆ 主　编　刘雅丽　罗　颖
　　副主编　解翠杰　杨光辉
　　主　审　李建欣
　　责任编辑　李育民
◆ 人民邮电出版社出版发行　　北京市丰台区成寿寺路 11 号
　　邮编　100164　电子邮件　315@ptpress.com.cn
　　网址　http://www.ptpress.com.cn
　北京中石油彩色印刷有限责任公司印刷
◆ 开本　700×1000　1/16
　　印张：16.25　　　　　　2011 年 9 月第 1 版
　　字数：310 千字　　　　　2019 年 2 月北京第 8 次印刷
　　　　ISBN 978-7-115-25951-6
　　　　　　定价：29.80 元
读者服务热线：(010)81055256　印装质量热线：(010)81055316
反盗版热线：(010)81055315
广告经营许可证：京东工商广登字 20170147 号

近 30 年来，我国取得巨大的进步，靠的是改革开放带来的经济腾飞。经济的发展使得财经类学科一时成为显学，财经类专业也成为了大中专院校的热门专业。

当前，企业对财经类人才的需求又开始呈现增长的态势，但同时企业对财经类人才的要求与以往相比也越来越高。因此，能够培养出数量充足，而且素质和技能较高、能够充分适应和满足企业需求的财经类人才，已成为未来高职高专院校亟待探索和解决的问题。

何谓高层次的财经人才，首先，应该有科学、完整、宽厚、扎实的专业知识，现在市场细分，岗位细分，越是细分，对人才的要求就越综合，越需要具备综合知识，以做好细分后的工作；其次，需要有较强的实践能力，能够高质量地承担第一线工作，并且能够在实践中不断地发展自己。要培养出这样一支高素质、高技能的应用型、技术性人才队伍，就要摸索出一套有效的人才培养模式，做好高校人才培养工作。

教材建设在高校人才培养中占有重要的地位。基于这一点，人民邮电出版社在广泛征求全国高职高专财经类专家、学者和教师意见的基础上，组建了 21 世纪高等职业教育财经类规划教材编写委员会，以课题研究的形式，组织全国多所知名财经院校教师，多次召开了教材建设研讨会，从而确立了系列规划教材的编写思路和编写体例，并对系列规划教材的大纲和内容进行了深入研讨和论证，几易其稿，终能付梓。

本系列规划教材涉及财务会计、财政金融、市场营销、工商管理、经济贸易、物流管理、电子商务等多个方向，其内容既体现教育部发布的 16 号文件精神，又与高职高专院校教学实践相结合，具有鲜明的编写特色。

1. **整体策划，项目推进**。本系列规划教材注重专业整体规划，从分析专业工作岗位入手，获得专业核心技能和岗位核心技能，进而来组织教材选题，安排教材结构和内容。同时，本系列教材采用项目研究、整体推进的形式，可以有效保证各专业教材内部之间的衔接性和系统性。

2. **定位准确，紧扣改革**。本系列规划教材紧扣教学改革的最新趋势，体现教育部发布的《关于全面提高高等职业教育教学质量的若干意见》的文件精神，专业核心课程以应用知识为主，重点是培养学生解决实际问题的能力，满足培养应用型人才的教学需求。

3. **理论够用，突出技能**。本系列规划教材遵循"以就业为导向，工学结合"的原则，以实用为基础，根据企业的岗位需求进行课程体系设置和教材内容选取，理论知识以"够用"为度，突出工作过程导向，突出技能的培养。在编写体例上将案例教学方式和项目教学方式与不同的课程合理结合，以期能够更贴近教学实际。

为了提升教学效果和满足学生的学习需求，本系列规划教材大部分还建设了配套的立体化教学辅助资源，包括多媒体课件、电子教案、实训资料、习题及答案、生动的教学案例及案例分析，部分教材还配有图片、动画和视频等教学资源。

期望通过本系列规划教材的推出，能够为推动财经类专业职业教育教学模式、课程体系和教学方法的改革贡献一份力量。同时，我们也希望能有更多的专家和老师参与到本系列规划教材的建设中来，对教材提出宝贵的意见和建议。

集装箱运输是近年来发展极快的一种运输方式，因其高效率、高度标准化、高度国际化和信息化而被视作"运输界的一场革命"。集装箱运输方式在世界物流界被广泛采用。集装箱运输管理实务是物流管理高技能人才必须掌握的技能，是高职高专物流类专业一门重要的专业核心课程。

本书以能力培养为目标，专业性与实用性统一，系统性与全面性兼具，能力点和知识点相结合，注重培养应用型、技能型人才，详细介绍集装箱运输过程中的实务内容。

本书以工作任务为导向，以集装箱运输程序为线索，由浅入深地将全书内容以项目式展开，每个项目由项目导入、相关知识、项目实施、综合练习与实训等部分组成。在项目导入部分，明确项目任务，使学生带着任务学习，既能激发学生的学习兴趣，也能促进学生的自学能力。在相关知识部分，介绍完成项目时学生需要学习的集装箱运输实务的基本操作等知识。在项目实施部分，对任务进行说明。在综合练习与实训部分，精心筛选了一定数量的习题，供学生检测学习效果。

通过项目式学习与训练，学生能够掌握集装箱运输实务的基础知识，能进行集装箱运输实务的基本操作，并能合理处理集装箱运输过程中遇到的问题，因此适合作为应用型人才培养特色的集装箱运输管理专业、物流管理专业的教学以及教师的教学参考书，也可供货运代理、港口业务人员、外贸及物流企业等人员参考使用。

本书的参考学时为 60 学时，采用理论实践一体化项目式教学模式。

本书由刘雅丽、罗颖任主编，解翠杰、杨光辉任副主编，全书由李建欣审稿。参加编写人员具体分工如下：项目二、项目三由刘雅丽编写，项目一、项目四由罗颖编写，项目六、项目八由焦建红编写，项目九、项目十由王海娟编写，项目五、项目十一由解翠杰编写，由卫颖编写项目七。

本书在编写过程中参考了同行专家的有关著作、教材和文章，力求使本书突出实务操作性。在此，谨向这些文献资料的作者以及专家学者表示衷心感谢。

由于编者水平有限，书中难免有欠妥和错误之处，恳请读者批评指正。

编　者
2011 年 7 月

项目一

走进集装箱运输

【知识目标】

- 集装箱的定义及其标准化
- 集装箱的尺寸、结构组成
- 集装箱分类和标记

【能力目标】

- 能够识别集装箱外部印刷的标志
- 能根据货物种类和性质选择合适的集装箱
- 根据货物量正确选择不同尺寸的集装箱
- 认识集装箱结构

 项目引入

    集装箱是国际物流的主要运输装备，国际货运的90%通过集装箱运输完成，每年超过3 000万TEU重箱在全球流通。2005年，中国内地的集装箱吞吐量为7 564万TEU，中国香港的集装箱吞吐量为1 900万TEU。而对如此大规模、国际性的货物流通载体——集装箱的供应链管理、信息收集、跟踪监控仍然通过手工完成，实时且准确的数据仅占65%。

对集装箱的检查在国际反恐行动中十分重要，而目前每年只有 5%的集装箱经过海关检查。一套有效的、具有防止集装箱非法打开的、通过 RFID 技术自动读取集装箱状态的智能化集装箱，对于海关货物检查和国际反恐来说意义重大。国际货运安全组织（ICSC）对全球 100 家顶级进口和出口商最关心的问题展开调查，结果显示，集装箱安全问题居首位。

发达国家已经开展了智能安全集装箱等一系列的研究与开发工作。自 "9·11" 事件以后，美国政府对国土安全进行了全面评估，认为陆路和海路运输是最薄弱的环节。据美国国土安全部的评估，一个集装箱在港口爆炸所引起的损失约 70 亿美元，同时将造成 6 万个集装箱积压港口，港口大约需要 2 个月才能恢复正常。2008 年 5 月，美国众议院和参议院分别通过了《安全港口法案》和《海上安全绿色通道法案》，全球进入美国的集装箱 2007 年时要求 50%使用智能化集装箱，2009 年要达到 90%。

任务：调研智能集装箱的应用情况。

 相关知识

一、认识集装箱运输

1. 集装箱运输的定义

集装箱是一个大型的、标准化的、能反复使用的载货容器。集装箱运输就是将货物装在集装箱内，以集装箱作为一个货物集合（成组）单元，进行装卸、运输（包括船舶运输、铁路运输、公路运输、航空运输以及这几种运输方式的联合运输）的运输工艺和运输组织形式。

集装箱运输是对传统的以单件货物进行装卸运输工艺的一次重要革命，是当代世界上最先进的运输工艺和运输组织形式，是件杂货运输的发展方向，是交通运输现代化的重要标志。

由于集装箱运输具有巨大的社会效益和经济效益，因而现代化的集装箱运输热潮已遍及世界。各国都把集装箱运输的普及和发展作为该国运输现代化进程的标志，国际航运中心（也称为国际运输中心、国际贸易中心）也以集装箱装卸中转量的规模为主要标志。

目前，集装箱运输已进入以国际远洋船舶运输为主，以铁路运输、公路运输、航空运输为辅的国际多式联运为特征的新时期。

2. 集装箱运输的优点

集装箱运输的特点主要是将单件杂货集中成组装入箱内，采用大型装卸机械，发挥多式联运的系统化的长处，实现门到门的运输，使船主与货主两方受益，其主要优点如下。

（1）提高装卸效率，减轻劳动强度。单件货物集中成组装卸，减少了原有单件货物装卸运输的多次重复作业。采用大型机械和自动化作业也大大提高了装卸的效率，减轻了劳动强度。例如，在港口普通码头上装卸件杂货船舶，其装卸效率一般为 35t/h，并且需要配备装卸工人约 17 人，采用集装箱运输，一台装卸桥的工作效率可达到 50TEU/h，按每箱载货 10t 计，生产效率已达 400～500t/h，配备的装卸工人至多只有 4 人，工效提高了几十倍。

（2）减少了装卸所需要的时间和费用，加速了车船周转。对船方来说，减少装卸时间，提高船舶的周转率和减少装卸费用，受益自然不少。对货主来说，减少运输时间，意味着减少商品在运输过程中所支付的利息，大量节省商品必需的库存数量，亦可使商品能及时投放市场，满足用户需要。

（3）保证货场完整无损，避免货损货差。采用件杂货运输方式时，由于在运输和保管过程中货物不易保护，尽管也采取了一些措施，但货损货差情况仍较严重，特别是在运输环节多、品种复杂的情况下。采用集装箱运输方式后，由于使用强度较高、水密性较好的箱体对货物进行保护，从发货人装箱、铅封到收货人收货，一票到底，既能防止恶劣天气对箱内货物的侵袭，又有利于防止盗窃。因此，货物在整个搬运、装卸和保管过程中不易损坏，也不易产生缺失事故，货物的完好率大大提高。例如，据统计，用火车装运玻璃器皿的破损率有时高达 30%，改用集装箱运输后，破损率下降到 5%以下，甚至可达 0.01%以下。

（4）节省包装费用，简化理货手续。集装箱箱体作为一种能反复使用的包装件，虽然一次性投资较高，但与一次性包装方式相比，其单位货物运输分摊的包装费用投资反而降低了。例如，采用集装箱装运电视机可比原先件杂货运输节省包装费用约 50%。在运输场站，由于集装箱对环境要求不高，节省了场站在仓库方面的投资。件杂货由于包装单元较小，形状各异，理货核对较为困难，而采用标准集装箱，理货按整箱清点，大大节省了检查时间，同时也节约了理货费用。此外，集装箱运输也促使许多货物的包装标准与集装箱标准箱相适应，推动了货物包装的标准化。采用集装箱后，原来对单件货物的查验标志、理货交接等烦琐手续大大简化。

（5）减少营运费用，降低运输成本。采用集装箱运输以后，船舶在港口装卸的时间大幅度减少，船舶周转次数成倍增加，因而运输成本大大降低。

3．集装箱运输的条件

虽然选择集装箱运输具有许多优越性，但开展集装箱运输必须具备一些基本条件，其中最主要的两个基本条件如下。

（1）要有稳定而量大的集装箱货源。由于集装箱运输都是定期班轮运输，开航日期、开航时间、停靠港口是固定的，如果货源不足或很少，将可能造成经营亏损。而货源充足且稳定的前提是一国或地区的经济发达程度高、工业化程度高、对外贸易额高。

（2）要有良好的基础设施。开展国际集装箱运输的基础设施除了集装箱船舶、集装箱外，主要还有以下两个方面。

① 是要有快速装卸集装箱的现代化大型专业化集装箱港口或码头。

② 是要有发达的内陆运输系统，以保证进口集装箱及时疏运和出口集装箱能及时集运。这就要求一国的公路、铁路、内河运输能满足集装箱运输的要求。

二、集装箱运输的发展趋势

国际集装箱运输主要以远洋班轮运输完成。在 21 世纪，集装箱运输的发展趋势及经营特点主要有以下几个方面。

1. 船舶大型化

在有充足的货源保证下，扩大船舶的规模可降低单位运输成本，实现运输生产的规模经济。所以，集装箱船舶日趋大型化。近年来，世界上一些主要的集装箱运输航线，如太平洋航线上，出现了运力过剩的情况。在这些航线上经营的船公司为了在激烈的市场竞争中争取有利地位，纷纷订造了一些超大型的集装箱船，试图借此进一步降低单位运输成本。这种状况更加速了船舶大型化的趋势。集装箱船舶向大型化发展的势头明显加快。

2. 港口码头现代化

国际集装箱运输船舶的大型化、国际集装箱运输的普及化要求有现代化的集装箱港口（码头）相配合。为了进一步降低集装箱运输成本，集装箱船舶越大，允许其停靠在码头的时间相对越短。因此，现代化的集装箱码头至少要具备 3 个条件：①要有足够的码头水深，才能停靠大型、超大型集装箱船舶；②要有现代化的装卸机械和设备，以达到快装、快卸；③集装箱码头管理系统要现代化、科学化，才能使码头业务人员（商务）工作快速、高效地进行。由于件杂货运输的集装化，集装箱吞吐量在港口吞吐总量中的比重日益增加。因此，现代化的集装箱码头往往成为国际枢纽大港口的主要标志，也是国际航运中心的重要标志之一。

3. 船舶高速化

船舶的航速与船舶的数量之间存在着重要的替代关系。航速高，班轮航线上所需要的船舶数量就少；航速低，需要的船舶数量就多。从数理上测算，在挂靠港数量相同的情况下，下列 3 种组合，均能保证在北大西洋航线上每周发一次船。

（1）航速 9.77～10.29m/s（19～20kn[*]），4 艘船。

（2）航速 10.8～12.35m/s（21～24kn），3 艘船。

（3）航速 15.43～16.46m/s（30～32kn），2 艘船。

---

[*] kn 为节，1kn=1852m/h。

在集装箱运输步入发展时期，由于集装箱投资巨大，许多船公司都采取了高速营运的政策，以此来减少船舶投入数量，降低营运成本。这一时期，新建的集装箱船航速一般都在 11.32m/s（22kn）左右，海陆公司甚至订购了两艘航速高达 16.98m/s（33kn）的 SL-7 型高速集装箱船。促使许多船公司在这一时期内采用高速营运政策的其他原因：当时的石油价格低廉；高速船舶能缩短运输时间，尤其是在长距离的航线上，这种效果更为明显，从而能向客户提供优质的运输服务。

但是，在当前石油价格暴涨后，集装箱船的高速化趋势受到了抑制。大多数船公司为了控制燃油成本，降低了船舶航速。但不管怎么说，集装箱船的航速在总体上仍明显高于传统班轮，一般在 10.29m/s（20kn）左右。

4. 挂靠港口少

集装箱船舶挂靠的港口比传统班轮相对要少一些，通常只在航线两端挂靠 2～3 个港口。例如，我国至澳大利亚航线上停靠的港口为中国上海、中国香港、墨尔本、悉尼新港。

集装箱船之所以要减少在航线上挂靠的港口数量，原因就在于集装箱船的投资巨大，船舶的固定成本在营运总成本中占有极高的比例，尽可能地减少在港时间，加速集装箱船的周转，是提高运输经济效益的关键。例如，据有关数据统计，1 000 箱位的全集装箱船，全年的资本成本为 860 万美元，占总成本的 59%。以一年 360 天计算，每天的资本成本高达 2.4 万美元左右。这足以说明，减少挂靠港口数量，对提高集装箱的运输经济效益有重要意义。

此外，集装箱船的每天在港成本与其吨位大小成正比。据统计，600TEU、750TEU、1 000TEU、3 000TEU 的集装箱船，每天的在港成本分别为 7 451 英镑、8 349 英镑、9 856 英镑、13 163 英镑。由此可见，在集装箱船日趋大型化的今天，如何缩短船舶在港时间是集装箱船舶经营成功的关键所在。

5. 航线班次频繁

传统班轮的航次一般是每月一次，每两周一次或每旬一次。自班轮运输进入集装箱运输时代，班轮的班次日益频繁。目前，在世界大多数航线上，大公司的发船频率普遍达到了每周一次。有些大公司，如海陆公司甚至已达到每 2～3 天发一次船。

在世界最主要的航线，有些船公司奉行"高服务、高运价"的经营方针，目的就是为了吸引更多的高价值货物。这些船公司在向客户提供的各种服务中，包括了开航与到达时间这项内容，所以增加航线上的班次也是船公司出于竞争上的考虑。

6. 运力严重过剩

集装箱船舶的大型化、高速化以及港口机械化大大提高了船舶的运输效率。但在实际上，由于货主希望船公司提供频繁的航运服务，即较短的发船间隔，再加上船公司为追求规模经济效益，投入大量的船舶。于是，集装箱运力迅速增长，超过了实际的货运需求，造成运力严重过剩的现象。

7. 竞争激烈

由于集装箱船舶过剩，经营者不愿放弃可以实现的规模经济效益，船舶高度专门化不能装运其他类货物等原因，集装箱船舶在经营中的竞争十分激烈。

与传统班轮相比，集装箱航线上一旦出现运力过剩情况，其持续时间将会更长一些，竞争也更加激烈一些。由于投资大、固定成本高，船公司面对萧条的市场不可能迅速作出调整，即使因货源不足而使船舶利用率很低，船公司还得继续维持经营，航线上的运力亦不减少。在这种情况下，大多数船公司为了求生存，必然会展开激烈的竞争。各船公司通过大量的市场活动、变换经营方式、提供优质服务等进行着残酷的运价战与揽货战。太平洋航线上近年来发生的竞争情况正是这种现象的真实写照。

三、集装箱的定义和标准化

1. 集装箱（Container）的定义

集装箱在我国香港地区被称为"货箱"，在我国台湾省被称为"货柜"。关于集装箱的定义，国际上不同国家、地区和组织的表述有所不同。许多国家（包括中国）现在基本上采用国际标准化组织 ISO 对集装箱的定义。

根据国际标准化组织 104 技术委员会（简称 ISO-TC104）的规定，集装箱是一种运输设备，它应具备以下条件。

（1）具有足够的强度，可长期反复使用。

（2）适于一种或多种运输方式运送货物，无须中途换装。

（3）装有便于装卸和搬运的装置，特别是便于从一种运输方式转移到另一种运输方式。

（4）便于货物的装满和卸空。

（5）内容积为 $1m^3$ 或 $1m^3$ 以上。

集装箱一词不包括车辆和一般包装。可以简单地说，集装箱是具有一定强度、刚度和规格，专供周转使用的大型装货容器。使用集装箱转运货物，可直接在发货人的仓库装货，运到收货人的仓库卸货，中途更换车、船时，无须将货物从箱内取出换装。

2. 集装箱标准化

在集装箱运输初期，集装箱的规格混乱，阻碍了集装箱运输的交换使用和推广。自从 1961 年 6 月国际标准化组织建立 104 技术委员会（ISO-TC104）以后，国际标准化就以 TC104 为中心开展工作。按照国际标准化组织（ISO）的定义，标准化是为了所有有关方面的利益，特别是为了求得最佳的、全面的经济效果，并适当考虑到产品使用条件与安全要求，在所有有关方面的协作下，进行有秩序的特定活动制定并实施各项规则的过程。所谓集装箱的标准化，即指集装箱在外形、结构、标志、强度等方面的标准化。国际标准集装箱（简称标准集装箱）是指按国际标准化组织（ISO）制定的标准设计和制造的集装箱。

3. 国际标准集装箱的尺寸

国际标准集装箱的尺寸可分为外部尺寸和最小内部尺寸。

目前，世界上95%的海运集装箱都符合ISO标准，即集装箱规格尺寸主要是第一系列的4种箱型，即A型、B型、C型和D型。表1-1所示为ISO制定的第一系列集装箱的外部尺寸和总重量。

表 1-1　　　　　　　　ISO第一系列集装箱规格尺寸和总重量

规格/ft	箱型	长		宽		高		最大总重量	
		米制/mm	英制	米制/mm	英制	米制/mm	英制	kg	lb
40	1AAA	12 192	40ft	2 438	8ft	2 896	9ft6in	30 480	67 200
	1AA					2 591	8ft6in		
	1A					2 438	8ft		
	1AX					< 2 438	< 8ft		
30	1BBB	9 125	29ft11.25in	2 438	8ft	2 896	9ft6in	25 400	56 000
	1BB					2 591	8ft6in		
	1B					2 438	8ft		
	1BX					< 2 438	< 8ft		
20	1CC	6 058	19ft10.5in	2 438	8ft	2 591	8ft6in	24 000	52 900
	1C					2 438	8ft		
	1CX					< 2 438	< 8ft		
10	1D	2 991	9ft9.75in	2 438	8ft	2 438	8ft	10 160	22 400

从表1-1中可以看出，国际集装箱的宽度均为8ft，长度有40ft、30ft、20ft和10ft 4种，高度有9ft6in、8ft6in、8ft和小于8ft（表中未列出）4种。目前，国际集装箱运输中，采用最多的是1AA（最小内部容积65.7m³，箱容系数为2.433m³/t）和1CC（最小内部容积32.1m³，箱容系数为1.493m³/t）两种箱，其次是1AAA、1A、1C箱型。

为了便于计算集装箱数量，可以以20ft的集装箱作为换算标准箱（Twenty-foot Equivalent Unit，TEU），即40ft集装箱 = 2TEU，30ft集装箱 = 1.5TEU，20ft集装箱 = 1TEU，10ft集装箱 = 0.5TEU。因此，TEU是集装箱的国际计量单位，也称为国际标准箱单位，通常用来表示船舶装载集装箱的能力，也是集装箱和港口吞吐量的重要统计、换算单位。

另外，在实践中也会用到自然箱（Natural Unit，UN）的概念。自然箱也称实物箱，是不进行换算的实物箱，即不论是40ft集装箱、30ft集装箱、20ft集装箱还是10ft集装箱均作为一个集装箱统计。自然箱也是统计集装箱数量时用到的一个术语。

集装箱外尺寸是包括集装箱永久性附件在内的集装箱外部最大的长、宽、高尺寸。它是确定集装箱能否在船舶、底盘车、货车、铁路车辆之间进行换装的主要参数，是各运输部门必须掌握的一项重要技术资料。

集装箱内尺寸和内容积是物资部门或其他装箱人必须掌握的重要技术资料，其中集装箱内尺寸是指集装箱内部的最大长、宽、高尺寸。高度为箱底板面至箱顶板最下面的距离，宽度为两内侧衬板之间的距离，长度为箱门内侧板至端壁内衬板之间的距离。集装箱内尺寸决定集装箱内容积和箱内货物的最大尺寸。集装箱内容积是按集装箱内尺寸计算的装货容积。同一规格的集装箱，由于结构和制造材料的不同，其内容积略有差异。

四、集装箱的结构

集装箱的结构根据其箱子种类不同而有差异，占集装箱总量85%以上的通用干货集装箱是一个六面长方箱体，一端设门，另一端是盲端。

1. 集装箱的方位性术语

集装箱的方位性术语主要是指区分集装箱的前、后、左、右以及纵、横的方向和位置的定义。通用集装箱的方位性术语如下。

（1）前端：没有箱门的一端。

（2）后端：有箱门的一端。

如集装箱两端结构相同，则应避免使用前端和后端这两个术语，若必须使用时，应依据标记、铭牌等特征加以区别。

（3）左侧：从集装箱后端向前看，左边的一侧。

（4）右侧：从集装箱后端向前看，右边的一侧。

由于集装箱在公路上行驶时，有箱门的后端都必须装在拖车的后方，因此有的标准把左侧称为公路侧，右侧称为路缘侧。

（5）路缘侧：当集装箱底盘车在公路上沿右侧向前行驶时，靠近路缘的一侧。

（6）公路侧：当集装箱底盘车在公路上沿右侧向前行驶时，靠近马路中央的一侧。

（7）纵向：集装箱的前后方向。

（8）横向：集装箱的左右与纵向垂直的方向。

2. 通用干货集装箱上的主要部件

通用干货集装箱由一个框架结构、两个侧壁、一个箱顶、一个箱底和一对箱门组成，在每个箱角上都设有角件。它主要由以下一些部件构成，（见图1-1）。

（1）角件：位于集装箱八个角端部，用于支承、堆码、装卸和拴固集装箱。角配件在三个面上各有一个长孔，孔的尺寸与集装箱装卸设备的扭锁相匹配。

（2）角柱：位于集装箱四边垂直边，起连接顶部角配件和底部角配件的支柱作用。

（3）上（下）横梁：位于箱体端部连接顶部（或底部）角配件的横梁。

（4）上（下）侧梁：位于箱体端部连接顶部（或底部）角配件的纵梁。

（5）顶（底）板：箱体顶部（底部）的板。

（6）顶（底）梁：支撑顶板（底板）的横向构件。

（7）叉槽：贯穿箱底结构，供叉举集装箱用的槽。

（8）侧（端）壁板：与上下侧（端）梁和角结构相连的形成封闭的板壁。

（9）侧（端）柱：垂直支撑和加强侧（端）壁板的构件。

（10）门楣：箱门上（下）方的梁。

（11）端（侧）门：端门一般设在箱的后端部，用铰链安装在角柱上，并用门锁进行关闭。通常，通用集装箱不设侧门，只有必要时才设置。

（12）门铰链：连接箱门与角柱以支承箱门，使箱门能开闭的零件。

（13）门把手：装在箱门锁杆上，在开关箱门时用来转动锁杆的零件。其一端焊接在锁杆上，抓住门把手使锁杆旋转，从而使锁杆凸轮与锁杆凸轮柱嵌合，把锁门锁住。

（14）锁杆凸轮：设于锁杆端部的门锁件，是锁门装置中的零件之一，与门楣上的锁杆凸轮座相嵌合，通过锁件的转动，把凸轮嵌入凸轮座内，将门锁住。

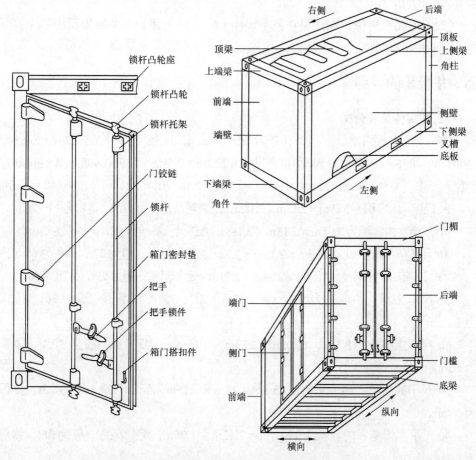

图 1-1　通用干货集装箱各主要部件位置示意图

（15）锁杆凸轮座：保持凸轮成闭锁状态的内撑装置。

（16）箱门锁杆：设在箱门上垂直的轴或杆。锁杆两端有凸轮，锁杆转动后凸轮即嵌入锁杆凸轮座内，把箱门锁住。锁杆还起着加强箱门承托力的作用。

（17）把手锁件：门锁装置中的零件之一，锁杆中央带有门把手，两端部带有凸轮，依靠门把手旋转锁杆，用来保持箱门把手处于关闭状态。

（18）门锁杆托架：门锁装置中的零件之一，焊接在箱门上用以托住锁杆并使之能转动的装置。

（19）箱门搭扣件：进行装、卸货物作业时，保持箱门呈开启状态的零件。它分两个部分：一部分设在箱门下侧端部，另一部分设在侧壁下方相对应的侧壁位置上。

（20）箱门密封垫：箱门周边为保证密封而设的零件。密封垫的材料一般采用氯丁橡胶。

（21）海关铅封件：通常设在箱门的把手锁件上，海关用于施加铅封的设置，一般都采用孔的形式。

（22）海关铅封保护罩：设在把手锁件上方，用于保护海关铅封而加装的防雨罩，一般用帆布制作。

五、集装箱的类别

1. 按规格尺寸分类

目前，国际上通常使用的干货柜（Dry Cargo Container）：外尺寸为 $6.1m \times 2.44m \times 2.59m$（$20ft \times 8ft \times 8ft6in$），简称 20 尺货柜；外尺寸为 $12.2m \times 2.44m \times 2.59m$（$40ft \times 8ft \times 8ft6in$），简称 40 尺货柜；外尺寸为 $12.2m \times 2.44m \times 2.9m$（$40ft \times 8ft \times 9ft6in$），简称 40 尺高柜。

20 尺柜：内容积为 $5.69m \times 2.13m \times 2.18m$，配货毛重一般为 17.5t，体积为 $24 \sim 26m^3$。

40 尺柜：内容积为 $11.8m \times 2.13m \times 2.18m$，配货毛重一般为 22t，体积为 $54m^3$。

40 尺高柜：内容积为 $11.8m \times 2.13m \times 2.72m$，配货毛重一般为 22t，体积为 $68m^3$。

45 尺高柜：内容积为 $13.58m \times 2.34m \times 2.71m$，配货毛重一般为 29t，体积为 $86m^3$。

20 尺开顶柜：内容积为 $5.89m \times 2.32m \times 2.31m$，配货毛重一般为 20t，体积为 $31.5m^3$。

40 尺开顶柜：内容积为 $12.01m \times 2.33m \times 2.15m$，配货毛重一般为 30.4t，体积为 $65m^3$。

20 尺平底货柜：内容积为 $5.85m \times 2.23m \times 2.15m$，配货毛重一般为 23t，体积为 $28m^3$。

40 尺平底货柜：内容积为 $12.05m \times 2.12m \times 1.96m$，配货毛重一般为 36t，体积为 $50m^3$。

2. 按集装箱使用材料分类

箱子主体部件（侧壁、端壁、箱顶等）采用什么材料，就叫做什么材料制造的集装箱。按使用材料分类，集装箱可分成以下 3 种。

（1）铝合金制集装箱。其优点是重量轻、外表美观、防腐强、弹性好、加工方便以及加工费低、修理费低、使用年限长；缺点是造价高、焊接性差。

（2）钢制集装箱。其优点是强度大、结构牢、焊接性高、水密性好、价格低廉；缺点是重量大、防腐性差。

（3）玻璃钢制集装箱。其优点是强度大、刚性好、内容积大、隔热、防腐、耐化学性好、易清扫、修理简便；缺点是重量大、易老化、拧螺栓处强度降低。

3. 按集装箱结构分类

按集装箱结构分类，集装箱可分为以下 3 类。

（1）内柱式与外柱式集装箱，主要指铝合金集装箱。内柱式集装箱是指侧柱（或端柱）位于侧壁或端壁之内；外柱式集装箱是指侧柱（或端柱）位于侧壁或端壁之外。

（2）折叠式集装箱，是指集装箱的主要部件（侧壁、端壁、箱顶等）能简单地折叠或分解，再次使用时可以方便地再组合起来。

（3）薄壳式集装箱，是把所有部件组成一个刚体，它的优点是重量轻，可以适应所发生的扭力而不会引起永久变形。

4. 按集装箱的使用目的分类

为适应不同货物的装载要求，出现了多种类型的集装箱，从运输家用物品的小型折叠式集装箱到 40ft 标准集装箱以及航空集装箱等。这里仅介绍在海上运输中常见的几种不同用途的国际货运集装箱类型。

（1）通用干货集装箱。这种集装箱也称为杂货集装箱（见图 1-2），用于运输无须控制温度的件杂货。这是最常用的集装箱，其使用范围极广，绝大多数的件杂货都可使用这种集装箱，如文化用品、化工用品、电子机械、工艺品、医药、日用品、纺织品、仪器零件等。这种集装箱样式较多，通常为封闭式，在一端或侧面设有箱门，均为水密性，可 270° 开启，使用时应注意箱子内部容积和最大负荷，特别在使用 20ft、40ft 集装箱时更应注意这一点。

（2）保温集装箱。这种集装箱又称控温集装箱，是为了运输需要冷藏或保温（能使箱内温度保持在 −25℃～25℃ 间的某一指定温度）的货物，所有箱壁都采用热导率低的材料进行隔热。这类集装箱可分为以下 3 种。

① 冷藏集装箱（见图 1-3）。它是以运输冷藏货为主、能保持所定温度的保温集装箱。它是专为运输如鱼、肉、新鲜水果、蔬菜等食品而特殊设计的。在国际冷藏货运中，使用冷藏集装箱方式的比重不断上升，并已超过使用冷藏船方式的比重。但同普通箱比较，这种集装箱的营运费用较高，除支付修理、洗涤费用外，每次装箱前应

检验冷冻装置，并定期为这些装置大修而支付不少费用。

图 1-2　干货集装箱

图 1-3　冷藏集装箱

② 隔热集装箱。它是为载运水果、蔬菜等货物，防止温度上升过高，以保持货物鲜度而具有充分隔热结构的集装箱。它通常用冰作为制冷剂，保温时间为 72h 左右。

③ 通风集装箱。它是为装运水果、蔬菜等不需要冷冻而具有呼吸作用的货物，在端壁和侧壁上设有通风孔的集装箱，如将通风口关闭，同样可以作为杂货集装箱使用。

（3）罐式集装箱（见图 1-4）。它是专门运输食品、药品、化工品等液体货物而制造的特殊集装箱。其结构是在一个金属框架内固定上一个液罐。它由罐体和箱体框架两部分组成，装货时货物由罐顶部装货孔进入，卸货时则由排货孔流出或从顶部装货孔吸出。

（4）台架式集装箱（见图 1-5）。它是没有箱顶和侧壁，甚至有的连端壁也去掉而只有底板和四个角柱的集装箱。台架式集装箱有很多类型，其主要特点：为了保持其纵向强度，箱底较厚。箱底的强度比普通集装箱大，而其内部高度则比一般集装箱低。在下侧梁和角柱上设有系环，可把装载的货物系紧。台架式集装箱没有水密性，怕水湿的货物不能装运，适合装载形状不一的货物，如废钢铁、货车、叉车等。

图 1-4　罐式集装箱

图 1-5　台架式集装箱

（5）平台集装箱（见图1-6）。这种集装箱是在台架式集装箱基础上再简化，四个角柱被去掉或可折叠而只保留具有较强承载能力的下底板组成的一种特殊集装箱。平台的长度与宽度与国际标准集装箱的箱底尺寸相同，可使用与其他集装箱相同的紧固件和起吊装置。在集装箱船的舱面上，若将多个平台式集装箱组成一个大平台，适合于装载重大件货物。这种集装箱的采用打破了过去一直认为集装箱必须具有一定容积的概念。

（6）敞顶集装箱。这种集装箱又称开顶集装箱（见图1-7），是一种没有刚性箱顶的集装箱，但有由可折叠式或可折式顶梁支撑的帆布、塑料布或涂塑布制成的顶篷，其他构件与通用集装箱类似。这种集装箱适于装载大型货物和重货，如钢铁、木材，特别是像玻璃板等易碎的重货，利用起重机从顶部吊入箱内不易损坏，而且也便于在箱内固定，然后用防水布覆盖，在没有月台、叉车等设备的仓库无法进行装箱，在装载较重的货物时还需使用起重机。目前，开顶集装箱多用于装运较高货物或用于代替尚未得到有关公约批准的集装箱种类。

图1-6　平台集装箱

图1-7　敞顶集装箱

（7）散货集装箱。不受温度变化影响的各类固体散货、颗粒或粉末状的货物都可以由这种集装箱装运。在结构上，散货集装箱基本上类似于杂货集装箱，不同之处在于其顶部有为装散货提供的装货口，在箱门下方设有卸货的卸货口，如图1-8所示。装运谷物的散货集装箱还设有投放熏蒸药品的投放口和排除熏蒸气体的排放口。该类集装箱在船上配载时应考虑所装货物来定位，如装谷物时，为预防进口国要求卸货前熏蒸，则所配载位置不能将投放熏蒸药品的开口和排除熏蒸气体的出口挡住，且不能将箱配装于舱内，以免妨碍熏蒸气体的及时排放。

（8）汽车集装箱。这是一种运输小型轿车的专用集装箱，如图1-9所示。其特点是在简易箱底上装一个钢制框架，通常没有箱壁（包括端壁和侧壁）。这种集装箱分为单层的和双层的两种。因为小轿车的高度为 1.35～1.45m，如装在 8ft 的标准集装箱内，其容积要浪费 2/5 以上，因而出现了双层集装箱。这种双层集装箱的高度有两种：一种为 10.5ft（3.2m），一种为 8.5ft 高的 2 倍。因此，汽车集装箱一般不是国际标准集装箱。

图 1-8　散货集装箱

图 1-9　汽车集装箱

（9）动物/牲畜集装箱（见图 1-10）。这是一种装运鸡、鸭、鹅等活家禽和牛、马、羊、猪等活家畜用的集装箱。为了遮蔽太阳，箱顶采用胶合板覆盖，侧面和端面都有用铝丝网制成的窗，以求有良好的通风。侧壁下方设有清扫口和排水口，并配有上下移动的拉门，可把垃圾清扫出去，还装有喂食口。动物集装箱在船上一般应装在甲板上，因为甲板上空气流通，便于清扫和照顾。

图 1-10　动物集装箱

（10）服装集装箱（见图 1-11）。这种集装箱的特点是在箱内上侧梁上装有许多根横杆，每根横杆上垂下若干条皮带扣、尼龙带扣或绳索，成衣利用衣架上的钩直接挂在带扣或绳索上，如图 1-11 所示。这种服装装载法属于无包装运输，它不仅节约了包装材料和包装费用，而且减少了人工劳动，提高了服装的运输质量。随着我国成品服装的出口增加，该类集装箱在我国贸易运输中的使用也有所增加。

图 1-11　服装集装箱

（11）其他用途集装箱。目前，集装箱的应用已经越来越广泛，不但用于装运货物，还广泛被用于其他用途，如流动电站集装箱，可在一个 20ft 集装箱内装置一套完整的发电机组，装满燃油后可连续发电 96h，供应 36 只 20ft 或 40ft 冷藏集装箱的耗电。其他还有流动舱室集装箱、流动办公室集装箱等。

六、集装箱的标记

　　为了便于对集装箱在流通和使用中识别和管理，便于单据编制和信息传输，国际标准化组织（ISO）制定了集装箱标准，此标准即《集装箱的代号、识别和标记》[ISO6346-1981（E）]。该标准规定了集装箱标记的内容、标记字体的尺寸、标记位置等。国际标准化组织规定的集装箱标记有必备标记和自选标记两类，每一类中又分为识别标记和作业标记。集装箱代号的位置如图 1-12 所示。

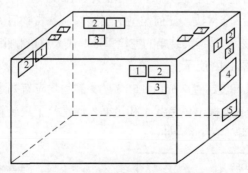

图 1-12　集装箱标记代号的位置

1. 箱主代号　2. 箱号或顺序号、核对数字　3. 集装箱尺寸及类型代号

4. 集装箱总重自重和容积　5. 集装箱制造厂名及出厂日期

1. 必备标记

（1）识别标记。它包括箱主代号、设备识别代号、顺序号和核对数字。

① 箱主代号，集装箱所有者的代号，它由 3 位大写拉丁字母表示。为防止箱主代号出现重复，所有箱主在使用代号之前应向国际集装箱局（BIC）登记注册，登记时不得与登记在先的箱主有重复。

② 设备识别代号，用 1 位大写拉丁字母表示，U 表示常规集装箱，J 表示带有可拆卸设备的集装箱，Z 表示集装箱拖车和底盘车。

箱主代号和设备识别代号一般由 4 位字母连续排列，如"COSU"为中国远洋运输（集团）总公司箱主代码和设备识别代号，其中 COS 是箱主代码，U 表示常规集装箱。

③ 顺序号，为集装箱编号，用 6 位阿拉伯数字表示，如数字不足 6 位时，在数字前补 0，补足 6 位。如有效数字为 1234，则集装箱号应为 001234。

④ 核对数字，用于计算机核对箱主号与顺序号记录的正确性。核对数一般位于顺序号之后，用 1 位阿拉伯数字表示，并加方框以示醒目。

设置集装箱的核对数字的目的，是为了防止箱号在记录时发生差错。运营中的集装箱频繁地在各种运输方式之间转换，进出于车站、码头、堆场、集装箱货运站，每进行一次转换和交接，就要记录一次箱号。在多次记录中，如果偶然发生差错，记错一个字符，就会使该集装箱从此"不知下落"。为了防止这类集装箱事故，在箱号记录中设置一个自检测系统，即设置一位核对数字。在集装箱运行中，每次交接记录箱号时，在将"箱主代号"与"箱号"录入计算机时，计算机就会自动按特定原理计算"核对数字"；当记录入员键人最后一位"核对数字"与计算机计算得出的数字不符时，计算机就会提醒箱号记录"出错"。这样，就能有效避免箱号记录出错的事故。

（2）作业标记。

① 最大总量和箱重标记。最大总量用 MAX GROSS 表示，是集装箱的自重与最大载货量之和，它是一个常数，任何类型的集装箱装载货物后，都不能超过这一重量；箱重用 TARE 表示，是指集装箱的空箱重量。最大总量和箱重同时用千克（kg）和磅（lb）标示，如图 1-13 所示。

② 超高标记。凡高度超过 2.6m（8.5ft）的集装箱均应有如图 1-14 所示的超高标记，该标记为在黄色底上标出黑色数字和边框，通常位于集装箱每侧的左下角、其他主要标记下方，距箱底约 0.6m 处。

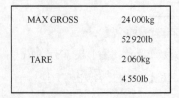

图 1-13　最大总量和箱重标记

图 1-14　集装箱超高标记

③ 空陆水联运集装箱标记。此类集装箱具有与飞机机舱内系固系统相匹配的系

固装置，适用于空运，并可与地面运输方式相互交接联运。为适合于空运，该类集装箱自重较轻，结构强度较弱，海上运输禁止在船舶甲板上堆装，舱内堆码时应配置在最上层，在陆上堆码时最多允许堆码2层。国际标准化组织对该集装箱规定了特殊的标记，该标记为黑色，位于侧壁和端壁的左上角，并规定标记的最小尺寸：高127mm，长355mm，字母标记的字体高度至少为76mm，具体如图 1-15 所示。

④ 登箱顶触电警告标记。该标记形式如图 1-16 所示，一般设在罐式集装箱上和位于邻近登箱顶的扶梯处，以警告登箱顶者有触电的危险。标记在黄色底上标出黑色三角形和闪电箭头。

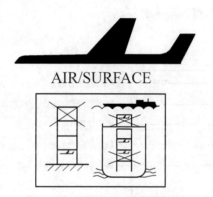

注：三角标志内的底色为黄色

图 1-15　空陆水联运集装箱标记　　　　　图 1-16　集装箱登箱顶触电警告标记

2. 自选标记

（1）识别标记，包括国籍代码、尺寸代码和类型代码。

① 国籍代码用 3 个或 2 个拉丁字母表示，用以表示集装箱登记的国家或地区，如PRC、CN 表示登记国为中华人民共和国，GBX、GB 表示登记国是英国。

② 规格尺寸和箱型代码。集装箱的箱型尺寸代码是进行集装箱运输业务的需要，同时也是国际集装箱运输 EDI 业务中最重要的代码之一。代码使用的是 UN/ISO 标准代码。

（2）作业标记，主要为国际铁路联盟标记。各国的铁路都有各自的规章制度，手续极为复杂，为简化手续，制定了《国际铁路联盟条例》。该条例对集装箱技术条件作了许多规定，凡满足其中规定的集装箱，可获得国际铁路联盟标记。在欧洲铁路上运输集装箱时，必须有该标记。

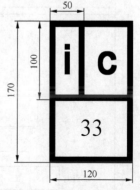

图 1-17　国际铁路联盟标记

国际铁路联盟标记如图 1-17 所示，方框上部的"i"、"c"表示国际铁路联盟；标记下方的阿拉伯数字表示各铁路公司代码，如"33"是中华人民共和国铁路的代码。

3. 通行标记

集装箱上除必须有上述必备标记和自选标记外，还必须拥有一些允许其在各国间通行的牌照，称为通行标记。集装箱通行标记主要有安全合格牌照、集装箱批准牌照、检验合格徽等。

（1）安全合格牌照。该牌照表示集装箱已按照《国际集装箱安全公约》（简称CSC公约）的规定，经有关部门检验合格，符合有关的安全要求，允许在运输经营中使用。安全合格牌照是一块长方形金属牌，尺寸要求不得小于 200mm×100mm，牌上应标有"CSC安全合格"字样，同时还标有其他内容的文字。在运输经营中使用的集装箱，在安全合格牌照上还必须标明维修间隔的时间。

安全合格牌照主要标示内容如图 1-18 所示。

图 1-18　集装箱安全合格牌照

（2）集装箱批准牌照。为便于集装箱在各国间的通行，可海关加封运行，而不必开箱检查箱内的货物。联合国欧洲经济委员会制订了《集装箱海关公约》，凡符合该公约规定的集装箱，可以装上集装箱批准牌照（见图 1-19），在各国间加封运输。

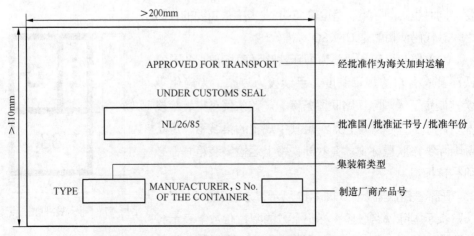

图 1-19　批准牌照（TIR 批准牌照）

（3）检验合格徽。集装箱上的安全合格牌照主要是确保集装箱不对人的生命安全
造成威胁。此外，集装箱还必须确保在运输过程中不对运输工具（如船舶、火车、拖车等）的安全造成威胁。所以，国际标准化组织要求各检验机关必须对集装箱进行各种相应试验，并在试验合格后，在集装箱门上贴上代表该检验机关的合格徽。图 1-20 所示为中国船级社的检验合格徽。

另外，凡去澳大利亚和新西兰的集装箱，必须有防虫处理板通行标记，附有熏蒸设施；能在箱内使用规定的药品进行熏蒸的集装箱，可在箱门贴上农林徽。

图 1-20　中国船级社的检验合格徽

上述通行标记在集装箱进行国际间运输时是必须具备的。不带这些"通行标记"的集装箱，会在卸船后被扣押在码头上，必须经过相关检验，认为符合有关规定后才会被放行。

 项目实施

集装箱自动识别技术主要有图像识别技术和 RFID 电子标签识别技术等。

集装箱号码是集装箱唯一的身份。作为产品，集装箱自离开生产线到客户手中，须经过运输、暂存等环节，需要采集箱号信息达 7 次之多。作为物流载货的工具，集装箱要经过客户、港口、码头、堆场、物流中心、拼箱仓库、陆运、船运等环节，进行数十次的箱号信息采集。因此，箱号信息的采集手段对物流效率的提高有着极其重要的作用。

目前，在集装箱流转过程中，箱号自动采集一种是采用视频和图像识别技术，另一种是采用射频识别技术（RFID）。相比之下，前者设备多、对安装位置和安装方式有很高的要求，适合卡口等固定、静止场合使用，不适用集装箱吊装设备和查验场所。后者克服了光线、风、雪、雾、污损等因素对识别效率的影响，具有存储信息量大、识读速度快、识别率高、信息采集方便、适用场合广、应用方便等优点，是今后发展的主要方向。配备电子箱号标签的智能化集装箱，是实施物流信息化、自动化的基础。

智能化集装箱的应用之一是海关智能卡口系统。当载有集装箱的卡车到达港口、码头的卡口时，主控机通过 RFID 读写器自动读取电子箱号标签、电子车牌、电子关锁内的数据；通过 IC 读写器读取 IC 内的数据；通过电子地磅仪表获取重量信息；通过箱号识别模块获取集装箱图像信息并进行箱号识别。

 项目小结

本项目介绍了集装箱运输，详细阐述了集装箱的定义及其标准化，集装箱的结

19

构、分类和标记。要求能够在掌握这些集装箱知识的基础上，服务于集装箱运输生产实践。

 综合练习与实训

一、判断题

1. 按制造材料分，集装箱可分为钢制集装箱、铝合金制集装箱、玻璃钢制集装箱3种。（　　）

2. 我国出口的冷冻海产品都是用普通干货集装箱装运的。（　　）

3. 罐式集装箱是专门用于运输液体产品的。（　　）

4. 在集装箱船舱面上，若将多个平台集装箱组成一个大平台，适合于装载重大件货物。（　　）

5. ISO 制定的第一系列集装箱共分为4种箱型，各种箱型的宽度是相同的。（　　）

二、填空题

1. 在集装箱必备标记中，识别标记由＿＿＿＿、＿＿＿＿、＿＿＿＿和＿＿＿＿ 4部分组成。

2. 所谓集装箱的标准化，是指集装箱在＿＿＿＿和＿＿＿＿等方面的标准化。

3. 集装箱内容积是＿＿＿＿＿＿＿。

4. 在 ISO 制定的第一系列集装箱中，目前国际集装箱运输中最多采用的是 1AA 和 1CC 两种箱，它们的宽度都是＿＿＿＿，长度分别为＿＿＿＿和＿＿＿＿。

5. 40′DC 表示的是＿＿＿＿集装箱，40′HC 表示的是＿＿＿＿集装箱，20′GP 表示的是＿＿＿＿集装箱，20′RF 表示的是＿＿＿＿集装箱。

三、思考题

1. 什么是箱主代号？

2. 集装箱的标记有哪些内容？

3. 集装箱国际标准化的必要性和目的是什么？

4. 什么是标准换算箱？什么是自然箱？

5. 集装箱按用途分为哪几种类型？各自的用途是什么？

四、案例分析题

集装箱曾经带来的混乱

埃及开罗港刚开始进行集装箱运输时，由于码头管理人员仍然采用件杂货运输的管理方式曾经导致混乱。在件杂货运输的情况下，货物的物理、化学性质很容易被观察到，所以货物的信息管理不是那么重要，当找不到某票货物时，码头管理人员可以凭视觉或嗅觉等到码头上去寻找。当货物被装入集装箱后，情况就不同了，货物的理化性质无法再被人的感官感知。开罗港的码头管理人员陷入了困境，他们不得不将集装箱打开，去寻找或区分不同的货物，码头一片狼藉，箱子都堆叠在一起。

　　分析：以上案例告诉我们什么道理？

项目二

集装箱的使用与装载

【**知识目标**】

- 了解集装箱适箱货物的特点
- 掌握恰当选择集装箱的必要条件
- 掌握普通集装箱货物的装载方法
- 熟悉特殊货物集装箱装载时的注意事项

【**能力目标**】

- 能根据货物种类和性质选择合适的集装箱
- 对一般货物能进行合理的装载
- 能处理特殊货物的集装箱装载

 项目引入

　　某批货物为规格相同的纸板箱包装的洗衣机，共 800 箱，单箱体积为 0.64m³，单箱重量为 70kg（表 2-1 所示为箱容利用率为 80% 的集装箱）

表 2-1　　　　　　　　　　　箱容利用率为 80% 的集装箱

集装箱种类	最大载货重量（kg）	集装箱容积（m³）	单位容重（kg/m³）
20ft 杂货集装箱	21 790	33.2	820.4
40ft 杂货集装箱	27 630	67.8	509.4

任务：请确定所选用的集装箱类型，并估算所需箱数。

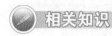 相关知识

一、集装箱的选择与检查

集装箱最大的特征就是它既是一种包装容器又是一种运输容器。因此在装卸的过程中要特别注意，装卸方法的得当与否关系到整个运输环节的效率。在进行集装箱货物的装卸时要先对集装箱所装载的货物特征有所了解，选择合适的集装箱，并对使用的集装箱进行全面的检查，然后再根据正确的方法进行装卸。集装箱在装货前应了解货物种类、属性及其对装箱的要求，根据货物属性及其对装箱的要求来合理使用集装箱。对于所选用的集装箱还要作必要的清理与检查，以保证货物安全可靠地运达目的地。

1. 集装箱货物的种类

集装箱运输的货物品种较多，货物形态各异，因此，按货物种类选择集装箱可以充分利用集装箱容积、重量，减少货损。按货物的种类、性质、体积、重量、形状来选择合适的集装箱是十分有必要的。

（1）按货物对集装箱化的适应程度分。

① 最适合集装箱化的货物。此类货物一般具有两个基本特征：一是货物的重量、体积、形状、包装等物理属性能较好地与集装箱的载货能力（载货重量和载货容积）相适应；二是货物本身的价值和其运价都较高。因此，用集装箱装运此类货物，一方面能充分地发挥集装箱的载货能力，另一方面又能获得较高的经济效益。此类货物通常是贵重商品，如小型精密机械、仪器、各种纺织品、医药制品等。

② 适合集装箱的货物。与上述货物相比，此类货物从物理属性来看也能较好地利用集装箱的载货能力，但从经济性来看，此类货物的价值和运价都要低一些，通常指一般杂货，如日用商品、电器电料、生皮等。

③ 边缘/临界集装箱货物。所谓边缘，通俗地讲，就是这类货物可以用集装箱装运，也可以不用集装箱装运，而且一般情况下最好不用集装箱装运，这是因为这类货物本身的价值和其运价都很低，如生铁、原木、大米、饲料等半成品和原材料，用集装箱装运经济效益不高。

④ 不适合集装箱的货物。这类货物是指根本无法用集装箱装运的超大、超重货物，如桥梁、钢轨、大型机械设备等。严格地说，这些货物不属于集装箱货物。

（2）按货物性质分。集装箱货物按货物性质可分为普通货物、典型货物、特殊货物。

第一类：普通货物。普通货物可称为杂货，是指按货物性质不需要特殊方法保管和装卸的货物。其特点是货物批量不大，品种较多。普通货物按有无污染可分为清洁

货物和污货物两种。

① 清洁货物是指货物本身清洁干燥，在保管和运输时没有特殊要求，和其他货物混载时不易损坏或污染其他货物的货物，如纺织品、棉、麻、纤维制品、橡胶制品、玩具等。

② 污货物是指货物本身的性质和状态容易发潮、发热、发臭等，容易对其他货物造成严重湿损、污损或熏染臭气的货物，如水泥、石墨、油脂、沥青、樟脑、胡椒等。

第二类：典型货物。典型货物是指按货物性质和形态本身已包装的、需采用与该包装相适应的装载方法的货物。典型货物的特点是对装卸要求较高。

① 箱装货。这类货物是指用不同材料的箱子作为包装形式的货物，包括纸板箱、金属壳箱和木箱等。另外，这种箱装货还有大小型之分，一般小型箱装货可以用手操作进行装拆箱作业，而大型箱装货一般用叉车进行装拆箱作业。

② 瓦楞纸板箱货物。其一般用于包装比较精细的和比较轻的货物，包括水果类、酒类、办公用品、工艺品、玩具等。

③ 袋装货。这类货物是用各种材料制成的袋子作为包装形式，一般粉粒状的货物都采用这种袋装的形式。

④ 捆包货物。这是根据货物的品种形态需要捆包的货物，包括纤维制品、羊毛、棉花、棉布、纸张等。

⑤ 滚筒货及卷盘货。这是按货物本身的形态划分的。例如，卷纸、卷钢、钢丝绳、电缆等属于卷盘货；塑料薄膜、钢瓶属于滚筒货。

⑥ 鼓桶类货物。这类货物是指货物的包装外形是圆形或鼓形的，包括鼓桶和木桶货两类，主要是液体和粉状的化学制品、酒精、糖浆和各种油脂货等。

⑦ 大件货。这类货物是指外部尺寸较大（主要是长度方向）和重量大的货物。

⑧ 托盘货物。这类货物是指货物本身需装在托盘上的货物。

⑨ 危险货物。危险货物是指本身具有毒性、放射性、易燃性、腐蚀性、氧化性，并可能对人体的健康和财物造成损害的那些货物，包括毒品、散装液体化学品、爆炸品、易燃液体。

第三类：特殊货物。特殊货物是指在货物形态上具有特殊性，运输时需要用特殊集装箱装载的货物，包括超高、超长、超宽、超重货物以及液体或气体货物、散件货、散货、动植物检疫货、冷藏货、贵重货物、易腐货物等。

① 超高、超长、超宽和超重货物。这类货物是指货物的尺度超过了国际标准集装箱的尺寸而装不下的货物，或单件货物重量超过了国际标准集装箱的最大载重量的货物，如动力电缆，大型、重型机械设备等。

② 液体或气体货物。液体货或气体货是指需要装在桶、箱、罐、瓶等容器内进

行运输的液体和气体货物，如酒精、酱油、葡萄糖、石油、胶乳、天然气等。

③ 散件货物。散件货一般是指货物的尺寸和重量非常大，在一个集装箱内装不下的货物，或因货物的尺寸和重量，不能装在一个集装箱内，必须把几个集装箱合起来一起装才能运输的货物。

④ 散货物。散货物是指散装在舱内无包装的货物，包括盐、谷物、煤炭、矿石、麦芽、树脂、粘土等。

⑤ 动植物检疫货物。动植物检疫货物是指进出口的畜产品、活动物，植检货物，如进出口的猪肉、腊肉、羊毛、兽皮，猪、狗、牛、马等家禽、家畜，树苗、苗木等。

⑥ 冷藏货物。冷藏货物是指需要保持在常温以下的货物，如肉类食品、鸡蛋、水果、蔬菜、奶类制品等。

⑦ 贵重货物。贵重货物是指单件货物价格比较昂贵的货物，如精密仪器、家用电器、手工艺品、珠宝手饰、出土文物等。

⑧ 易腐货物。易腐货是指在运输过程中因通风不良，或遇高温、潮湿等原因容易腐败变质的货物，如肉类食品、水果、蔬菜等。

2. 集装箱的选择

（1）根据货物特征来选择集装箱类型。在进行集装箱货物装箱前，首先应根据所运输的货物种类、包装、性质和其运输要求选择合适的集装箱。对货物种类与性质进行了解，目的是看其对装箱与选箱及装卸方式方法等有无特殊要求。例如，对于危险货物，要了解是属于哪一类危险货物；对于普通货物，则应了解其是清洁货还是污染货等。不同的货物具有不同的特性，如货物的危险性、易碎性、对温湿度的敏感性以及能否与其他货物进行混装等，这些具体特性在装箱前必须了解清楚。

其次，在选择集装箱时要考虑在经济上是否合理，与货物所要求的运输条件是否符合。选用集装箱，一般从以下几方面去考虑。

① 尽量选择与货物载重相适应的集装箱。选择装载量与货物相适应的箱型，其目的在于使集装箱载重量得到充分利用。集装箱的最大载货重量等于总重量减去自重。从装卸运输的安全性、集装箱本身及装载机械设备的负荷等方面考虑，集装箱实际装载量不能超过规定的总重数值。

② 尽量使货物密度与集装箱的容重相适应。为使集装箱的容积和载重量得到充分利用，在选箱时，应选择集装箱单位容重与货物密度相接近的集装箱。

集装箱的容重，是指集装箱单位容积的重量，是集装箱的最大载货重量与集装箱的容积之比，即

$$\text{某集装箱的容重} = \frac{\text{该集装箱的最大载货重量}}{\text{该集装箱的容积}}$$

由于实际当中，货物装入箱内时，会产生无法利用的空隙（称为弃位）。故此，实际中在比较集装箱的容重与货物的密度时，上式集装箱的容重应修订如下。

$$某集装箱的容重=\frac{该集装箱的最大载重量}{该集装箱的容积-装箱弃位容积}$$

③ 装载量、运输路线及其通过能力。根据运输道路通过能力及有关规定选择相应的运输路线或选择与其相适应的箱型。要了解集装箱货物运输经过的道路、桥梁、隧道的通过规定，防止运输中出现问题。

④ 货物特性对集装箱有无特殊要求。由于集装箱的适箱货物类型多种多样，因此在装运时，对一些特殊货物的装运会有其特殊的要求，比如，普通的杂货选择通用干货集装箱即可，但一些新鲜的海鲜水果蔬菜类产品就需要选用有冷藏功能的冷藏集装箱。表 2-2 所示为集装箱装货物的种类。

表 2-2　　　　　　　　　　集装箱装运货物的种类

集装箱种类	货 物 种 类
杂货集装箱	清洁货、污货、箱装货、危险货、滚筒货、卷盘货等
开顶集装箱	超高货、超重货、清洁货、长件货、易腐货、污货等
台架式集装箱	超高货、超重货、袋装货、捆装货、长件货、箱装货等
散货集装箱	散货、污货、易腐货等
平台集装箱	超重货、超宽货、长件货、散件货、托盘货等
通风集装箱	冷藏货、动植物检疫货、易腐货、托盘货等
动物集装箱	动植物检疫货
罐式集装箱	液体货、气体货等
冷藏集装箱	冷藏货、危险货、污货等

（2）所选集装箱应符合的要求。在完成了上面的工作之后，还必须选择采用统一标准规格的集装箱，这样不仅能保证货运质量，而且还是提高集装箱运输效率的必要条件。选用的标准箱一般要满足以下几个要求：①符合 ISO 标准；②四柱、六面、八角完好无损；③箱子各焊接部位牢固；④箱子内部清洁、干燥、无味、无尘；⑤不漏水、漏光；⑥具有合格检验证书。

另外，在决定选用何种规格的集装箱时，还应考虑到与国外船公司、货主的合作问题。在进行集装箱货物的国际多式联运中，很有可能与国外船公司进行箱子交换、互用。因此，最好选用国际上广泛使用的集装箱。

（3）集装箱需用量的确定。集装箱需用量的确定要以充分利用其容积为原则，一般分为以下两种情况来考虑。

① 对于单位体积相同的货物，可先计算单位集装箱的货物装箱量，然后再推算集装箱的需求量。计算式如下。

$$某货物的单位集装箱最大可能装载量 = \frac{所选用的集装箱容积 - 该箱弃位容积}{单位货物体积}$$
$$\times 单位货物重量$$

$$或 = \frac{所选用的集装箱容积 \times 该箱箱容利用率}{单位货物体积} \times 单位货物重量$$

如果计算出的某货物的单位集装箱最大可能装载量大于该集装箱的最大载货重量，则按集装箱的最大载货重量来计算该货物所需用的集装箱总数，其计算式如下。

$$某货物的集箱需用量 = \frac{该批货物总重量}{单位集装最大载货重量}$$

如果计算出的某货物的单位集装箱最大可能装载量小于该集装箱的最大载货重量，则按该货物的单位集装箱最大可能装载量来计算该货物所需用的集装箱总数，其计算式如下。

$$某货物的集箱需用量 = \frac{该批货物总重量}{某货物的单位集装箱最大可能装载量}$$

上述对集装箱需用量的计算只是一种估算，实际装载当中，对于大宗货物，可能有出入。

② 对于单位体积不同的货物以及需要拼箱的货物，装箱前可先在装箱图上进行规划。规划时，在尽量使集装箱的装载量和容积都得到充分利用的同时，应将轻、重货物进行合理搭配与堆放，以免发生货损。

3. 集装箱的检查

集装箱在装载货物之前，都必须经过严格检查。一个有缺陷的集装箱，轻则导致货损，重则在运输、装卸过程中造成箱毁人亡事故。所以，对集装箱的检查是货物安全运输的基本条件之一。发货人、承运人、收货人以及其他有关人员在相互交接时，除对箱子进行检查外，还应以设备交接单等书面形式确认箱子交接时的状态。通常，对集装箱的检查内容包括以下几方面。

（1）集装箱的外部检查。对集装箱外部的检查，主要是看其外表有无损伤。如发现有弯曲、凹痕、擦伤等痕迹时，应在其损伤周围进行仔细检查，同时对该损伤处的内侧也应进行检查。有时因铆钉松动和断裂，箱顶部分有气孔等容易引起货物污损事故，对于经过修理的地方也要进行检查。

（2）集装箱的内部检查。在对集装箱的内部进行检查时可将集装箱关闭，在其内部察看有无漏光现象，以确认是否存在破孔；也可通过内衬板上有无水湿痕迹判断其有无破孔现象。其中，对集装箱的内表面进行检查时，应注意检查其有无凸出物，以免对货物造成伤害。

（3）集装箱箱门的检查。在对集装箱检查的时候还要对其箱门进行必要的检查，主要是检查其门锁装置是否处于正常状态，箱门周围的风雨密封是否完整。

（4）属件、附件的检查。属件、附件的检查是指对货物的加固环节状态，如板架式集装箱的支柱状态，平板集装箱、敞棚集装箱上部延伸用加强结构的状态等，都必须进行检查。

（5）集装箱的清理。在集装箱使用前，除检查其有无破损情况外，还应对集装箱进行必要的清理，这也是保证装载货物不被污染的一个必要环节，其主要清理工作包括以下两个方面：①清洁、除湿；②除臭、除污染。

二、集装箱货物装载的一般要求

1. 重量的合理分配

根据货物的体积、重量、外包装的强度以及货物的性质进行分类，装载时要使货物的重量在箱底上形成均匀分布。如果整个集装箱的重心发生偏移，当用抓具起吊时，有可能使集装箱产生倾斜；此外，还将造成运输车辆前后轮重量分布不均。

2. 货物的必要衬垫

（1）装载货物时，要根据包装的强度来决定对其进行必要的衬垫。

（2）对于外包装脆弱的货物、易碎货物应夹衬缓冲材料，防止货物相互碰撞挤压。为填补货物之间和货物与集装箱侧壁之间的空隙，有必要在货物之间插入垫板、覆盖物之类的隔货材料。

（3）要注意对货物下端进行必要的衬垫，使重量均匀分布。

（4）对于出口集装箱货物，若其衬垫材料属于植物检疫对象的，箱底应改用非植检对象材料。

值得一提的是，应使用清洁、干燥的垫料（胶合板、草席、缓冲器材、隔垫板）。如使用潮湿的垫料，易发生货损事故。

3. 货物的合理固定

货物在装箱后，一般不会完完整整地填满箱，都会剩下一些空隙。而在运输的过程中，可能由于道路的不平或起动刹车造成晃动，尤其是海上运输中由于船体摇摆而造成货物坍塌与破损，因此必须对箱内货物进行固定处理，以减少不必要的损失。固定货物的方法主要有以下几种。

（1）绑扎，用绳索、带子等索具捆绑货物。

（2）网罩，用钢制网或其他材料制成具有一定强度的网状物罩住货物。

（3）加框，可将衬垫材料、扁平木材等制成栅栏来固定货物。

（4）支撑，用方形木条等支柱来将货物与集装箱之间固定。

（5）塞紧，用方木等支柱将货物与集装箱侧壁之间在水平方向加以固定，货物之间插入填塞物、缓冲垫、模子等防止货物移动。

不过在此要强调一点，由于集装箱的侧壁、端壁、门板处的强度较弱，因此，在集装箱内对货物进行固定作业时要注意支撑和塞紧的方法，不要直接撑在这些地方，应设法使支柱撑在集装箱的上下横梁柱等主要构件上，如图 2-1 所示。

4. 拼箱货混装应合理

货物混装时，要避免相互污染或引起事故。在不同种货物混装时要求如下。

图 2-1　货物的合理固定

（1）危险货物之间不得混装。危险货物相互混装，容易引起着火和爆炸等重大灾害，所以不能混装。

（2）避免干、湿货物的混装。液体货物或有水分的货物与干燥货物混装时，就有可能引起干燥货物的湿损、污染、腐败等事故，因此，要尽可能避免混装。当然，如果货物装在坚固的容器内，或装在下层，可以考虑混装。

（3）包装不同的货物要分别装载。木质包装的货物不要与纸质包装或袋包装的货物混装，防止包装破损。

（4）尽可能不与粉末类货物混装。水泥、肥料、石墨等粉末类的货物与清洁货物不得混装。

（5）尽可能不与强臭货物或气味强烈的货物混装。如肥料、鱼粉、兽皮等恶臭货物以及胡椒、樟脑等强臭货物不得与茶叶、咖啡、烟草等香味品或具有吸臭性的食品混装。对于与这些恶、强臭货物混装的其他货物也应采取必要措施，有效阻隔气味。

5. 装载托盘货时的要求

装载托盘货时要确切掌握集装箱的内部尺寸和托盘的外部尺寸，以便计算装载件数，达到尽量减少亏箱、多装货物的目的。

6. 叉车装箱的要求

用叉车装箱时，将受到机械的自由提升高度和门架高度的限制。在条件允许的情况下，叉车装箱可一次装载两层，但上下应留有一定的间隙。如果条件不允许一次装载两层，则在箱内装第二层时，要考虑到叉式装卸车的自由提升高度和叉车门架可能起升的高度。门架起升高度应为第一层货高减去自由提升高度，这时第二层货物才能装在第三层货物上层。

一般用起重量为 2t 的普通叉式装卸车，其自由提升高度为 50cm 左右，但还有一种是全自由提升高度的叉式装卸车，这种机械只要箱内高度允许，就不受门架起升高度的影响，能很方便地堆装两层货物。此外，还应注意货物下面应铺有垫木，以便使货叉能顺利抽出。

三、典型货物的装载方法

典型货物是指集装箱货物中具有代表性的大宗货物。

1. 箱装货的装载

普通木箱、框架木箱、钢丝板条箱装箱时，如无其他特殊要求，外包装无破损，则可从下往上堆装。

体积较小的木箱可装入密闭式集装箱内，体积大的木箱，由于受装载作业面的限制，应装入开顶集装箱。除对装载有特殊要求的货物或包装脆弱的木箱外，一般在货物之间都不需要插入衬垫。

现以木箱货的装载为例，简述装载方法如下。

（1）对于较重的小型木箱，可采用骑缝装载法，使上面的木箱压在下面两木箱的缝隙上，利用上层木箱的重量限制下层木箱的移动，但最上层的木箱必须加固牢靠。

（2）装载完毕后，如果箱门处尚有较大空隙时，须用木板和木条将木箱总体撑牢，防止其在运输过程中对箱门的冲击。

（3）对于重量较大、体积较小的木箱货，如果装载后其四周均有空隙时，须从四周进行支撑固定。

（4）对于重心高的木箱，除对其底部加以固定外，还须在其上面用木条撑开空隙。

2. 纸箱货的装载

纸箱货是集装箱货中较为常见的一种包装，一般用来包装较为精细的货物。箱装货的尺寸大小不一，如集装箱内装的箱装货尺寸较小，而且规格统一，则可进行无空隙堆装。这种装载方式的箱容利用率较高，而且不需要进行固定，是一种最经济、最理想的装载形式。

如果集装箱内装载同一尺寸的大型纸箱，则箱内常会产生空隙。在集装箱的横向，如空隙为 10cm 左右，一般不需对货物进行固定，因为在实际装载时，这样大小的空隙可人为地分散开来。但如果空隙较大，货物则需根据具体情况加以固定。如果是不同尺寸的纸箱进行混装时，可以利用其大小变化搭配堆装，以消除空隙。装货前如果可以判定出货物数量装入箱内有较大空隙时，应先将箱底占满，再向上堆装。

纸箱货的装载方法如下。

（1）装箱顺序是先从箱里向外装，或从两侧向中间装。

（2）对于小于 300 mm 的装载空隙，在装载时，由于可利用上层货物重量相互压紧，所以可不必进行特别处理，但最上一层则需用填塞的方法来消除空隙。

（3）为了不使下层纸箱受压变形，需要在集装箱的中间层进行衬垫。衬垫材料最好用波纹纸板，其优点是重量轻、价格便宜、摩擦力大，对防止货物滑动效果明显。

装载小型纸箱货时，为防止倒塌，可采用纵横交错的堆装法。一般有 3 种堆装法，分别如图 2-2、图 2-3 和图 2-4 所示。

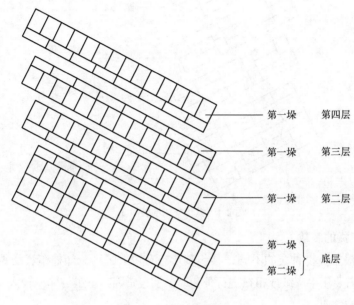

图 2-2　纵横交错堆装法 1

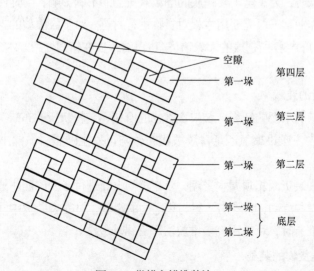

图 2-3　纵横交错堆装法 2

波纹纸板箱因大部分压力是由箱的周边支承的，因此，堆装时要把箱角对齐。在码垛时，一般应按砌砖墙的方式或交错的方式进行堆装，以增强货物相互间的拉力。波纹纸板箱在整个面上承受负荷时，其强度较大，因此应正确装载使负荷承受在整个面上。

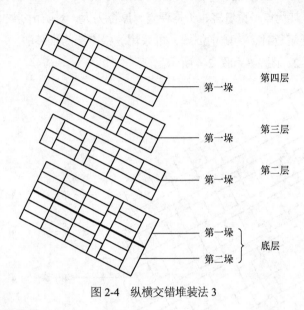

图 2-4　纵横交错堆装法 3

3. 捆包货的装载

捆包货根据货物种类的不同，其包装形态有较大区别。如棉布、纺织品等捆扎后，一般还需要用牛皮纸或粗布进行外包装。捆包货因其重量与体积较大，在装箱时一般采用机械作业。

捆包货装载时，为了防止其箱底的潮湿对货物的不利影响，同时便于用叉式装卸或起重机进行作业，一般需要用木板对货物进行衬垫。对于鼓腹型的捆包货，为避免由于运输过程中的摇摆所造成的塌垛堵挤箱门现象，应在箱门处用方木条作成栅栏，用以保护箱门。

4. 袋装货的装载

对于装砂糖、水泥的纸袋，装粮食谷物的麻袋，装粉状货的布袋等货物的装载，在装箱前，箱内应敷设聚氯乙烯薄膜或帆布，防止发生破袋后，漏出的货物污损集装箱。

为了防止袋装货因箱顶漏水受潮，应在货物上面进行必要的防水遮盖。袋装货堆装后，容易倒塌和滑动，为了防止袋与袋之间的滑动，可在袋装货中间插入衬垫板和防滑粗纸。在堆装时，可采用砌墙堆放法和交错堆放法。

5. 鼓桶类货物的装载

鼓桶类货物装入集装箱时，容易产生空隙，而且固定时要进行一定的技术处理。

在装箱前要严格检查货物是否泄漏。装载时要将盖朝上进行堆装。堆装时要加入衬垫，以求负荷均匀和鼓桶稳定。对于最上层的鼓桶，为稳固起见，可用绳索等将其捆绑在一起，防止其发生移动。

6. 滚筒货和卷盘货的装载

滚筒货一般有塑料薄膜、柏油纸、钢瓶等。

滚筒货通常要竖装，在侧壁和端壁上要铺设胶合板使其增强受力的能力。装载时，从箱端开始要堆装紧密。货物之间如有空隙，则应用柔软的衬垫等填塞。

对于滚筒货一般情况下不便于横装，以防止产生变形或造成货损。如果特殊原因必须横装时，必须要利用楔子或相应材料使它离开箱体四壁，而且每一层都要用楔子固定。

卷盘货一般有卷纸、卷钢、钢丝绳、电缆等。

卷盘货在水平装载时要铺满整个箱底。为防止运输中因摇摆产生对箱体四壁的冲撞，必须用若干个坚固的空心木座插在货物和端壁之间，牢固地靠在侧壁上。装载中，要采取必要的措施，充分保护好端壁和箱门。

7. 长件货的装载

长件货在长度方向上容易滑动，因此，对端壁和箱门要特别注意防护。对集装箱两端一定要加衬垫，货物与集装箱有空隙必须支撑、塞紧。如钢管类货物容易移动，货物装箱后，应用钢丝绳或钢带把货物扎紧，防止在运输途中散捆而破坏箱壁。另外，还需在侧壁内用方形木条竖上几根立柱，再把各个立木柱之间用纵向水平木条连接起来，以保护侧壁。钢管货装完后还应用塑料薄膜或防水帆布加以覆盖，防止受潮生锈。长件货通常装载在板架集装箱和开顶集装箱内，并利用机械进行装卸。

8. 托盘货的装载

托盘货，主要指纤维板、薄钢板、胶合板、玻璃板、木制或钢制的门框等。这些货物的包装形式一般是用木箱。

这类货物的装载方法各有不同，有的需要横装，有的需要竖装。比如，纤维板、胶合板等一般要求横装；而玻璃板必须竖装，如果对玻璃板采用横装时，因其自重或重叠堆放容易发生碎裂。玻璃板装载过程中，对于每一吊装入箱的货物，都要进行临时固定，否则集装箱稍有振动，货物就会翻倒。装载玻璃板，应先靠着侧壁开始装，空隙留在中间，最后再用木框架作填充物加以塞紧。为防止木箱之间的碰撞，还应在木箱顶部或端部用木板或木条把木箱连接起来。

考虑到装卸的便利性，对这类货物一般选用开顶式集装箱装载。用集装箱装载托盘货，其货物本身要用钢带、布带或收缩性的塑料（收缩包装方式）等固定在托盘上。

9. 危险货物的装载

所谓危险货物，是指具有引火爆炸或货物本身具有毒性、腐蚀性、氧化性，并可能对人体的健康和财物造成损害的运输对象的总称。

（1）了解危险货物的装载规则。用集装箱装载出口的危险货物时，应事先了解和遵守目的港所在国的有关规定，如美国的联邦章程规则、英国的蓝皮书、联合国的政府间海事组织规则等。

在接收危险货物时，先要调查清楚该危险货物的性质、危险等级、标志、装载方法、包装容器、发生事故时应采取的措施等；另外，还要核对装卸港的危险货物规则。

（2）装载方法。装载危险货物前，先要仔细检查集装箱的强度、结构是否适合装载危险货物，并对集装箱进行彻底清扫，装载时必须使该危险货物不会产生移动、翻倒、冲击、摩擦、压坏、泄露等危险。

固定货物选用的材料应具有更大的安全系数和强度。危险货物的任何部位都不能突出集装箱外。危险货物装卸时，严禁抛扔、摔碰、坠落、翻滚，避免货物之间的碰撞、摩擦。

（3）混装的限制。不同种类的危险货物要禁止混装在同一集装箱内，因此，同一集装箱内只装同一等级的危险货物。不过即使是同一等级的危险货物也只限于装同一品种的危险货物。这是因为虽是同一等级的危险货物，但相互作用时也可能发生危险。另外，当危险货物与非危险货物相互作用可能产生危险时，也不能装在同一集装箱内。危险货物与杂货混装时，应将危险货物装在集装箱箱门附近，以备万一发生事故时便于处理。

（4）标志。集装箱装载危险货物时要把该危险货物的分类名称和标志表示在集装箱外表面容易看到的位置上，图案、形状要醒目。应使用同一规定的危险货物标志。

（5）集装箱危险货物清单。集装箱装载危险货物时，装箱人要按箱编制记载有下列事项的"集装危险货物清单"，并在清单上附记有关表明该危险货物的容器、包装、标志、装载方法等规则要求，适合于运输状态等内容，提交给承运人。记载事项如下。

① 集装箱号。

② 发货人的姓名、名称和地址。

③ 收货人的姓名、名称和地址。

④ 危险货物的分类、项目、品种、货名以及容器和包装的名称。

⑤ 危险货物的件数和重量或容积。

⑥ 装载检查。

（6）装箱检查根据《中华人民共和国质量监督局船舶载运外贸危险货物申报规定》中的规定：凡船舶载运下列危险货物进港或过境，船舶或其代理人在申报时应提供有关货物特性、安全作业注意事项、人员防护及其他有关资料。这些货物有：①放射性物质；②感染性物质；③新的有机过氧化物；④《国际海运危险货物规则》中"未另列明"的物品；⑤散装液体化学品。

另外，凡使用集装箱装运危险货物的，应提交经港务监督考核的装箱检查人员现场检查后签发的《集装箱装箱证明书》。此证明书应由装箱现场检查员填写，一式两份，正本应于集装箱装船 3 天前向港务监督提交，副本应在办理集装箱移交时交付给承运人。

四、特殊货物的集装箱装载

在集装箱运输货物中有很多特殊货物，如一些超高、超长、超重货物，散装货、液体货、冷藏货、危险货，动、植物等在进行集装箱装运时，都有其各自不同的要求。

1. 超高货物的装载

超高货物是指货物的高度超过集装箱箱门的高度的货物，它的运输必须用开顶集装箱或用板架集装箱装载。超高货的装载运输，对内陆运输、车站、码头、装卸机械、船舶装载等都带来许多问题。

（1）道路通过能力的限制。超高货通过陆上运输时，公路对超高货的高度一般都有限制，这种限制高度各国规定不统一，但在公路交通法规中均有具体规定。国外大城市内的安全通行高度在 4.5m 左右。例如，日本政府规定，限制高度离地面不得超过 3.8m。国际标准集装箱的高度为 2 438mm（1AA 型、1BB 型、1CC 型为 2 591mm），在这一高度内，一般来说，陆上运输没有问题，如超高 20cm 左右，一般可通过，但如超过 20cm 以上时，应得到有关部门许可。对高度有限制的路段或隧道等，应用特制的低架式底盘车运输，或改用驳船进行水上运输。装载超高货物前，应对运输路线作好周密细致的调查。

（2）装卸机械作业的限制。集装箱码头堆场和车站使用的装卸机械设备，如装卸桥、跨运车、搬运起重机等都是按标准装箱设计的，没有考虑超高货装载的特殊情况，因此对超高货进行装卸，必须在装卸机械上临时安装一定的附属工具。如在装卸桥的集装箱专用吊具的四角分别安装钢丝绳，用来吊装超高集装箱货物。

（3）船舶装载的限制。集装箱船载超高货箱时，只能堆装在舱内或甲板上的最高层，但集装箱船的高度一般是以 2.6m 的集装箱高度的整数倍来设计的，因此，在舱内装载超高集装箱时，舱内垂直方向将会留有一定的空隙。另外，如超高量太大，整个货物的重心高度必然会提高，会影响船舶稳性高度，给海上货物运输带来不安全因素。

2. 超宽货物的装载

对于宽度超过集装箱宽度的货物，除受到集装箱结构上的限制外，还受到装卸作业条件和集装箱船装载条件的限制。对于车站和码头的超宽限制是根据所使用的机械设备的种类而定的。例如，跨运车对超出箱体（单边）10cm以上的超宽货就难以进行装卸作业。

集装箱船对超宽货物的限制主要由箱格结构入口导槽的形状而定。另外，堆放集装箱时，其集装箱之间的空隙大小对超宽货物也有相应的限制。通常，日本集装箱船为200mm左右，而其他国家船舶约为180mm。如果所装的超宽货物不超过上述范围，一般在箱格内是可以装载的，而且集装箱与箱格导柱之间有一些超宽余量。这种超宽余量一般为80～150mm。装载超宽货时，还必须充分注意货物的横向固定问题。

如果超宽货物产生了横向移动，货物就会紧靠在相邻的集装箱上，严重时甚至会戳破相邻集装箱的箱壁，因此，超宽货集装箱的固定作业要比普通集装箱更为严格。

3. 超长货物的装载

超长货物，一般只能用板架式集装箱装载。装载时，需将集装箱两端的插板取下，并铺放在货物下部。超长货物的超长量有一定限制，最大不得超过306mm（即1ft左右）。

在箱格结构的集装箱船上，舱内是不能装载超长货的，因为每个箱格都有横向构件，所以只能在其甲板上装载。

4. 超重货物的装载

由于集装箱运输和装卸中所使用的机械都是按国际标准化组织标准的最大总重来设计的，所以集装箱的实际总重以及集装箱的载货重量都不能超过相应的规定，如6.lm（20ft）集装箱总重规定为24t，12.2m（40ft）集装箱总重规定为30.48t。从装卸作业和运输安全角度来讲，在装载货物时，不能超过相应规定。为此，在装载超重货物时，应将其超重部分从货物上拆卸下来另行装运，也可将超重货物改用总重略大的集装箱装载。

此外，运送超重货物也将受到运载工具的运载能力与道路通过能力的限制。

5. 散件货物的装载

对尺寸和重量较大而且必须要由几个平台集装箱拼起来装载的货物称为散件货。在用船舶运载时，装载这些货物时其装载的尺寸和重量受船舶结构的限制。如舱内不能达到所需空间时，可装在上甲板的舱口盖上。装载这种货物时应事先了解与明确下列事项。

（1）从装卸地运到船边或离开船边所采用的运输方法。

（2）能否使用岸上的集装箱装卸桥。

（3）不能使用装卸桥时要安排好浮吊，但必须考虑浮吊的跨距和高度是否足够。

（4）是否可以直接靠岸卸货或者需要过驳。

（5）根据货物的形状确定安装吊索的位置。

（6）确定货物的固定方法，准备好固定货物用的材料和作业人员。

（7）考虑分散负荷的方法。

6. 散货的装载

用散货集装箱运输散货可节约劳动力、包装费、装卸费，并减轻装卸工人的劳动强度和提高装卸效率，所以是一种理想的运输方式。

用散货集装箱运输的散货主要有：麦芽、燕麦、大豆等谷类，粒状和小块状的饲料，粉状和颗粒状的化学制品以及其他如树脂、铝渣、粘土等工业原料的散货。

散货也可采用杂货集装箱运输，但由于杂货集装箱的强度较差，适于运输干草块、麦芽等较轻的散货。所以，在选择运输散货的集装箱时，要掌握货物的特性、货物的密度及集装箱的强度等装载条件。

（1）散货集装箱的装载和卸载。

① 装载。散货集装箱的箱顶上一般都设有 2～3 个装货口，装货时利用圆筒仓或仓库的漏斗或使用带有铲斗的起重机进行装载。利用杂货集装箱装载散货时，通常要把箱门打开后，用皮带输送机或带铲斗的装卸车将散货装入箱内，也可根据散货的特性，用导管利用空气把货物吹入箱内。

② 卸载。散货集装箱一般采用将集装箱倾斜的方式使散货产生自流的方法卸货。常用的方法有两种，一种是利用拖头上的重型提升耦合装置把底盘车连同集装箱的一端一并举升；另一种是利用底盘车上的特种装置，使集装箱前端抬高而倾斜。现在国外常见的是用自动倾斜底盘车卸载散货。通常，自动倾斜底盘车举升的最大倾斜角为 40°。

（2）装载散货集装箱的注意事项。

① 运输散装的化学制品时，首先要判明其是否属于危险货物。

② 在选定装载散货的集装箱时，必须考虑装货地点和卸货地点装载和卸载的设备条件。

③ 对于单向的散货运输，其回程如果装载其他杂货，一般在箱内需衬垫塑料袋，使散货与箱体隔开，塑料袋的两端呈框架型，不用时可把中间的塑料薄膜折起来，使用时可像手风琴风箱一样方便地拉开；也有的像普通散货集装箱那样，把装货口设在箱顶上，出货口设在门端的衬袋。

④ 在运输谷物、饲料等散货时，应注意该货物是否有熏蒸要求。因此，在装货前应查阅进口国的动植物检疫规则。对需要进行熏蒸的货物应选用有熏蒸设备的集装箱装运。

⑤ 在装运谷类和饲料等货物时，为了防止水湿而损坏货物，应选用有箱顶内衬

板的集装箱装运。

⑥ 在装载容易飞扬的粉状散货时，应采取措施进行围圈作业。

7. 液体货物的装载

液体货物也可看作散装货物的一种，利用专用的罐式集装箱来运输，因此液体货被列为特殊货物。

用罐式集装箱运输的液体货主要有酱油、葡萄糖、各种酒类等食品类货物和甲酚等各种化学类货物。虽然用罐式集装箱运输液体货能大量地节约包装费和装卸费，但发展较慢，主要是因为制造罐式集装箱工艺高，成本也高；清扫该种箱子的场所和污水处理有一定的难度；另外，液体货中食品类货物所占比重较大，而对食品的运输要求又较为严格，受限制的条件很多，所以液体货的集装箱运输除一部分能装罐式集装箱运输外，还有大量的液体货仍选用杂货集装箱，并在装箱前进行了罐装处理。在采用罐式集装箱运输液体货物时应该注意以下几点。

（1）罐式集装箱本身结构、性能、箱内面的涂料是否满足货物的运输要求。

（2）了解货物的特性，在运输和装卸过程中是否需要加温，以及装卸地是否具有蒸汽源和电源。

（3）查明集装箱的容量和所允许的载重量的比例与货物密度是否接近一致。当货物密度较大并且装载半罐的情况下，在装卸和运输过程中有损罐的危险。

（4）查明排罐时是否具有必要的设备，这些设备是否适用于集装箱的阀门等。

（5）检查溢流阀是否有效等。

8. 冷藏货物的装载

冷藏货集装箱装载可分冷却货物和冷冻货物两种，前者是指一般选定不冻结的温度，或者是货物表面有轻微冻结以上的温度，其温度范围在-1～11℃，冷却货物目的是为了维持货物的呼吸和防止箱内出汗；后者是指在冻结状态下进行运输的货物，运输温度的范围一般在-20℃～-1℃不等。

对冷藏货物在运输途中应保持的温度，货主在托运时都有明确指示，对承运人来说必须严格遵照执行。同时，把货主签发的有关该票货物在运输途中所需要的文件保管好，避免一旦发生纠纷后在货主与承运人之间就温度问题引起争执。

冷藏货在装箱前，对集装箱和货物都应进行以下检查。

（1）集装箱具有集装箱所有人出具的集装箱合格证书或文件。

（2）集装箱的起动、运转、停止装置处于正常状态。

（3）集装箱通风孔处于所要求的状态，泄水管保持畅通。

（4）货物达到规定的装箱温度。

（5）货物装箱时，不能堵塞冷气通道，天棚部分应留有空隙。

（6）装载期间，冷藏装置停止运转。

在装货前，冷冻集装箱内使用的垫木和其他衬垫材料要预冷；要选用清洁卫生的衬垫材料，不使它污染货物。严格禁止已降低鲜度或已变质发臭的货物装进箱内，以避免损坏其他正常货物。

9. 检疫货物的装载

一般情况下，动、植物的检疫应根据出口国的规定，但也有部分国家规定动、植物的进口一定要经过检疫人员的检查，并得到许可后才能进口，因为动物或植物类货物可能带有某种害虫、细菌或病原体，所以进口时需要对其进行检疫。需要进行动、植物检疫的货物，必须经检查合格后方准进口。检查不合格时，应根据进口国的规定，进行熏蒸或消毒后才能进口，有的只能作焚烧处理。

（1）动物检疫与装载。动物检疫的对象通常指牛、马、羊、猪等活动物和用这些动物制成的畜产品，如牛皮、羊毛、兔毛、猪肉、腊肠等。运输该类货物的集装箱有两种，一种是密闭性的，另一种是非密闭性的。

第一，检疫的内容。检疫内容各国均有不同的具体规定，其基本内容如下。

① 检疫对象为装载活动物或由其制成的畜产品的集装箱。如果杂货与畜产品混装时，则该集装箱在检查结束前不准打开。要求杂货与畜产品一起进行消毒处理后，才能开箱取出。

② 对于活动物必须在第一个进口港内接受检疫。

③ 消毒时一般用 5%的甲酚液进行消毒。

第二，在装载时应注意的方面。

① 活动物应尽量装在甲板上受风浪影响较小的地方，周围最好用一些杂货集装箱遮蔽起来，减少风浪的袭击。

② 要求供水方便，周围应留有通道，以便在航行中进行喂料和清扫。

③ 畜产品一般采用通风集装箱装载，如兽皮在运输中会流出液体，故应选择带有液槽的集装箱装运。

（2）植物检疫与装载。

第一，植物的检疫。需要进行植物检疫的货物属于食品类的一般有麦芽等谷物，柠檬、桔子等水果，土豆等蔬菜；属于非食品类的有木材、草制品等货物。集装箱进口检疫时，其具体情况应依据各国有关规则进行，检疫地点原则上应在该集装箱所卸码头的指定场所进行。如该地点不能进行检疫时，则应按照检疫人员指定的地点进行。如植物检疫不合格，即发现植物上有害虫或确定为有害植物时，应按检疫机关的批示进行熏蒸消毒或就地掩埋。

第二，植物货物的装载。需要进行植物检疫的货物，在谷物中主要是麦芽，在蔬果类中主要是柑桔类货物，而木材中主要是胡桃木。

① 麦芽可按散货的装载方法进行装载。

② 柑橘类货物一般采用波纹纸板箱包装，以便于进行植物检疫。这类货物通常选用冷冻集装箱装载。

③ 木材应选用板架集装箱装载，但板架集装箱必须设有立柱，否则运输途中会产生塌货。木材也可以采用开顶集装箱装载，但装货时作业较复杂，而且容易损坏集装箱。

 项目实施

（1）计算货物密度。

据货物密度计算式，得该批货物密度：70÷0.64=109.375（kg/m³）

（2）据表可知，与货物密度最为接近的是箱容利用率为80%时集装箱单位容重为509.4kg/m³、箱容积为67.8m³的40ft杂货集装箱，并且可知该货物为轻货，所以应选用40ft杂货集装箱。

（3）计算该集装箱对该货物的最大可能装载量。

$$(67.8 \times 80\% \times 70) /0.64 = 5\ 932.5（kg）$$

（4）计算所需箱数。

$$(800 \times 70) /5\ 932.5 = 9.44（箱）$$

所以，该批纸板箱包装的洗衣机应选用40ft杂货集装箱，并且实际需用量约10箱。

 项目小结

集装箱最大的特征就是它既是一种包装容器又是一种运输容器。本项目以具体的任务引入相关知识，涉及集装箱货物的要求和集装箱选择及使用，在集装箱货物的装箱要求上，又从集装箱货物装载的一般要求和特殊货物的装箱要求展开，最后利用相关知识完成任务。

 综合练习与实训

一、填空题

1. 液体货也可看作散装货物的一种，这类货物应该选择_____运输，这种运输工具的优点是大量减少包装费和_____。

2. 集装箱装载危险货物时要把该危险货物的_____表示在集装箱外表面容易看到的位置上。

3. 装载货物时，由于货物的_____，要根据包装的_____和货物的_____来决定对其进行必要的衬垫。

4. 选择集装箱时，运输货物的_____、体积、形状等物理属性能较好地与集装箱相适应。

5. 液体货物或有水分的货物与干燥货物混装时，可能引起干燥货物的_____、污染、腐败等事故，因此要尽可能避免_____。

二、选择题

1. 需要进行植物检疫的属于食品类的货物包括（　　）。

　　A. 谷物　　　B. 水果　　　C. 蔬菜　　　D. 木材　　　E. 草制品

2. 对冷藏货物在运输途中应保持的温度，对承运人来说必须严格按（　　）执行。

　　A. –1～11℃　B. 0～5℃　　C. 0～10℃　D. 货主的要求

3. 用集装箱来装载托盘货物时要考虑（　　）因素。

　　A. 集装箱的尺寸　　　　　　　B. 托盘的尺寸

　　C. 货物的尺寸　　　　　　　　D. 集装箱的内部尺寸与托盘的外部尺寸

4. 下列哪些货物适合使用集装箱运输？（　　）

　　A. 小型精密机械　　　　　B. 仪器　　C. 各种纺织品

　　D. 超重钢轨　E. 药制品　F. 日用商品　G. 电器

5. 集装箱货物在装箱时可以通过（　　）方法进行固定。

　　A. 绑扎　　　B. 网罩　　　C. 加框　　　D. 支撑　　　E. 塞紧

三、简答题

1. 适宜用集装箱装运的货物应该具有什么特征？
2. 集装箱在使用前应作哪些检查？
3. 集装箱货物装载的基本要求包括哪几个方面？
4. 危险货物装载时要了解哪些装载规则？
5. 如何实现拼箱货物的合理混装？

四、计算题

1. 有一批规格相同的箱装货物是用波纹纸板箱包装的冰柜，共 1 000 箱，单箱货物体积为 $1m^3$，单箱重量为 98kg，箱容利用率为 100%。

要求：

（1）计算货物密度。

（2）根据货流密度选用一种集装箱箱型。

（3）计算该集装箱对该货物的最大可能装载量。

（4）计算所需的集装箱箱数（保留整数）。

2. 选用 6.1m（20ft）杂货集装箱，装载了 17 432kg 的货物（重货），试计算出该批货物的最小摆放长度。

五、案例分析题

茶叶装载集装箱串味案

  浙江省茶叶进出口公司于 1987 年 10 月委托浙江省钱塘对外贸易运输公司(以下简称钱塘外运)将 750 箱红茶从上海出口运往德国汉堡港。钱塘外运又转委托上海对外贸易运输公司(以下简称上海外运)代理出口。上海外运将红茶在上海装入 3 个 20 英寸集装箱中,委托广州远洋运输公司(以下简称广州远洋)所属的船舶运往德国汉堡港。货到目的地,发现其中一个 20 英寸集装箱内的 250 箱红茶串味变质,经中国保险公司在汉堡的代理人 BDJ 出具了有关检验机构的检验报告,确定这 250 箱红茶受精茶气味污染。为此,该货物保险人浙江省保险公司(以下简称浙江人保)按保单赔偿了收货人损失 7 476.63 英镑和 1 881 西德马克,并取得了收货人签署的权益转让书。

  浙江人保凭权益转让书先后向货物承运人广州远洋及上海外运追偿,但这两个公司均拒绝履行其赔偿责任。于是,浙江人保便向上海海事法院提起诉讼。广州远洋被列为第一被告,上海外运被列为第二被告。浙江人保诉讼称第一被告承运其承保的 750 箱红茶,由于提供了不洁集装箱,而第二被告作为装箱人未尽职责检查,致使茶叶串味污染,故要求两被告赔偿其遭受的全部经济损失和从赔付收货人时起至判决之日止的利息,并承担全部诉讼费用。

  第一被告辩称,该提单项下集装箱运输条款为 FCL,即由发货人装箱、点数、铅封的整箱货运输。第一被告提供的集装箱应视为货物包装,箱体检查应属发货人的职责,而且污染原因不明,原告赔付收货人过于草率。对于非第一被告原因引起的损失,不负赔偿责任,并要求原告赔偿其因应诉而引起的经济损失。

  第二被告辩称,发货人委托进行装箱作业,只对装箱过程负责,不对以后发生的损失负责。根据惯例,承运人应该提供清洁、干燥、无味的集装箱,而且法律并未规定需要对集装箱进行检查。对于不可预知的损失不承担赔偿责任。

  请分析此案例。

项目三

集装箱货物的交接

【知识目标】

- 熟悉集装箱货物在国际运输过程中的货物流程
- 掌握整箱与拼箱运输的区别
- 集装箱货物的各种交接方式
- 掌握集装箱交接的责任和费用承担

【能力目标】

- 集装箱的配箱管理
- 集装箱的租赁管理
- 能处理不同交接方式的集装箱运输业务

 项目引入

  2007 年 4 月 15 日，上海天华贸易有限公司与海燕船务公司签订一批运输合同，运输一批电子设备到日本名古屋港口。双方约定，由上海天华贸易有限公司提供集装箱，并且自行装箱、铅封完好后交给海燕船务公司。4 月 18 日，货物运抵上海洋山港，装上预先约定的集装箱货运船"破浪号"，经检查集装箱外表完好，故而签发已装船的清洁提单。4 月 22 日，船舶到达日本名古屋港口。4 月 23 日，收货人日本福

贸国际贸易公司凭借提单去提取货物。

（1）若收货人日本福贸国际贸易公司打开集装箱后发现电子设备有多处破损，向海燕船务公司提出索赔，海燕船务公司可以以何种理由拒绝赔偿？

（2）若收货人日本福贸国际贸易公司收到货物时发现货物比提单上记载的数量少了一半，可否向海燕船务公司提出索赔？为什么？

 相关知识

一、集装箱货流

集装箱运输打破了传统的运输形式，不但运输效率提高了很多，也给多式联运创造了良好的条件。传统的货物运输带来的杂件货运输是通过多次托运、反复换装、分段运输的方式完成的，各段的运输经营人独立完成自己承担区段的运输。而集装箱运输使货物的流转和交接都发生了极大的变化，使全程运输出现了统一组织的变化，实现了"门到门"的运输。

在传统的国际货物运输中，托运人要从内陆各地用公路、铁路等运输方式将货物集中到出口港，再通过与船公司的运输合同装船出运。货物运到目的港卸船后，再通过公路、铁路等运输方式将货物运到交货地点。在货物运输的全过程中，各运输区段的运输批量、运输线路和实际承运人的选择及各段之间的衔接等运输组织工作都是由众多的托运人独立进行的。从总体来看，运输组织是混乱的。由于各托运人托运货物的批量都较小，特别在内陆运输中无法实现经济规模。而集装箱的出现则克服了这些缺点。

一般集装箱货物流程如图3-1所示。

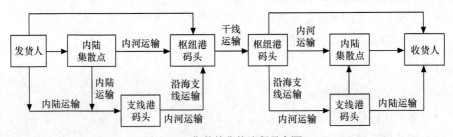

图3-1　集装箱货物流程示意图

集装箱内陆中转站是指供集装箱及其货物进行转运、拆箱、拼装等业务并由海关及国家其他主管部门监管的内陆货运转运场所。

支线集装箱运输是为解决集装箱船舶挂靠港多、不能进出大型船舶、没有干线运输航线的矛盾，在沿海港口和内陆设置的以集散集装箱为目的的集装箱集散港（或点），将各集散港、点附近地区的集装箱汇集到各集散港、点，集中运至枢纽港。这种内陆城市或沿海的集散点与枢纽港口之间的运输为支线集装箱运输。

集装箱枢纽港是对集装箱港进行分类的术语，指有较大量货源，又能起到海上与陆地及海上港口间集装箱运输交接点作用的港口。港内有集装箱码头堆场（CY）、集装箱货运站（CFS），可进行集装箱货物交接，并可以从这些港口到内陆地区交纳内陆运输费以后，提供内陆运输服务。

在上述集装箱货物的流程中，对于货物的交接主要有两种不同的形态：整箱货和拼箱货，两者具体的流转程序是不同的。

1. 整箱货的流转程序

一般来说，整箱货的货流包括以下几个过程，典型的整箱货物运输全过程如图 3-2 所示。

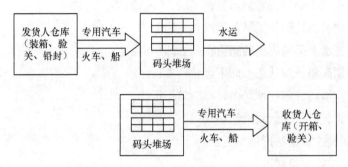

图 3-2 整箱货物运输全过程

（1）发货人在自己工厂或仓库装箱地点配置集装箱并将货物进行装箱。

（2）通过内陆运输或内河运输将集装箱货物运至集装箱码头。

（3）在集装箱码头堆场办理交接，根据堆场计划在堆场内暂存集装箱货物，等待装船。

（4）根据装船计划将集装箱货物装上船舶。

（5）通过水上运输将集装箱货物运到卸船港。

（6）根据卸船计划从船上卸下集装箱货物。

（7）根据堆场计划在堆场内暂存集装箱货物。

（8）通过内陆运输将集装箱货物运至收货人工厂和仓库。

（9）收货人在自己工厂或仓库拆箱地点拆箱。

（10）集装箱空箱回运。

上述发货人至集装箱码头堆场，以及从集装箱码头堆场运至收货人方面的内陆运输，可采用以下 3 种运输系统。

① 货主自己托运，指有关空箱的配置、重箱运输均由货主负责，在运至集装箱码头堆场后与船公司办理交接。

② 承运人托运，指有关空箱的配置、重箱运输（内陆）均由船公司安排，并支

付运费。承运人的责任从发货人的工厂或仓库开始。

③ 混合托运，指由船公司负责并监管空箱配置，有关重箱的运输由货主安排，并支付运费。在由承运人负责托运时，内陆运输费用作为全程费用的一部分。

2. 拼箱货的流转程序

拼箱货流转一般包括以下这些过程，典型的拼箱货物运输的全过程如图 3-3 所示。

（1）发货人自己负责将货物运至集装箱货运站。

（2）集装箱货运站负责配箱、装箱。

（3）集装箱货运站负责将装载货物的集装箱运至集装箱码头。

（4）根据堆场计划将集装箱暂存堆场，等待装船。

（5）根据装船计划将集装箱货物装上船舶。

（6）通过水上运输将集装箱货物运抵卸船港。

（7）根据卸船计划从船上卸下集装箱货物。

（8）根据堆场计划在堆场内暂存集装箱货物。

（9）将集装箱货物运到货运站。

（10）集装箱货运站拆箱交货。

（11）集装箱空箱回运。

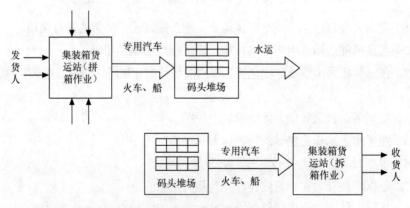

图 3-3　拼箱货物运输的全过程

3. 集装箱货物的交接

在集装箱运输中，根据实际交接地点不同，集装箱货物的交接有多种方式，在不同的交接方式中，集装箱运输经营人与货方各自承担的义务、责任不同，集装箱运输经营人的运输组织内容、范围也不同。

（1）集装箱货物的交接地点。

① 集装箱码头堆场（Container Yard，简称 CY）。集装箱码头堆场包括集装箱前方堆场和集装箱后方堆场。集装箱前方堆场在集装箱码头前方，是为加速船舶装卸作

业暂时堆放集装箱的场地。集装箱后方堆场是重箱或空箱进行交接、保管和堆存的场所。有些国家对集装箱堆场并不分前方堆场和后方堆场，统称为堆场，集装箱后方堆场是集装箱装卸区的组成部分。在集装箱码头堆场交接的货物都是整箱交接。在发货港集装箱码头堆场交接意味着发货人自行负责装箱及集装箱到发货港集装箱码头堆场的运输。在卸货港集装箱码头堆场交接意味着收货人自行负责集装箱货物到最终目的地的运输和拆箱。

② 集装箱货运站（Container Freight Station，简称 CFS）。集装箱货运站是处理拼箱货的场所。它办理拼箱货的交接、配箱积载后，将集装箱送往集装箱堆场，还接受集装箱堆场交来的进口货箱，并对其进行拆箱、理货、保管，最后拨交给收货人。从集装箱货运站的任务看，它实际上起到了货物的集中、疏散作用。集装箱货运站一般包括集装箱装卸港的市区货运站，内陆城市、内河港口的内陆货运站和中转站。在集装箱货运站交接的货物都是拼箱交接。在起运地集装箱货运站交接意味着发货人自行负责将货物送到集装箱货运站。在到达地集装箱货运站交接意味着收货人自己到集装箱货运站提取货物，并自行负责提货后的事宜。

③ 发货人或收货人的工厂或仓库（Door，即门）。在发货人或收货人的工厂或仓库交接的货物都是整箱交接，一般意味着发货人或收货人自行负责装箱或拆箱。

（2）集装箱货物的交接方式。其包括门到门、门到场、门到站、场到门、场到场、场到站、站到站、站到场、站到门 9 种方式。

① 门到门（Door to Door）交接方式。一般是货物批量较大、能装满一箱的货主，把空箱拉到自己的工厂仓库装箱后，由海关在工厂仓库内加封验收，运输经营人在发货人工厂或仓库整箱接货，然后把重箱运到集装箱码头堆场，等待装船；在目的港，由运输经营人负责把货物运到收货人的工厂或仓库整箱交货。收货人在其工厂或仓库整箱接货。门到门的集装箱运输一般均为整箱货运输，运输经营人负责全程运输。

② 门到场（Door to CY）交接方式。发货人负责装箱并在其工厂或仓库整箱交货，运输经营人在发货人工厂或仓库整箱接货，并负责运抵卸货港，在集装箱堆场整箱交货；收货人负责在卸货港集装箱堆场整箱提货。这种交接方式表示承运人不负责目的地的内陆运输。在这种交接方式下，货物也都是整箱交接。

③ 门到站（Door to CFS）交接方式。发货人负责装箱并在其工厂或仓库整箱交货，运输经营人在发货人工厂或仓库整箱接货，并负责运抵卸货港集装箱货运站，经拆箱后按件向各收货人交付。在这种交接方式下，运输经营人一般是以整箱形态接受货物，以拼箱形态交付货物。

④ 场到门（CY to Door）交接方式。发货人负责装箱并运至装货港集装箱堆场整箱交货，运输经营人在装货港集装箱堆场整箱接货，并负责运抵收货人工厂或仓

47

库整箱交货；收货人在其工厂或仓库整箱接货。在这种交接方式下，货物也都是整箱交接。

⑤ 场到场（CY to CY）交接方式。发货人负责装箱并运至装货港集装箱堆场整箱交货，运输经营人在装货港集装箱堆场整箱接货，并负责运抵卸货港集装箱堆场整箱交货；收货人负责在卸货港集装箱堆场整箱提货。在这种交接方式下，货物的交接形态一般都是整箱交接，运输经营人不负责内陆运输。

⑥ 场到站（CY to CFS）交接方式。发货人负责装箱并运至装货港集装箱堆场整箱交货，运输经营人在装货港集装箱堆场整箱接货，并负责运抵卸货港集装箱货运站或内陆货运站拆箱按件交货；收货人负责在卸货港集装箱货运站按件提取货物。在这种交接方式下，运输经营人一般是以整箱形态接受货物，以拼箱形态交付货物。

⑦ 站到站（CFS to CFS）交接方式。发货人负责将货物运至集装箱货运站按件交货，运输经营人在集装箱货运站按件接受货物并装箱，负责运抵卸货港集装箱货运站拆箱后按件交货；收货人负责在卸货港集装箱货运站按件提取货物。在这种交接方式下，货物的交接形态一般都是拼箱交接。

⑧ 站到场（CFS to CY）交接方式。发货人负责将货物运至集装箱货运站按件交货，运输经营人在集装箱货运站按件接受货物并装箱，负责运抵卸货港集装箱堆场整箱交货；收货人负责在卸货港集装箱堆场整箱提货。在这种交接方式下，运输经营人一般是以拼箱形态接受货物，以整箱形态交付货物。

⑨ 站到门（CFS to Door）交接方式。发货人负责将货物运至集装箱货运站按件交货，运输经营人在装货港集装箱货运站按件接受货物并装箱，负责运抵收货人工厂或仓库整箱交货；收货人在其工厂或仓库整箱接货。在这种交接方式下，运输经营人一般是以拼箱形态接受货物，以整箱形态交付货物。

二、集装箱发放与交接

1. 集装箱发放和交接的依据

集装箱的发放和交接，应依据《进口提货单》、《出口订舱单》、《场站收据》以及这些文件内列明的集装箱交付条款，实行集装箱设备交接单制度。从事集装箱业务的单位必须凭集装箱代理人签发的《集装箱设备交接单》办理集装箱的提箱（发箱）、交箱（还箱）、进场（港）、出场（港）等手续。

2. 交接责任的划分

参加海上国际集装箱运输的企业，应对各自掌管期限内的集装箱和集装箱货物负责，加强各环节的管理，明确交接责任。承运人、港口应按下列规定办理集装箱交接。

（1）海上承运人与港口的交接由外轮理货公司代表海上承运人与港口在船边交接。

（2）经水路集疏运的集装箱，由水路承运人与港口在船边交接；在船驳直取作业时，由外轮理货公司代表海上承运人与水路承运人办理交接；在国内中转的集装箱，由外轮理货公司代表水路承运人与港口在船边交接。

（3）经公路集疏运的集装箱，由港口、内陆中转站、货运站与公路承运人在其大门交接。

（4）经铁路集疏运的集装箱，由铁路承运人与托运人、收货人或受委托的港口、内陆中转站、货运站在集装箱装卸现场或双方商定的地点交接。

集装箱交接时，交接双方应当检查箱号、箱体和封志。重箱凭封志和箱体状况交接，空箱凭箱体状况交接。交接双方检查箱号、箱体和封志后，应作记录，并共同签字确认。

集装箱的发放、交接实行设备交接单制度，从事海上国际集装箱运输业务的各有关单位必须凭《集装箱设备交接单》办理集装箱发放、交接手续。托运人、收货人、内陆承运人或从事集装箱业务的有关单位，不得将集装箱用于《集装箱设备交接单》规定外的用途，必须按规定的时间、地点交箱、还箱。

集装箱提离场站后，严禁随意套箱、换箱。凡需要套箱、换箱，必须事先征得集装箱所有人同意，否则套箱、换箱者应承担由此引起的责任和损失。

3. 空箱交接

（1）交接标准。箱体完好，水密，无漏光，清洁，干燥，无味；箱号清晰；特种集装箱的机械、电器装置无异常。如果有异常情况，应在《进（出）场集装箱设备交接单》上注明。

（2）空箱的进场和出场交接。空箱提离港区、堆场、中转站时，提箱人（货方或其代理人、内陆承运人）应向集装箱代理人提出书面申请。集装箱代理人依据《出口订舱单》或《出口集装箱预配清单》向提箱人签发《出场集装箱设备交接单》或《进场集装箱设备交接单》。

货方或其代理人、内陆承运人凭《出场集装箱设备交接单》到指定地点提取空箱，办理出场集装箱设备交接；凭《进场集装箱设备交接单》到指定地点交付集装箱，并办理进场集装箱设备交接。

因检验、修理、清洗、熏蒸、退租、转租、堆存、回运、转运需要，空箱提离场站，由托运人、收货人、内陆承运人或从事集装箱业务的有关单位向集装箱代理人提出书面申请。集装箱所有人依据有关协议，向托运人、收货人、内陆承运人或从事集装箱业务的有关单位签发《集装箱设备交接单》。

4. 重箱交接

（1）交接标准。箱体完好，箱号清晰，封志完整无误，特种集装箱的机械、电器装置运转正常并符合进出口文件记载要求。

（2）出口重箱交箱进场的交接。出口重箱进入港口，托运人、内陆承运人凭《场

49

站收据》、《集装箱装箱单》和《集装箱设备交接单》到指定港口交付重箱并办理进场集装箱交接。港口凭《场站收据》、《集装箱装箱单》和《集装箱设备交接单》收取重箱并办理进场集装箱交接。

出口重箱凡有残损或船名、航次、提单号、目的港、箱号、封志号与《场站收据》、《集装箱装箱单》或《集装箱设备交接单》所列明内容不符者,港口应拒绝收箱。因拒绝收箱而产生的费用由责任方承担。

(3)进口重箱提箱出场的交接。进口重箱提离港区、堆场、中转站时,货方(或其代理人)、内陆(水路,公路,铁路)承运人应持海关放行的《进口提货单》到集装箱代理人指定的现场办理处办理集装箱发放手续。

集装箱代理人依据《进口提货单》、集装箱交付条款和集装箱运输经营人有关集装箱及设备使用或租用的规定,向货方(或其代理人)、内陆承运人签发《出场集装箱设备交接单》和《进场集装箱设备交接单》。

货方、内陆承运人凭《出场集装箱设备交接单》到指定地点提取重箱,并办理出场集装箱设备交接;凭《进场集装箱设备交接单》将拆空后的集装箱及时交到集装箱代理人指定的地点,并办理进场集装箱设备交接。

5. 收、发箱地点应履行的手续

在指定的收、发箱地点,凭集装箱代理人签发的《集装箱设备交接单》受理集装箱的收、发手续;凭《出场集装箱设备交接单》发放集装箱,并办理出场集装箱设备交接手续,凭《进场集装箱设备交接单》收取集装箱,并办理集装箱设备交接手续。

进(出)场集装箱设备交接单的主要内容参见表 3-1 和表 3-2 所示。

三、集装箱箱务管理

1. 集装箱的堆存与保管

集装箱进入场站后,场站应按双方协议规定,按照不同的海上承运人将空箱和重箱分别堆放。空箱按完好箱和破损箱、污箱,自有箱和租箱分别堆放。

场站应对掌管期限内的集装箱和集装箱内的货物负责,如有损坏或灭失由场站承担责任。未经海上承运人同意,场站不得以任何理由将其堆存的集装箱占用、改装或出租,否则应负经济责任。

场站应根据中转箱发送的不同目的地,按船、按票集中堆放,并严格按海上承运人的中转计划安排中转。

(1)重箱堆存与保管。集装箱港口为了避免集装箱在港内大量积压,一般规定各航班装运的重箱应在指定的入港开始时间和截止时间内将重箱运至港区内指定的场地堆存。船公司应与港口箱管部门密切配合,通知货方、内陆运输人将重箱及时运至港内,并做好集装箱设备交接工作。

表 3-1

集装箱设备交接单（进场）

箱管单位名称（中文）

（英文）

集装箱设备交接单
EQUIPMENT INTERCHANGE RECEIPT

IN 进场

No.

用箱人/运箱人（CNTR. USER/HAULIER）			提箱地点（PLACE OF DELIVERY）	
来自地点（WHERE FROM）			返回/收箱地点（PLACE OF RETURN）	
船名、航次（VESSEL/VOYAGE No.）	集装箱号（CNTR. No.）	尺寸/类型（SIZE/TYPE）		营运人（CNTR. OPTR）
提单号（B/L. No.）	危品类别（IMCO CLASS）	铅封号（SEAL. No.）	免费期限（FREE TIME PERIOD）	运载工具牌号（TRUCK WAGON-BARGE No.）
货重（CARGO W.）	出场目的/状态（PPS OF GATE-OUT/STATUS）		进场目的/状态（PSS OF GATE- IN/STATUS）	进场日期（TIME IN） 月　日　时

进场检查记录（INSPECTION AT THE TIME OF INTERCHANGE）

普通集装箱（GP. CNTR.）	冷藏集装箱（RF. CNTR.）	特种集装箱（SPL. CNTR.）	发电机（GEN. SET）
□正常（SOUND） □异常（DEFECTVE）	□正常（SOUND）　设定温度（SET）　　℃ □异常（DEFECTVE）记录温度（RECORDED）　℃	□正常（SOUND） □异常（DEFECTVE）	□正常（SOUND） □异常（DEFECTVE）

损坏记录及代号（DAMAGE & GODE）

BR	D	M	DR	DL
破损（BROKEN）	凹损（DENT）	丢失（MISSING）	污箱（DIRTY）	危标（DGLABEL）

左侧(LEFT SIDE)　　右侧(RIGHT SIDE)　　前端(FRONT)　　内部(INSIDE)

顶部(TOP)　　底部(FLOOR BASE)　　后端(REAR)　　如有异状，请注明程度及尺寸（REMARK）

除列明者外，集装箱及集装箱设备交接时完好无损，铅封完整无误。
CONTAINER EQUIPMENT INTERCHANGED IN SOUND CONDITION AND SEAL INTACT UNLESS OTHERWISE STATED

用箱人/运箱人签署
（CONTAINER USER/HAULIER'S SIGNATURE）
_____年___月___日

码头/堆场值班员签署
（TERMINAL/DEPOT CLERK'S SIGNATURE）
_____年___月___日

GB/T 16561-1996 格式印制

（1）箱管单位留底

51

表 3-2　　　　　　　集装箱设备交接单（出场）

箱管单位名称（中文）

（英文）

集装箱设备交接单

EQUIPMENT INTERCHANGE RECEIPT

OUT 出场

No.

用箱人/运箱人（CNTR. USER/HAULIER）				提箱地点（PLACE OF DELIVERY）	
发住地点（DELIVERED TO）				返回/收箱地点（PLACE OF RETURN）	
船名、航次（VESSEL/VOYAGE No.）		集装箱号（CNTR. No.）	尺寸/类型（SIZE/TYPE）		营运人（CNTR. OPTR）
提单号（B/L. No.）	危品类别（IMCO CLASS）	铅封号（SEAL. No.）	免费期限（FREE TIME PERIOD）		运载工具牌号（TRUCK WAGON-BARGE No.）
货重（CARGO W.）	出场目的/状态（PPS OF GATE-OUT/STATUS）		进场目的/状态（PSS OF GATE- IN/STATUS）		出场日期（TIME-OUT） 　　　月　日　时

进场检查记录（INSPECTION AT THE TIME OF INTERCHANGE）

普通集装箱(GP. CNTR.)	冷藏集装箱（RF. CNTR.）	特种集装箱（SPL. CNTR.）	发电机(GEN. SET)
□正常（SOUND） □异常（DEFECTVE）	□正常（SOUND）　设定温度（SET）　　　　℃ □异常（DEFECTVE）　记录温度（RECORDED）　　℃	□　正　常（SOUND） □异常（DEFECTVE）	□正常（SOUND） □异常（DEFECTVE）

损坏记录及代号（DAMAGE & GODE）

BR	D	M	DR	DL
破损（BROKEN）	凹损（DENT）	丢失（MISSING）	污箱（DIRTY）	危标（DGLABEL）

左侧(LEFT SIDE)　　右侧(RIGHT SIDE)　　前端(FRONT)　　内部(INSIDE)

顶部(TOP)　　底部(FLOOR BASE)　　后端(REAR)

如有异状，请注明程度及尺寸（REMARK）

除列明者外，集装箱及集装箱设备交接时完好无损，铅封完整无误。

CONTAINER EQUIPMENT INTERCHANGED IN SOUND CONDITION AND SEAL INTACT UNLESS OTHERWISE STATED

用箱人/运箱人签署　　　　　　　　　码头/堆场值班员签署

（CONTAINER USER/HAULIER'S SIGNATURE）　　（TERMINAL/DEPOT CLERK'S SIGNATURE）

_____年___月___日　　　　　　　　　_____年___月___日

GB/T 16561-1996 格式印制

(2) 箱管单位留底

（2）空箱堆存与保管，主要包括空箱进场操作与空箱出场操作。

① 空箱进场操作。码头空箱进场有两种方式：空箱卸船进场和空箱通过检查口进场。

空箱卸船进场前，码头堆场计划员必须安排空箱堆存计划。该计划安排的原则：空箱根据箱尺码以及箱型的不同，按不同的持箱人分开堆存，码头与船方必须在卸箱时办理设备交接单手续。

通过检查口进场的空箱主要有两种，一种为船公司指定的用于出口装船的空箱，一种为进口重箱拆箱后返回码头。如为船公司指定用箱，则根据堆场计划员所作堆存计划及不同的尺码、不同的箱型，按出口船名、航次堆放；如为进口箱拆箱后返回码头堆场，则根据堆场计划员所作堆存计划及持箱人的不同分开堆放。空箱进检查口时，码头检查口与承运人必须办理交接单手续。

② 空箱出场操作。码头空箱出场主要有两种方式：空箱装船出场和空箱通过检查口出场。

装船出场的空箱主要有两种，一种为船公司指定用于出口装船的空箱，另一种为装驳船的空箱。码头箱务管理员应根据代理人出具的工作联系单、空箱装船清单或船公司提供的"出口装船用箱指令"安排装船用箱计划。码头配载计划员根据箱务管理员的用箱计划以及代理人提供的"场站收据"，结合船名、航次的配载情况，选择全部计划空箱或部分计划空箱配船。凡该船航次未能装船的空箱，箱务管理员应做好记录，以备下一航次装船之用。

2. 集装箱灭失、损坏、逾期还箱的处理

（1）集装箱灭失、损坏的处理。海上国际集装箱运输的各区段承运人、港口、内陆中转站、货运站对其所管辖的集装箱和集装箱货物的灭失、损坏负责，并按照交接前由交方承担、交接后由接方承担划分责任。但如果在交接后 180 天内，接方能提出证据证明交接后的集装箱、集装箱货物的灭失、损坏是由交方原因造成的，交方应按有关规定负赔偿责任。

除法律另有规定外，承运人与托运人应根据集装箱货物交接方式按下列规定对集装箱货物的灭失或损坏负责。

① 由承运人负责装箱、拆箱的货物，从承运人收到货物后至运达目的地交付收货人之前的期间内，箱内货物的灭失或损坏由承运人负责。

② 由托运人负责装箱的货物，从装箱托运交付后至交付收货人之前的期间内，如箱体完好，封志完整无误，箱内货物的灭失或损坏由托运人负责；如箱体损坏或封志破损，箱内货物灭失或损坏由承运人负责。

③ 由于托运人对集装箱货物申报不实或集装箱货物包装不当造成人员伤亡并且使运输工具、货物自身或其他货物集装箱损坏的由托运人负责。

④ 由于装箱人或拆箱人的过失造成人员伤亡并使运输工具、集装箱、集装箱货物损坏的由装箱人或拆箱人负责。

（2）集装箱逾期归还的处理。船公司集装箱通常分为自有箱和租箱两种。自有箱是船公司自己的集装箱，其一旦投入使用，就开始起算折旧成本；租箱是船公司向其他集装箱箱主租赁的集装箱，船公司须按日支付租金，集装箱一旦被超期使用，将使船公司增加额外成本。因此，船公司必须加强对超期箱的管理，定期清理超期箱。船公司通常都有自己的集装箱跟踪系统，通过该系统可以查出目前本公司所有集装箱的动态，从而可以查出超期箱的详细情况。通常，船公司须每周清理一次超期箱，逐一核查集装箱超期的原因，然后同有关方联系，督促其将超期箱尽快归还。此外，船公司应制订超期使用费收取标准，采取措施，限令客户尽快归还超期箱。

收货人在超过免费使用期后归还空箱或船公司指定的货运站逾期拆箱以及发货人提取空箱后超过免费使用期将重箱运至码头堆场，均应按《集装箱超期使用费标准》（如表 3-3 所示）向船公司支付集装箱超期使用费。集装箱超期使用费按中国银行当日的美元与人民币的兑换率计收人民币。

表 3-3　　集装箱超期使用费标准　　　　单位：USD/天

货箱种类	尺　寸	1～4 天	5～10 天	11～40 天	41 天以上
干货箱	6.1m（20ft）	免费	免费	3.00	12.00
	12.2m（40ft）			5.00	20.00
开顶箱 框架箱	6.1m（20ft）	免费	免费	4.50	18.00
	12.2m（40ft）			9.00	36.00
冷藏箱、罐装箱等 特殊用途箱	6.1m（20ft）	免费	18.00	24.00	72.00
	12.2m（40ft）		30.00	42.00	120.00

表注：ft：英尺，USD：美元。

集装箱发生丢失和推定全损时的赔偿按《集装箱丢失和推定全损赔偿标准》（如表 3-4 所示）赔偿。国内或国外付费人一律计收美元。

表 3-4　　集装箱丢失和推定全损赔偿标准　　　　单位：USD

货箱种类	尺　寸	集装箱价格	年折旧率	最低赔偿额
干货箱	6.1m（20ft）	3 200.00	5%	1 280.00
	12.2m（40ft）	4 300.00		1 720.00
超高箱 2.9m（9ft6in）以上	12.2m（40ft）	5 000.00	5%	2 000.00
开顶箱	6.1m（20ft）	4 000.00	5%	1 600.00
	12.2m（40ft）	5 000.00		2 000.00

货箱种类	尺　寸	集装箱价格	年折旧率	最低赔偿额
框架箱	6.1m（20ft）	5 500.00	5%	2 000.00
	12.2m（40ft）	7 500.00		3 000.00
冷藏箱、罐装箱等特殊用途箱	6.1m（20ft）	25 000.00	5%	12 500.00
	12.2m（40ft）	33 000.00		16 500.00

表注：ft: 英尺，in: 英寸，USD: 美元

四、集装箱租赁管理

1. 集装箱租赁

集装箱租赁是指集装箱租赁公司与承租人，一般为海运班轮公司，铁路、公路运输公司等，签订协议，用长期或短期的方式把集装箱租赁给承租人的一种租赁方式。

在协议执行期间，箱体由承租人管理使用，承租人负责对箱体进行维修保养，确保避免灭失。协议期满后，承租人将箱子还至租箱公司指定堆场。堆场对损坏的箱体按协议中规定的技术标准修复，修理费用由承租人承担。承租人按照协议向租箱公司承付提还箱费及租金。

2. 集装箱租赁的优点

集装箱租赁业务是为集装箱运输行业提供服务的，对于班轮公司来说，租箱与自行采购集装箱比较，具有下列优点。

（1）避免巨额资金的即时投入。集装箱价格昂贵，一个 20ft 箱出厂时价格就要1 800 多元。班轮公司如需开辟集装箱航线，船东自备箱往往要上千个，需要大量资金来采购集装箱，有了租箱公司，只付少许租金租箱就可以了。

（2）全球提箱、全球还箱的便利。班轮公司对箱体的需求是变化的、不平衡的，全球提还箱只有租箱公司可以做到，这很好地解决了班轮公司的调箱难题。

（3）集装箱需求地点的供应保障。任何一个班轮公司都不可能在其任何一个需求地点都有存箱，而租箱公司则可相对满足他们的要求，尽可能地保障集装箱的供应。

3. 集装箱租赁的分类

集装箱租赁因租箱人的需要，其租赁方式可以分为以下 3 类。

（1）期租。集装箱的期租分为长期租赁和短期租赁两种方式。长期租赁一般是指有一段较长的租用期限，而短期租赁则根据所需要的使用期限来租用集装箱，时间比较短。

（2）程租。集装箱的程租包括单程租赁和来回程租赁两种方式。其中，单程租赁多用于同一条航线上来回程货源不平衡的情况，即从起运港至目的港单程使用集装箱；来回程租赁则通常用于来回程有较平衡货运量的航线。

（3）灵活租赁。集装箱的灵活租赁方式在费用上类似于长期租赁，在使用上与短期租赁相似，可灵活使用。这种租赁方式租期通常为一年。在集装箱货运量大、经营航线较多且来回程货运量不平衡的情况下，采用这种租赁方式能比较容易适应变化，是一种很有价值的租赁方式。

4. 集装箱租赁合同

集装箱租赁合同是规定租箱人与租箱公司双方权利、义务和费用的协议和合同文本。租箱人在签署合同之前一般要与租箱公司（或其代理人）商定租箱方式，数量，租金，交、还箱期，地点，租、退箱费用，损害修理责任及保险等事宜。租箱合同的主要条款一般有以下4个方面内容。

（1）交箱条款。交箱条款主要是制约租箱公司的条款，是指租箱公司应在合同规定的时间和地点将符合合同条件的集装箱交给租箱人。其内容主要如下。

① 交箱期。交箱期是指租箱公司将箱子交给租箱人的时间。为了给双方都提供一些方便，交箱期通常规定一个期限，一般为7~30天。

② 交箱量。为了适应市场上箱、货供求关系的变化，合同中对交箱量有两种规定方法，一种是规定的交箱数量（或最低交箱量），另一种是实际交箱量（可高于或低于前者）。

③ 交箱时箱子状况。租箱公司交给租箱人的箱子应符合有关国际公约与标准的规定，同时租箱人还箱时应保证箱子保持和接近原来的状况。为了保证这一点，双方在提箱时箱子的状况是通过双方签署的设备交接单来体现的。在具体操作中，规定租箱人雇用的司机和箱子所在堆场的箱管员、门卫可作为双方代表签署设备交接单。

（2）还箱条款。租箱合同中的还箱条款主要是制约租箱人的条款，是指租箱人应在租用期满后，按合同规定的时间、地点将状况良好的箱子还给租箱公司。其主要内容如下。

① 还箱时间。还箱时间指规定的还箱日期。如超期还箱，合同一般通过对超期天数加收租金方式解决；如果可能提前还箱，则要求事先订立提前终止条款，定有该条款时，租箱人可提前还箱；如未订立此条款，即使提前还箱，租箱人仍需补交提前日数的追加租金。

② 还箱地点。租箱人应按合同规定或租箱公司另用书面形式确认的具体地点还箱。在订立合同时，租箱人应尽量使还箱地点与箱子最终使用地点一致或接近，这样可以减少空箱运输费用。

③ 还箱时箱子状况。租箱人在还箱时应保证箱子外表状态良好，即保证箱子保持提箱时双方签订的设备交接单上说明的状况。该条款一般规定如果还箱时外表有损坏，租箱人应承担修理责任与费用。

租箱合同中一般还规定，还箱期满若干天（有的是30天）后，租箱人仍未还箱，租箱公司将作为箱子全损处理。租箱人应按合同规定的金额支付赔偿金，在租箱公司未收到赔偿金前，租箱人仍需按实际天数支付租金。

（3）损害修理责任条款。租箱人还箱时，应按设备交接单上记载的状况还箱，如有损坏，则应负责将箱子修理好后还箱，或承担修理费用。如租箱时在合同中订立损害修理（Damage Protection Plan，DPP）条款并按规定付费，则租箱人对租箱期内所造成的损坏在一定程度上不负修理责任，可将未修理的箱子退还租箱公司。不论箱子在租箱期内是否损坏，DPP 费用一律不予退还。

DPP 条款从某种意义上讲，相当于租箱人对租箱期内集装箱的损害进行了保险（但不是向保险公司投保）。但租箱人必须了解，DPP 费用一般只保箱子的部分损害，不承担全损和共同海损等责任。习惯上只负责比箱子当时价值低一些的一个固定限额之内，由租箱公司承担；如超过此限额，则超过部分仍需要租箱人承担。DPP 费用一般按租箱天数收取。

（4）租金及费用支付条款。租箱人应按时支付合同中规定承担的各种费用及租金，这是自由使用集装箱和具有某些权利和减少责任的前提，不按时支付费用和租金，则构成违约，租箱公司有权采取适当的行动直至收回集装箱。租箱合同的租金与费用支付条款主要包括下列内容。

① 租期。租期一般理解为从交箱之日起至还箱之日止的一段时间。

② 租金计算方法。租金按租箱天数计收。租用天数计算一般从交箱当日起算至租箱公司接受还箱的次日为止。在超期还箱情况下，超期天数按合同规定的租金另行支付（通常比正常租金高一倍）。如合同中定有提前终止的条款，租箱人支付提前终止费用（一般相当于5~7天租金）后，租期到集装箱进入还箱堆场日终止。

③ 租金支付方式。一般租金支付方式有两种，按月支付和按季支付。租箱人应在收到租金支付通知单后，在规定时间内（一般为30天）支付。如延期支付则需按合同规定的费率加付利息。

④ 交、还箱手续费。租箱人应按合同规定支付交、还箱手续费。该费用主要用来抵偿因在堆场交、还箱所产生的费用（装卸车费、单证费等），其数额或由合同规定，或按交、还箱所在堆场的费用确定。租箱合同中除上述条款外，一般还有设备标志更改条款及其他有关租箱责任、义务、保险和转租等条款。

项目实施

（1）该批集装箱货物为托运人自行装箱的。承运人接受货物时货物已经铅封完好，并且在装船之时集装箱外表状况良好。故而，海燕船务公司可以以此理由拒绝赔偿。

（2）若收货人日本福贸国际贸易公司收到货物时发现货物比提单上记载的数量少了一半，可以向海燕船务公司提出索赔。因为第三人收到货物时，提单已经成为最终证据。任何与提单记载不符的情况都不予采纳。若提单上记载的数量与实际数量不相符，就可以提单为依据向承运人提出索赔。

 项目小结

本项目主要涉及整箱货与拼箱货集装箱的运输流程及交接，着重了解了集装箱的发放与交接、堆存与保管、租赁等箱务管理实务，学会利用项目知识办理集装箱货物的交接，能够处理承运人、港口办理集装箱的交接责任。

 综合练习与实训

一、选择题

1. 在集装箱的流转流程中，从内陆集散点到枢纽港码头之间的运输有下列（　　）方式。

    A. 沿海支线运输　　B. 内陆运输　　　C. 内河运输　　　D. 干线运输

2. 拼箱货是由集装箱货运站负责的工作，包括（　　）。

    A. 配箱　　　　　　B. 装箱　　　　　C. 掏箱　　　　　D. 卸货

3. 集装箱重箱交接的标准包括（　　）。

    A. 箱体完好

    B. 箱号清晰

    C. 封志完整无误

    D. 特种集装箱的机械、电器装置运转正常并符合进出口文件记载要求

4. 下列哪些交接方式由货主自行负责装箱？（　　）

    A. 门到门交接　　　B. 门到场交接　　C. 场到门交接　　D. 站到场交接

5. 集装箱货运站的主要作业包括（　　）。

    A. 装箱　　　　　　B. 拆箱　　　　　C. 保管　　　　　D. 分类

二、判断题

1. 集装箱枢纽港起到海上与陆地及海上港口间集装箱运输交接点的作用。（　　）

2. 现代的国际货物运输中，托运人要从内陆各地用公路、铁路等运输方式将货物集中到出口港，再通过与船公司的运输合同装船出运。（　　）

3. 集装箱运输减少了货物中转的程序，减少了货物的装卸搬运次数，从而减少了货物的损失。（　　）

三、简答题

1. 集装箱货物按交接地点不同，可分为哪几种？

2. 简单介绍拼箱货的货流程序。

3. 集装箱货物交接方式有几种? 交接双方的责任怎样划分?

四、案例分析题

集装箱租赁合同纠纷

案情介绍:

原告: 上海中海物流有限公司 (以下简称中海物流)

被告: 上海品圆贸易有限公司 (以下简称品圆公司) 上海科宁油脂化学品有限公司 (以下简称科宁公司) 南京林通水运有限责任公司 (以下简称林通公司)。

2001 年 8 月, 品圆公司受科宁公司的委托, 为科宁公司运输 24 只 20 英尺的集装箱货物, 从上海至汕头。因该货物装在原告的集装箱内, 为桶装液体助剂, 故品圆公司向原告续租这 24 只集装箱, 并约定: 每只集装箱用箱费为人民币 500 元, 还箱至上海洋泾码头, 使用时间为 25 天, 超期使用费为每只集装箱 3.50 美元/天。品圆公司将 24 只集装箱装载在林通公司所有的 "苏林立 18" 轮上。同年 8 月 29 日, "苏林立 18" 轮从上海港出发, 开航当时船舶并无不适航的情况。次日 19 时 30 分, 船舶航行至浙江温州洞头沿海海面, 遇到了雷雨大风, 19 时 50 分, 船舶开始下沉, 直至船舶及货物、集装箱一同沉没, 其中包括涉案的 24 只集装箱。事故发生后, 品圆公司将集装箱灭失的消息及时通知了原告, 并称等海事报告出来之后再商处理意见。

2001 年 12 月 18 日, 温州海事局制作《"苏林立 18" 轮沉船事故调查报告书》, 对事故原因作出了分析, 认为造成本次事故的主要原因是天气海况恶劣, 次要原因是船员应变能力差、操作不当。

由于涉案的 24 只集装箱是原告向中集公司租赁的, 2002 年 10 月 8 日, 原告向中集公司赔付了集装箱 (按照干货箱的标准) 灭失损失 71 700.00 美元及租金 247.80 美元。

原告要求被告赔偿所有损失。

请分析纠纷, 作出处理意见。

项目四

集装箱码头业务

【知识目标】

- 了解集装箱码头及其设施
- 熟悉集装箱码头装卸工艺
- 掌握集装箱码头的操作流程

【能力目标】

- 知道集装箱码头结构
- 认识集装箱码头装卸设施
- 能应用集装箱在堆场的位置表示
- 能运用集装箱码头装卸工艺

 项目引入

香港 HIT 4 号、6 号、7 号、8 号和 9 号全集装箱码头工艺系统

1. 码头概况

香港 HIT 经营葵涌货柜码头的 4、6、7、8（COSCO 合资）以及 9 号共 5 个全集装箱码头，有 14 个大船泊位和 9 个驳船泊位，泊位长度分别为 3 292m、1 088m 和 700m，共

5 080m。码头前沿水深分别为 12.2～15.0m、14.5m 和 15.5m。岸线总长 784m。该码头采用的装卸工艺系统是轮胎式龙门起重机（轮胎吊）、轨道式龙门起重机和叉车混合系统。

2. 机械配备

（1）泊位装卸机械。码头前沿共有 53 个大船全集装箱泊位，配备有 35+9+9 共 53 台岸边集装箱装卸桥（QC）承担船舶的装卸作业。

（2）堆场作业机械。码头堆场共有 130 台轮胎吊（RTG），轨道式龙门起重机共 28 台（Rail Mounted GC24 台，Rail Mounted Jib Cranes 4 台），Harbour Cranes 1 台，Bridge Cranes12 台。

（3）叉车码头配备有集装箱叉车 19 台，其中空叉 14 台，重叉 5 台。

请通过本项目相关知识，搜集资料，设计该码头工艺系统流程图。

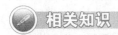 相关知识

一、集装箱码头应具备的基市条件

1. 集装箱码头的特点

集装箱码头与普通件杂货码头相比具有如下特点。

（1）码头大型化。随着集装箱运输的发展，件杂货物集装箱化的比例不断提高，集装箱运量不断上升。根据规模经济原理，船舶越大，单位成本越低。因此，为了降低集装箱船舶运输成本，各个集装箱船舶运输公司新投入的集装箱船舶越来越大，而与此相对应的码头也越来越大。集装箱码头大型化的主要标志是码头前沿水深增加，岸线泊位长度延长，堆场及整个港区扩大。

（2）装卸搬运机械专门化、自动化、高速化。由于集装箱船舶越来越大，从航次经济核算分析，允许船舶停留在码头的时间相对较短。因为船舶越大，停留在码头的成本越高，而缩短集装箱船舶在码头的停泊时间可以降低集装箱运输的停泊成本，提高集装箱运输的航行率，充分发挥其降低船舶单位运输成本的优势，从而降低水路全程运输的成本，提高经济效益。

（3）管理现代化。大型集装箱船舶停靠在码头的时间很短，要在短时间内办理完所有的集装箱商务手续，必须有现代化的管理方法和手段。

（4）码头投资巨大。上述码头大型化，装卸搬运机械自动化、专门化、高速化，管理现代化都需要有较大的投资。另外，诸如集装箱码头堆场造价也比件杂货码头造价高得多。所以，集装箱码头投资巨大，这也是目前许多大型集装箱码头都采用中外合资等形式进行招商融资建造的主要原因之一。

2. 集装箱码头的要求

集装箱码头必须满足下列基本要求。

（1）具备设计船型所需的泊位、岸线及前沿水深和足够的水域，保证船舶安全靠离。

（2）具备码头前沿所必须的宽度、码头纵深及堆场所必须的面积，具有可供目前及发展所需的广阔的陆域，保证集装箱堆存和堆场作业及车辆通道的需要。

（3）具备有适应集装箱装卸船作业、水平运输作业及堆场作业所必须的各种装卸机械及设施，以实现各项作业的高效化。

（4）具有足够的集疏运能力及多渠道的集疏运系统，以保证集装箱及时集中和疏散，防止港口堵塞及满足快速装卸船舶的需要。

（5）具有维修保养的设施及相应的人员，以保证正常作业的需要。

（6）由于集装箱码头高科技及现代化的装卸作业和管理工作，要求具有较高素质的管理人员和机械司机。

（7）为满足作业及管理的需要，应具有现代管理和作业的必需手段，采用电子计算机及数据交换系统。

3. 集装箱码头的布局

集装箱码头的高度机械化和高效率的大规模生产方式，要求集装箱码头同船舶共同形成一个不可分割的有机整体，从而保证高度严密的流水作业线高效运转，充分发挥集装箱码头的主要职能作用。集装箱码头（如图4-1所示）通常应具备的必要设施：泊位、码头前沿、集装箱堆场、货运站、控制室、行政楼、检查口、维修车间等。

图4-1　青岛前湾港区集装箱码头

（1）泊位（Berth）。泊位是指在码头内，给船舶停靠的岸壁线与对应水域构成的区域，如图4-2所示。

泊位的长度和水深，根据港口类型、码头种类和其需停靠船舶的种类与大小的不同而不同。随着集装箱船舶大型化的发展，集装箱码头泊位长度和水深也不断加大加深。目前，世界上全集装箱船舶专用码头泊位的长度一般为300m以上，泊位水深在

11m 以上。

图 4-2　集装箱码头泊位

　　船舶停靠时所需的系船设施构成了泊位的岸壁（Quay）。这些设施一般包括：系缆桩和碰垫木（橡胶墩）。船舶靠、离泊时，所需的岸壁线的有效长度一般为船舶长度的 1.2 倍。

　　（2）码头前沿（Apron）。前沿是指沿码头岸壁线，从泊位岸壁到堆场（防汛墙）之间的码头区域，如图 4-3 所示。由于码头前沿装有集装箱桥吊，又是进出口集装箱进行换装的主要地点，因此其宽度根据集装箱桥吊的跨距和装卸工艺的种类而定，一般由下列 3 部分构成。

　　① 从岸壁线到集装箱桥吊第一条轨道（海侧）的距离，一般为 2～3m。

　　② 桥吊的轨道间（海侧到陆侧）距离，一般为 15～30m。

　　③ 从桥吊第二条轨道（陆侧）到堆场前（防汛墙）的距离，一般为 10～25m。

图 4-3　集装箱码头前沿

　　从上述构成可以看出，集装箱码头前沿宽度一般为 30～60m。集装箱码头前沿除安装了集装箱桥吊和铺有桥吊轨道外，一般还备有高压和低压配电箱、船用电话接口、桥吊电缆沟、供水设施和灯塔等设施。码头前沿应始终保持畅通，其宽度要能满足堆放船舶舱盖板的同时，保证足够的陆运机械用通道，以确保集装箱桥吊作业的效率。

（3）集装箱堆场（CY）。堆场是指集装箱码头内，所有堆存集装箱的场地，由两部分组成：前方堆场和后方堆场，如图4-4所示。

① 前方堆场（Marshalling Yard）。前方堆场又称"出口箱区"、"临时堆场"、"编配堆场"、"过渡堆场"等，位于码头前沿和后方堆场之间，是为加快船舶装卸作业效率，用以堆放集装箱的场地。它的主要作用：船到港前，预先堆放将装船出口的集装箱；卸船时，临时堆存卸船进口的集装箱。其面积占堆

图4-4　集装箱码头堆场

场总面积的比例较大，其大小根据集装箱码头所采用的装卸工艺系统不同而定，同时也因堆放的层数不同而不一样。

② 后方堆场（Back-up Yard）。后方堆场是指贮存和保管空、重箱的场地，是码头堆场中除前方堆场以外的部分，包括中转箱堆场、进口重箱堆场、空箱堆场、冷藏箱堆场、危险品箱堆场等。

事实上，后方堆场同前方堆场并没有严格明显的分界线，仅仅是地理位置上的相对概念。在实际业务中，人们通常将出口箱放在码头堆场的前方，中间放中转箱，而将进口箱、冷藏箱、危险品箱、空箱放在码头堆场的后方。在码头计算机系统很完善的条件下，特别是在应用无线终端（Radio Data Transport，简称RDT）设备，实现堆场管理实时控制的码头，在堆场功能划分上，采用更灵活的方式，甚至于进出口箱混堆，仅将重箱放于靠前堆场，空箱放于靠后堆场。

堆场上要求有照明设备、道路、交通标识和标牌、排水沟、CCTV设备、冷藏箱供电架等设施，并要求不能有妨碍码头作业或降低码头效率的任何建筑物。

（4）集装箱货运站（CFS）。集装箱货运站主要是为拼箱货（LCL）进行装箱和拆箱作业，并对这些货物进行贮存、防护和收发交接的作业场所，俗称仓库，如图4-5所示。它同传统的仓库不同，集装箱货运站是一个主要用于装箱、拆箱作业的场所，而不是主要用于保管货物的场所。

集装箱货运站一般建于码头后方，侧面靠近码头外公路或铁路的区域，尽可能保证陆运车辆不必进出码头堆场，而直接进出货运站。

近年来，随着集装箱化的发展，竞争促使市场细分不断深入，专业化分工也不断发展。在一些大型集装箱港口，随着集装箱码头吞吐量的增加，船公司开始将自己的空箱集中到指定的码头外堆场进行专业化管理，同时也出现了专业化的进口拆箱分拨

和出口装箱的码头外货运站，形成了将码头内货运站和空箱堆场移至码头外的趋势。通常将这种码头以外的堆场和货运站，称之场站（Depot）。

（5）控制室（Control Tower）。控制室又称控制中心、中心控制室、控制塔、指挥塔（室），是集装箱码头各项作业的指挥调度中心。它的作用是充分发挥码头各生产要素资源的作用，监督、调整和指挥集装箱码头各项作业计划的执行。其地理位置一般设置在码头操作或办公楼的最高层，可看到整个码头上各作业现场的地方。

控制室（如图4-6所示）内装有电子计算机系统、测风仪及气象预报系统，并配有用于指挥码头现场作业的无线对讲机，用于监控码头作业现场的闭路电视（CCTV）和望远镜，以及用于对内对外联系的电话、传真机等设备，是码头现场作业的中枢机构。

　　　图4-5　集装箱货运站　　　　　　　　　　　图4-6　控制室

（6）检查口（Gate House）。检查口俗称道口，又称检查桥、闸口、大门等，是集装箱码头的出入口，因进出码头的集装箱在此进行立体检查和交接而得名，如图 4-7 所示。它是集装箱和集装箱货的交接点，因而也是区分码头内外责任的分界点。由于道口是集装箱进出码头的必经之口，因此，在道口处不但要检查集装箱的有关单证，而且还要办理集装箱和货物好坏的责任交接，检查有关箱号、铅封号、集装箱箱体和货物的外表状况等。

图4-7　检查口

道口一般设置在集装箱码头的后方，出于保证码头机械、船舶积载的安全和海关监管需要，在集装箱码头入口附近还设有地磅，又称地秤，其作用是确认集装箱及其货物重量，20 英尺箱的地磅长度一般是 12m，40 英尺箱的地磅长度一般是 16m；另外，还配有计算机、IC 卡机、收放栏杆、CCTV 和箱号自动识别系统等设备。

（7）维修车间（Maintenance Shop）。维修车间又称修理车间（Repair Shop），它是集装箱和集装箱装卸专用机械进行检查、修理和保养的地方。集装箱维修车间对于确保装卸机械的维修质量，使各种机械处于完好备用状况，提高集装箱码头效率和充分发挥集装箱运输的优越性都起着十分重要的作用。

以上是集装箱码头的主要设施。除此以外，还有供码头行政职能部室办公用的码头行政楼，以及其他电力、通信、食堂、计算机房、油库、给水排水、照明、道路等辅助设施。

二、集装箱码头装卸工艺

1. 集装箱码头装卸机械

随着集装箱运输的发展，集装箱码头装卸搬运机械也得到了相应的发展。集装箱的标准化和集装箱船的专用化，为港口码头装卸高效率化和自动化提供了良好的条件。集装箱码头的机械设备主要分为码头岸边装卸机械、水平运输机械、场地装卸机械。

（1）岸边装卸机械。岸边装卸机械是指承担货物在码头前沿与船舶之间的装卸作业或船上货物翻动移位作业的机械。岸边装卸机械主要有岸壁集装箱装卸桥、多用途门座起重机、高架轮胎式起重机、轨道式龙门起重机等。

① 岸壁集装箱装卸桥。在现代化的集装箱码头上，目前从事码头前沿集装箱起落舱作业的设备普遍采用岸壁式集装箱装卸桥来进行船舶的装卸作业。岸壁集装箱装卸桥，简称"集装箱装卸桥"或"桥吊"，它是集装箱码头装卸集装箱的专用机械，如图 4-8 所示。

图 4-8　岸壁集装箱装卸桥

集装箱装卸桥沿着与码头岸线平行的轨道行走。它主要由带行走机构的门架、承担臂架机构的拉杆和臂架等部分组成。臂架又可分为海侧臂架、陆侧臂架以及门中臂架3部分。海侧臂架和陆侧臂架由门中臂架连接。臂架的主要作用是承受装卸桥小车的重量，小车带有升降机构，而升降机构又用来承受集装箱吊具和集装箱的重量，如图4-9所示。

图4-9　集装箱装卸桥结构图

海侧臂架一般设计成可变幅式（可以俯仰），当集装箱装卸桥移动时，为了船舶或航道的安全，一般将海侧臂架仰起，以便集装箱装卸桥移动时不会与船舶的上层建筑发生碰撞。

② 多用途门座起重机。多用途门座起重机是港口通用件杂货门座起重机的一种变形，它是为了适应船舶混装运输的需要而发展起来的，主要增加了装卸集装箱的功能。和通用门座起重机一样，它一般也是由起升机构、变幅机构、旋转机构和大车行走机构组成，如图4-10所示。

多用途门座起重机可按不同的需要，配装不同的装卸工具（如集装箱专用吊具、吊钩、抓斗等，如图4-11所示），设置相应的附加装置，可进行集装箱、件杂货、重大件、散货的装卸作业。多用途门座起重机是多用途码头的一种理想的作业机型。

图4-10　多用途门座起重机

图4-11　集装箱吊具

多用途门座起重机的工作覆盖面积大，与岸边集装箱装卸桥比，多用途门座起重机的自重较轻，轮压较低，对码头的负荷要求低，从而可安装在原有的门机码头上使用。集装箱吊具有自动旋转装置，以保持装卸作业过程中，集装箱的纵轴线与码头岸线平行。它具有吊具水平补偿装置，以保持变幅过程中，吊具与集装箱的水平状态。吊具还装有偏重心调节装置，以防止集装箱偏载所产生的箱体倾斜。

③ 高架集装箱轮胎式起重机。高架集装箱轮胎式起重机是在轮胎式起重机的基础上发展起来的一种码头前沿集装箱起重机械。它既有轮胎式起重机的机动性强、对场地要求不高的特点，又具有门座起重机的货物能水平移动、驾驶室离地面较高、操作方便、臂架铰点高、方便卸船作业的特点，如图 4-12 所示。

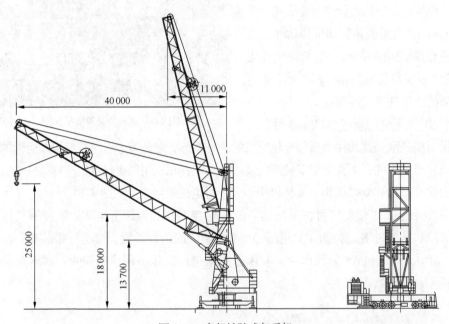

图 4-12　高架轮胎式起重机

（2）水平运输机械。水平运输机械是指承担货物平地移位作业的机械。水平运输机械主要有牵引车、挂车和跨运车。

① 集装箱牵引车与挂车（如图 4-13 所示）。牵引车又称"拖头"，其本身不具备装货平台，必须和集装箱挂车连接在一起，才能拖带集装箱进行码头内或公路上的运输。挂车又称为"拖车"或"平板"，其本身没有动力，仅仅是一个载箱的平台。随着集装箱运输的发展，其专业化和标准化程度不断提高，出现了各种能满足不同需要的挂车。

② 跨运车。集装箱跨运车是在 20 世纪 60 年代中期，随着集装箱运输的发展，为了与码头前沿的岸边集装箱起重机相配合，在搬运长大件和钢铁制品的基础上发展起来的，用于集装箱码头、集装箱中转站，从事集装箱的搬运、堆码等工作。

跨运车是以门型车架跨在集装箱上，由吊具的液压升降系统吊起集装箱进行搬运和堆码，如图 4-14 所示。它采用旋锁机构与集装箱结合或脱开，吊具能升降，以适应装卸堆码要求，吊具还能侧移、倾斜和微动，以满足对箱位的要求。

图 4-13　集装箱牵引车与拖挂车

（3）场地装卸机械。场地装卸机械是指承担货物在场地上堆码作业的机械。场地装卸机械主要有叉车、轮胎式龙门起重机、轨道式龙门起重机、正面吊运机。

① 集装箱叉车。集装箱叉车（又称叉式装卸车）是集装箱码头上常用的一种装卸机械，主要用于吞吐量不大的综合性码头进行集装箱的装卸、堆垛、短距离搬运、车辆的装卸作业，也有用于大型集装箱码头堆场的辅助作业。它是一种多功能机械，是从普通的叉车为适应集装箱作业的需要而发展起来的。集装箱叉车有正面叉和侧面叉两种，如图 4-15 所示。叉车除了配备标准的货叉以外，还配备有顶部起吊和侧面起吊的专用属具。另外，为了便于在装卸过程中对准集装箱，货架还具有侧移和左右摆动的功能。

图 4-14　跨运车

图 4-15　集装箱叉车

69

② 轮胎式龙门起重机。轮胎式龙门起重机是集装箱码头堆场进行装卸、搬运、堆垛作业的专用机械,如图 4-16 所示。轮胎式龙门起重机由前后两片门框和底梁组成门架,支撑在橡胶轮胎上,装有集装箱吊具的行走小车沿着门框横梁上的轨道运行,配合底盘车进行集装箱的堆码和装卸作业。轮胎式龙门起重机主要特点是机动灵活、通用性强。它不仅能前进、后退,还设有转向装置,通过轮子的 90°旋转,能从一个箱区转移到另一个箱区进行作业。

图 4-16 轮胎式龙门起重机

③ 轨道式龙门起重机。轨道式龙门起重机是集装箱码头和集装箱中转站堆场进行装卸、搬运和堆码集装箱的专用机械。该机由两片悬臂的门架组成,两侧门腿用下横梁连接,门架支承在行走台上,并在轨道上运行。轨道式龙门起重机一般比轮胎式龙门起重机大,堆垛层数多。轨道式龙门起重机是沿着场地上铺设的轨道行走的,所以只能限制在所设轨道的某一场地范围内进行作业。轨道式龙门起重机自身定位能力较强,较易实现全自动化装卸,是自动化集装箱码头比较理想的一种机械,如图 4-17 所示。

图 4-17 轨道式龙门起重机

2. 集装箱码头装卸工艺

装卸工艺是指装卸和搬运货物的方法和程序。码头装卸和搬运货物的生产活动是按一定的操作过程，根据码头的生产条件，针对不同的货物、运输工具和装卸设备，以合理和经济的原则来完成装卸和搬运任务。

港口装卸工艺主要包括几方面的内容：

① 装卸机械设备类型的选择和吊索具的设计；

② 工艺流程的合理化；

③ 货物在运输工具和库场上的合理配置和堆码；

④ 司机和工人的先进操作方法。

集装箱码头相对一般件杂货码头，其最突出的优点是作业的高效性，而装卸工艺是码头作业高效率的保证。合理地选择集装箱码头的工艺类型是顺利开展生产的前提。

（1）装卸桥—跨运车方案。这种工艺方案是码头前沿采用装卸桥，水平搬运及堆场作业时采用跨运车。跨运车系统作业流程（如图 4-18 所示）可描述为：卸船时，由装卸桥将集装箱从船上卸到码头前沿，再由跨运车将集装箱搬运至码头堆场的指定箱位；装船时，集装箱从码头外送进码头堆场后，由跨运车将集装箱从堆场拖到码头前沿，由岸边集装箱装卸桥将箱吊装上船。

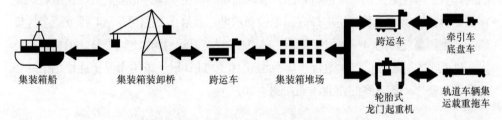

集装箱船　　集装箱装卸桥　　跨运车　　集装箱堆场　　跨运车　　牵引车底盘车　　轮胎式龙门起重机　　轨道车辆集运载重拖车

图 4-18　装卸桥—跨运车方案

集装箱场地采用跨运车，在世界集装箱码头场地工艺方案中约占 40%，这是因为跨运车具有机动灵活、对位快、装卸效率高等优点，既可作水平搬运，又可作场地堆拆垛作业，一般可码 2～3 层集装箱，在搬运距离不长时，无须再配拖挂车，有省人力、单机造价低、初始投资低等优点。它比较适合于年通过量在 5 万 TEU 的集装箱码头上使用。它的主要缺点：故障率比较高，一般达 30%～40%，维修费用高，不能用于装卸铁路车辆。

（2）装卸桥—轮胎式龙门起重机方案。该方案是码头前沿采用装卸桥，水平搬运采用底盘车，堆场采用轮胎式龙门起重机。这种工艺方案是把通过装卸桥从船上卸下来的集装箱放到底盘车上，码头前沿到堆场通过底盘车连接。集装箱运到堆场后，再用轮胎式龙门起重机进行场地作业。这种机械也可进行内陆车辆的换装作业。该方案的作业流程如图 4-19 所示。

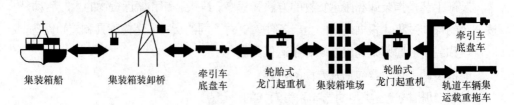

图 4-19　装卸桥—轮胎式龙门起重机方案

　　轮胎式龙门起重机方式的主要优点：场地面积利用率高，装卸效率高，灵活性比较大，能适应铁路、公路车辆的运输；轮胎式龙门起重机可以说是一种增大了自由弯度和宽度的跨运车，它可跨 1～7 排集装箱和一条底盘车通道，能堆码 1～4 层集装箱；操作简便，便于实现自动化和电子计算机的管理。它比较适合于年通过量 8～10 万标准箱的集装箱码头使用。它的主要缺点：轮压比较大，一般为 50t，故对场地要求高；对驾驶员操作技术要求高。

　　（3）装卸桥—轨道式龙门起重机方案。这种工艺方案是通过装卸桥把集装箱从船卸到码头后再搬放到底盘车上，通过底盘车把集装箱运到堆场，堆场作业采用轨道式龙门起重机。轨道式龙门起重机的主要特点是机械沿轨道运行，具有能实现自动化控制的优点。与轮胎式龙门起重机相比，堆场堆箱的自由空间和宽度更大，在所有集装箱堆场机械中场地面积利用率最高，单位面积堆箱数最多，它可跨 14 排或更多排集装箱，堆码高度可达 4～5 层集装箱。其机械机构简单，操作比较可靠，但初始投资大。轨道式龙门起重机方式适合于年吞吐量 10 万 TEU 以上或两个以上连续泊位的集装箱码头使用。该方案的作业流程如图 4-20 所示。

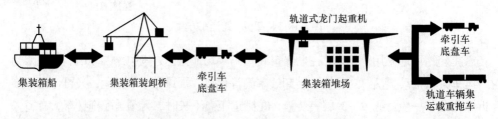

图 4-20　装卸桥—轨道式龙门起重机方案

　　（4）装卸桥—底盘车方案。这种工艺方案是码头前沿采用装卸桥，水平搬运及堆场作业均采用底盘车。底盘车又叫拖挂车，根据其使用场所不同，分为一般公路用的和货场用的两种。一般公路上用的其长、宽、高外廓尺寸及轮压和轴负荷均应符合国家标准规定；货场运输用的其外廓尺寸一般可不受国家对于车辆限界的规定限制，但挂车的全长和轴负荷要考虑到码头货场道路的技术条件。采用底盘车方式是把从船上卸下来的集装箱直接安放在底盘车上。集装箱上底盘车后，用牵引车把它拖到场地，在场地上集装箱存放在挂车上，当需要进行内陆运输时，很方便地用牵引车将其拖走。这一方式与前几种方式比较，集装箱不落地，特别适合于公路四通八达的"门到门"运输方式。主要缺点：占地面积大（一般一个泊位需要22～25万 m²的陆域）；投资大（一般每个泊位平均需配备 2 000～3 000 辆挂车）；由于不能重叠堆放，故场地面积利用率很低。该方案的作业流程如图 4-21 所示。

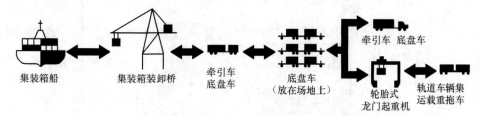

图 4-21　装卸桥—底盘车方案

（5）装卸桥—集装箱叉车方案。该方案是码头前沿采用装卸桥，水平搬运及场地采用叉车。集装箱叉车是集装箱码头上常用的一种装卸机械。一般码头前沿利用船机或门机进行装卸，码头前沿和堆场上的作业都用叉车。叉车除了进行场地码垛作业和短距离的搬运作业外，还可用来进行装卸车辆作业。当水平运输距离比较远时，可采用拖挂车配合作业。叉车作业要求比较宽敞的通道及场地，因此，场地面积利用率比较低。这种工艺方式较适合于年吞吐量 3 万 TEU 以下沿海件杂货泊位兼作集装箱泊位使用，或兼作修理箱场地和空箱场地作业。该方案的作业流程如图 4-22 所示。

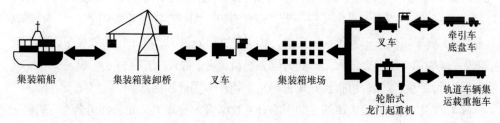

图 4-22　装卸桥—集装箱叉车方案

三、集装箱码头作业流程

集装箱码头大门肩负着集装箱进出口的操作业务，任务重大，因此对其设置和管理要求较高。在实际业务中，集装箱码头大门又称为闸口或门口。大门的设置如图 4-23 所示。门口是集装箱码头港区与外界的分界处。集装箱码头大门共有两个门口，一个门口负责载箱拖挂车和空车拖挂车进门；另一个门口负责载箱拖挂车以及空车拖挂车出门。

集装箱码头大门口的操作程序分为出口操作程序和进口操作程序。在整箱货运情况下，出口操作程序是指从货主（客户）到码头堆场提取空箱开始至将装满货的重箱送交码头堆场为止的过程。进口操作程序是指货主（客户）到码头堆场提取重箱至将卸完货的空箱送交码头堆场为止的全过程。现以整箱货运为例说明出口操作程序和进口操作程序。

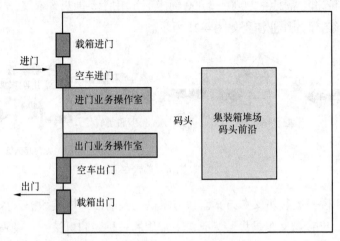

图 4-23　集装箱码头大门口设置示意图

1．整箱货运出口操作程序

（1）船公司或其代理人安排拖车或通知货主（客户）安排拖车去码头堆场领取空箱。

（2）拖车司机到船公司或其代理人处领取交收箱用的集装箱收发单。该收发单一式 6 联（如图 4-24～图 4-29 所示）。与此同时，船公司或其代理人还发给司机封条（类似于锁），封条为每只集装箱一个，装货完毕，加封在集装箱端门上。

（3）拖车司机开车到码头大门口，从空车进口处进门，在入门口处停车，将集装箱收发单的第 1 联递交给入门口处的码头职员，用于办理入门手续。司机递交收发单第 1 联后，无须等候，可直接开车去码头专用停车场等候通知。

（4）门口职员将收发单第 1 联中的有关数据输入计算机，如船公司名称、船名、航次、箱主、订舱单号、拖车号以及集装箱类型和尺寸等；然后安排取箱位置（空箱在堆场的位置）和集装箱号码，打印出一张堆场作业纸交给司机。堆场作业纸上注明有箱号和取箱的堆场位置，拖车司机便可开车到堆场作业纸上指定的堆场位置提取空箱。

（5）堆场理货员按司机提供的堆场作业纸，指挥起重机司机将指定的集装箱（空箱）吊到拖车上。吊装时，堆场理货员应观察集装箱底部有无损坏，如有损坏，堆场理货员应通知大门口职员更换集装箱，此时拖车司机须持原有堆场作业纸回到入门口处改单，即更改集装箱箱号和取箱位置，再回到新的堆场位置取空箱，直到所取集装箱完好为止。

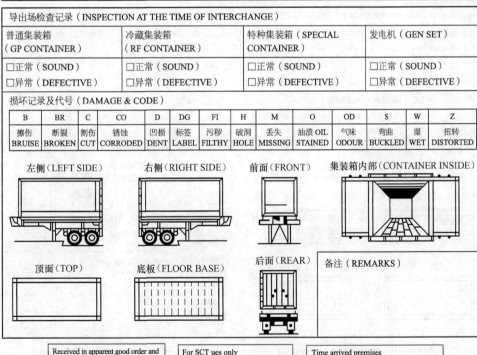

Packing Address 装货地点	Appointed Date/Time 装货时间	集装箱码头有限公司 **Shekou Container Terminals Ltd.** 集装箱收发单
Contact/Tel 联系人/电话		Acceptance Order（In）
Contractor 托运人		持箱人　　　　签发者 Operator_____Agents_____

Empty Container Collection Address 提吉箱地点		Full Container Return Address 收重箱地点	
集装箱码头 SHEKOU CONTAINER TERMINALS LTD. JETTY THREE，HARDOUR ROAD，SHEKOU，SHENZHEN，PRC	Releasing Location 发箱场位	集装箱码头 SHEKOU CONTAINER TERMINALS LTD. JETTY THREE，HARBOUR ROAD，SHEKOU，SHENZHEN，PRC	Receiving Location 收箱场位
Vessel/Voy 船名/航次	port of Discharge 卸货港	Final Destination 目的港	Shipping Order No. 托运单号
Container No.柜号	Size/Type 尺寸/种类	Weight Category 重量等级	Special Requirement 特殊要求
Seal No.船封号	Tractor/Trailer No.车牌号码	Remarks 备注	

导出场检查记录（INSPECTION AT THE TIME OF INTERCHANGE）

普通集装箱 （GP CONTAINER）	冷藏集装箱 （RF CONTAINER）	特种集装箱（SPECIAL CONTAINER）	发电机（GEN SET）
□正常（SOUND） □异常（DEFECTIVE）	□正常（SOUND） □异常（DEFECTIVE）	□正常（SOUND） □异常（DEFECTIVE）	□正常（SOUND） □异常（DEFECTIVE）

损坏记录及代号（DAMAGE & CODE）

B	BR	C	CO	D	DG	FI	H	M	O	OD	S	W	Z
擦伤 BRUISE	断裂 BROKEN	割伤 CUT	锈蚀 CORRODED	凹损 DENT	标签 LABEL	污秽 FILTHY	破洞 HOLE	丢失 MISSING	油渍 OIL STAINED	气味 ODOUR	弯曲 BUCKLED	湿 WET	扭转 DISTORTED

左侧（LEFT SIDE）　　右侧（RIGHT SIDE）　　前面（FRONT）　　集装箱内部（CONTAINER INSIDE）

顶面（TOP）　　底板（FLOOR BASE）　　后面（REAR）　　备注（REMARKS）

Received in apparent good order and condition and teal intact unless otherwise stated（as per above） 除上述列明外，所发箱完好无误 no.编号_____ Terminal Representative 码头人员签署	For SCT ues only	Time arrived premises 到达时间
		Time left premises 离开时间
		The above time are correct and seal intacl 上述时间正确无误
		Shipper's representative 发货人签名

进入码头前　请仔细阅读第 3 页背面的入场须知。　　　　1. Terminal Copy 码头留底联

图 4-24　集装箱收发单 1

Packing Address 装货地点	Apponrted Date/Time 装货时间	**集装箱码头有限公司** **Shekou Container Terminals Ltd.** 集装箱收发单
Contact/Tel 联系人/电话		Acceptance Order（In）
Contractor 托运人		持箱人　　　　　　签发者 Operator＿＿＿＿＿＿＿Agents＿＿＿＿＿＿＿

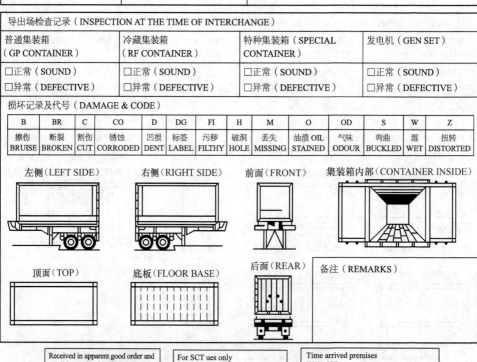

Empty Container Collection Address 提吉箱地点		Full Container Return Address 收重箱地点	
集装箱码头 SHEKOU CONTAINER TERMINALS LTD. JETTY THREE, HARDOUR ROAD, SHEKOU, SHENZHEN, PRC	Releasing Location 发箱场位	集装箱码头 SHEKOU CONTAINER TERMINALS LTD. JETTY THREE, HARBOUR ROAD, SHEKOU, SHENZHEN, PRC	Receiving Location 收箱场位

Vessel/Voy 船名/航次	port of Discharge 卸货港	Final Destination 目的港	Shipping Order No. 托运单号
Container No.柜号	Size/Type 尺寸/种类	Weight Category 重量等级	Special Requiremcnt 特殊要求
Seal No.船封号	Tractor/Trailer No.车牌号码	Remarks 备注	

导出场检查记录（INSPECTION AT THE TIME OF INTERCHANGE）

普通集装箱 （GP CONTAINER）	冷藏集装箱 （RF CONTAINER）	特种集装箱（SPECIAL CONTAINER）	发电机（GEN SET）
□正常（SOUND） □异常（DEFECTIVE）	□正常（SOUND） □异常（DEFECTIVE）	□正常（SOUND） □异常（DEFECTIVE）	□正常（SOUND） □异常（DEFECTIVE）

损坏记录及代号（DAMAGE & CODE）

B	BR	C	CO	D	DG	FI	H	M	O	OD	S	W	Z
擦伤 BRUISE	断裂 BROKEN	割伤 CUT	锈蚀 CORRODED	凹损 DENT	标签 LABEL	污秽 FILTHY	破洞 HOLE	丢失 MISSING	油渍 OIL STAINED	气味 ODOUR	弯曲 BUCKLED	湿 WET	扭转 DISTORTED

左侧（LEFT SIDE）　　右侧（RIGHT SIDE）　　前面（FRONT）　　集装箱内部（CONTAINER INSIDE）

顶面（TOP）　　底板（FLOOR BASE）　　后面（REAR）　　备注（REMARKS）

Received in apparent good order and condition and teal intact unless otherwise stated（as per above） 除上述列明外，所发箱完好无误 no.编号＿＿＿＿ Terminal Representative 码头人员签署	For SCT ues only	Time arrived premises 到达时间
		Time left premises 离开时间
		The above time are correct and seal intacl 上述时间正确无误
		Shipper's representative 发货人签名

进入码头前　请仔细阅读第 3 页背面的入场须知。　　　　　　　2. Terminal Copy 码头留底联

图 4-25　集装箱收发单 2

Packing Address 装货地点	Appointed Date/Time 装货时间	**集装箱码头有限公司** **Shekou Container Terminals Ltd.** 集装箱收发单 Collection/Acceptance Order
Contact/Tel 联系人/电话		持箱人　　　　　　签发者 Operator_____ Agents_____
Contractor 托运人		

Empty Container Collection Address 提吉箱地点		Full Container Return Address 收重箱地点	
集装箱码头 SHEKOU CONTAINER TERMINALS LTD. JETTY THREE，HARBOUR ROAD，SHEKOU，SHENZHEN，PRC	Releasing Location 发箱场位	集装箱码头 SHEKOU CONTAINER TERMINALS LTD. JETTY THREE，HARBOUR ROAD，SHEKOU，SHENZHEN，PRC	Receiving Location 收箱场位
Vessel/Voy 船名/航次	port of Discharge 卸货港	Final Destination 目的港	Shipping Order No. 托运单号
Container No.柜号	Size/Type 尺寸/种类	Weight Category 重量等级	Special Requiremcnt 特殊要求
Seal No.船封号	Tractor/Trailer No.车牌号码	Remarks 备注	

导出场检查记录（INSPECTION AT THE TIME OF INTERCHANGE）

普通集装箱 （GP CONTAINER）	冷藏集装箱 （RF CONTAINER）	特种集装箱（SPECIAL CONTAINER）	发电机（GEN SET）
□正常（SOUND） □异常（DEFECTIVE）	□正常（SOUND） □异常（DEFECTIVE）	□正常（SOUND） □异常（DEFECTIVE）	□正常（SOUND） □异常（DEFECTIVE）

损坏记录及代号（DAMAGE & CODE）

B	BR	C	CO	D	DG	FI	H	M	O	OD	S	W	Z
擦伤 BRUISE	断裂 BROKEN	割伤 CUT	锈蚀 CORRODED	凹损 DENT	标签 LABEL	污秽 FILTHY	破洞 HOLE	丢失 MISSING	油渍 OIL STAINED	气味 ODOUR	弯曲 BUCKLED	湿 WET	扭转 DISTORTED

左侧（LEFT SIDE）　　右侧（RIGHT SIDE）　　前面（FRONT）　　集装箱内部（CONTAINER INSIDE）

顶面（TOP）　　底板（FLOOR BASE）　　后面（REAR）　　备注（REMARKS）

Received in apparent good order and condition unless otherwise stated（as per above） 除上述列明外，所发箱完 好无误 no.编号_____ Terminal Representative 码头人员签署	Received in apparent good order and condition and teal intact unless otherwise stated （as per above） 除上述列明外，所发箱完好 无缺，铅封完整 no.编号_____ Terminal Representative 码头人员签署	For SCT ues only	Time arrived premises 到达时间 Time left premises 离开时间 The above time are correct and seal intacl 上述时间正确无误 Shipper's representative 发货人签署	Received in apparent good order and condition unless otherwise stated （as per above） 除上述列明外，所发箱完 好无误 no.编号_____ Haulier's Representative 司机签署

进入码头前　请仔细阅读第 3 页背面的入场须知。　　　　　　3. Haulier's Copy 司机联

图 4-26　集装箱收发单 3

Packing Address 装货地点	Appointed Date/Time 装货时间	集装箱码头有限公司 **Shekou Container Terminals Ltd.** 集装箱收发单
Contact/Tel 联系人/电话		Acceptance Order（In）
Contractor 托运人		持箱人　　　　　　签发者 Operator＿＿＿＿＿　Agents＿＿＿＿＿

Empty Container Collection Address 提吉箱地点		Full Container Return Address 收重箱地点	
集装箱码头 SHEKOU CONTAINER TERMINALS LTD. JETTY THREE, HARBOUR ROAD, SHEKOU, SHENZHEN, PRC	Releasing Location 发箱场位	集装箱码头 SHEKOU CONTAINER TERMINALS LTD. JETTY THREE, HARBOUR ROAD, SHEKOU, SHENZHEN, PRC	Receiving Location 收箱场位
Vessel/Voy 船名/航次	port of Discharge 卸货港	Final Destination 目的港	Shipping Order No. 托运单号
Container No.柜号	Size/Type 尺寸/种类	Weight Category 重量等级	Special Requirement 特殊要求
Seal No.船封号	Tractor/Trailer No.车牌号码	Remarks 备注	

导出场检查记录（INSPECTION AT THE TIME OF INTERCHANGE）

普通集装箱 （GP CONTAINER）	冷藏集装箱 （RF CONTAINER）	特种集装箱（SPECIAL CONTAINER）	发电机（GEN SET）
□正常（SOUND） □异常（DEFECTIVE）	□正常（SOUND） □异常（DEFECTIVE）	□正常（SOUND） □异常（DEFECTIVE）	□正常（SOUND） □异常（DEFECTIVE）

损坏记录及代号（DAMAGE & CODE）

B	BR	C	CO	D	DG	FI	H	M	O	OD	S	W	Z
擦伤 BRUISE	断裂 BROKEN	割伤 CUT	锈蚀 CORRODED	凹损 DENT	标签 LABEL	污秽 FILTHY	破洞 HOLE	丢失 MISSING	油渍 OIL STAINED	气味 ODOUR	弯曲 BUCKLED	湿 WET	扭转 DISTORTED

左侧（LEFT SIDE）　　右侧（RIGHT SIDE）　　前面（FRONT）　　集装箱内部（CONTAINER INSIDE）

顶面（TOP）　　底板（FLOOR BASE）　　后面（REAR）　　备注（REMARKS）

For SCT ues only	Time arrived premises 到达时间
	Time left premises 离开时间
	The above time are correct and seal intacl 上述时间正确无误
	Shipper's representative 发货人签署

进入码头前　请仔细阅读第 3 页背面的入场须知。　　　　　4. Offices Copy 留底联

图 4-27　集装箱收发单 4

集装箱码头有限公司
Shekou Container Terminals Ltd.
集装箱收发单

Packing Address 装货地点	Appointed Date/Time 装货时间	
Contact/Tel 联系人/电话	Collection Order（In）	
Contractor 托运人	持箱人　　　　签发者 Operator＿＿＿＿＿Agents＿＿＿＿＿	

Empty Container Collection Address 提吉箱地点		Full Container Return Address 收重箱地点	
集装箱码头 SHEKOU CONTAINER TERMINALS LTD. JETTY THREE, HARDOUR ROAD, SHEKOU, SHENZHEN, PRC	Releasing Location 发箱场位	集装箱码头 SHEKOU CONTAINER TERMINALS LTD. JETTY THREE, HARBOUR ROAD, SHEKOU, SHENZHEN, PRC	Receiving Location 收箱场位
Vessel/Voy 船名/航次	port of Discharge 卸货港	Final Destination 目的港	Shipping Order No. 托运单号
Container No.柜号	Size/Type 尺寸/种类	Weight Category 重量等级	Special Requiremcnt 特殊要求
Seal No.船封号	Tractor/Trailer No.车牌号码	Remarks 备注	

进出场检查记录（INSPECTION AT THE TIME OF INTERCHANGE）

普通集装箱 （GP CONTAINER）	冷藏集装箱 （RF CONTAINER）	特种集装箱（SPECIAL CONTAINER）	发电机（GEN SET）
□正常（SOUND） □异常（DEFECTIVE）	□正常（SOUND） □异常（DEFECTIVE）	□正常（SOUND） □异常（DEFECTIVE）	□正常（SOUND） □异常（DEFECTIVE）

损坏记录及代号（DAMAGE & CODE）

B	BR	C	CO	D	DG	FI	H	M	O	OD	S	W	Z
擦伤 BRUISE	断裂 BROKEN	割伤 CUT	锈蚀 CORRODED	凹损 DENT	标签 LABEL	污秽 FILTHY	破洞 HOLE	丢失 MISSING	油渍 OIL STAINED	气味 ODOUR	弯曲 BUCKLED	湿 WET	扭转 DISTORTED

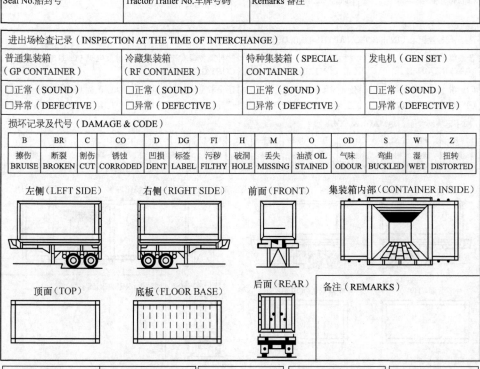

Received in apparent good order and condition unless otherwise stated（as per above） 除上述列明外，所发箱完好无误 no.编号＿＿＿＿ Terminal Representative 码头人员签署	Received in apparent good order and condition and teal intact unless otherwise stated（as per above） 除上述列明外·所发箱完好无缺，铅封完整 no.编号＿＿＿＿ Terminal Representative 码头人员签署	For SCT ues only	Time arrived premises 到达时间 Time left premises 离开时间 The above time are correct and seal intacl 上述时间正确无误 Shipper's representative 发货人签署	Received in apparent good order and condition unless otherwise stated（as per above） 除上述列明外·所发箱完好无误 no.编号＿＿＿＿ Haulier's Representative 司机签署

进入码头前　请仔细阅读第 3 页背面的入场须知。　　　　5. Shipper's Copy 货主联

图 4-28　集装箱收发单 5

Packing Address 装货地点	Appointed Date/Time 装货时间	集裝箱码头有限公司 **Shekou Container Terminals Ltd.** 集装箱收发单
Contact/Tel 联系人/电话		Collection Order（OUT）
Contractor 托运人		持箱人　　　　　　签发者 Operator＿＿＿＿＿＿Agents＿＿＿＿＿＿

Empty Container Collection Address 提吉箱地点		Full Container Return Address 收重箱地点	
集装箱码头 SHEKOU CONTAINER TERMINALS LTD. JETTY THREE, HARBOUR ROAD, SHEKOU, SHENZHEN, PRC	Releasing Location 发箱场位	集装箱码头 SHEKOU CONTAINER TERMINALS LTD. JETTY THREE, HARBOUR ROAD, SHEKOU, SHENZHEN, PRC	Receiving Location 收箱场位
Vessel/Voy 船名/航次	port of Discharge 卸货港	Final Destination 目的港	Shipping Order No. 托运单号
Container No.柜号	Size/Type 尺寸/种类	Weight Category 重量等级	Special Requirement 特殊要求
Seal No.船封号	Tractor/Trailer No.车牌号码	Remarks 备注	

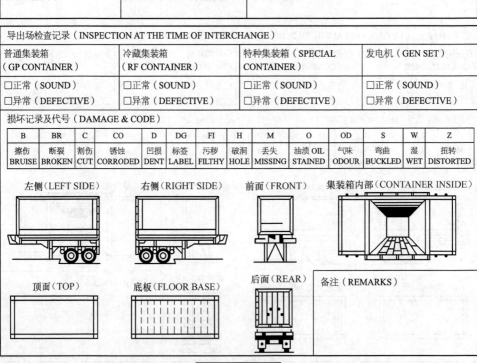

导出场检查记录（INSPECTION AT THE TIME OF INTERCHANGE）

普通集装箱 （GP CONTAINER）	冷藏集装箱 （RF CONTAINER）	特种集装箱（SPECIAL CONTAINER）	发电机（GEN SET）
□正常（SOUND） □异常（DEFECTIVE）	□正常（SOUND） □异常（DEFECTIVE）	□正常（SOUND） □异常（DEFECTIVE）	□正常（SOUND） □异常（DEFECTIVE）

损坏记录及代号（DAMAGE & CODE）

B	BR	C	CO	D	DG	FI	H	M	O	OD	S	W	Z
擦伤 BRUISE	断裂 BROKEN	割伤 CUT	锈蚀 CORRODED	凹损 DENT	标签 LABEL	污秽 FILTHY	破洞 HOLE	丢失 MISSING	油渍 OIL STAINED	气味 ODOUR	弯曲 BUCKLED	湿 WET	扭转 DISTORTED

左侧（LEFT SIDE）　　　右侧（RIGHT SIDE）　　　前面（FRONT）　　集装箱内部（CONTAINER INSIDE）

顶面（TOP）　　　底板（FLOOR BASE）　　　后面（REAR）　　备注（REMARKS）

For SCT ues only

进入码头前　请仔细阅读第 3 页背面的入场须知。　　　　6. Office Copy 留底联

图 4-29　集装箱收发单 6

（6）拖车司机取到空箱后，开车到验箱处验箱。出门口前须经过详细验箱，因为集装箱装到拖车上后，底部与拖车架接触，无法观察，所以堆场理货员验箱是检查箱底，而出门前的验箱是检查集装箱底部以外的其他所有部位。

理货员根据验箱结果在堆场作业纸上记录签字，具体说明箱型、材质以及箱体是否完好，然后交给司机。

（7）司机持堆场作业纸（已加验箱记录）和入门时剩下的 5 联收发单到载箱出门处办理出门手续。出门处职员根据司机递交的材料重新核对箱主、订舱单号、拖车号等，看计算机记录是否有错，同时检查实际取的箱是不是堆场作业纸上指定的箱，即核对箱号。核对正确无误后，出门处职员收下堆场作业纸及收发单第 6 联留存，同时打印设备交接单连同剩下的 4 联收发单一起交给司机。设备交接单上记录有拖车号、箱号、订舱单号等。

（8）拖车司机凭设备交接单出门离开码头。

（9）客户拿到空箱后，即安排装货，装货时，有海关人员监督。装好货后，在箱门上加装厂家封条，同时还应经海关检查批准后加封海关封条，上了封条的集装箱不能随意打开，以保货物不致丢失。

（10）集装箱装箱完毕，加封后，再安排拖车将装有货的集装箱（重箱）送到码头。此时拖车从载箱进口处入门，在进口处递交集装箱收发单（此时司机携带的运输单证就是上次提取空箱时剩下的 4 联集装箱收发单和设备交接单），办理交接箱手续。在办手续前，先经过门口处理货员验箱。

（11）验箱完毕，门口处职员审单（即审查集装箱收发单），并将有关箱的资料记录输入计算机，如拖车号、箱号、船名、航次、订舱单号、卸货港、封条号、箱毛重等。输入完毕，撕下收发单第 2 联留存，其余 3 联交给司机，并打印一张堆场作业纸给拖车司机。此堆场作业纸同上次提空箱时的堆场作业纸形式一样，只是一个用于提箱，另一个用于交箱。堆场作业纸上注有卸箱的堆场位置，拖车司机到指定堆场位置，将堆场作业纸交给堆场理货员。

（12）堆场理货员先审查拖车司机提交的资料，如没有问题，即指挥起重机司机卸箱。卸箱完毕，堆场理货员应在堆场作业纸上签字确认。

（13）拖车离开堆场到空车出门处办理出门手续。出门处码头职员重新核对进门时输入计算机的文件资料记录，应特别注意核对箱号、船名、航次、卸货港以及堆场作业纸上有无堆场理货员确认已卸箱到堆场的记录，然后打印设备交接单（即出门纸），撕下收发单第 5 联留存，剩余 2 联收发单连同设备交接单交给司机，此设备交接单与上次来提箱时的设备交接单一样。

（14）拖车司机凭设备交接单出门，出口重箱交货结束。至交箱结束时，拖车司机原持有的 6 联集装箱收发单只剩下 2 联了。这 2 联中的第 3 联给司机，第 4 联由船公司或其代理人保留。

2. 整箱货运进口操作程序

整箱货运进口操作程序与出口操作程序相反。

（1）船公司或其代理人安排拖车或通知客户安排拖车去码头提取重箱。

（2）拖车司机去码头提取重箱前先到船公司或其代理人处领取交收箱用的集装箱收发单及其海关放行条，收发单通常为一式6联（如前所述）。

（3）拖车司机开车到码头门口处，从空车进口处入门，在入门口处停车，将手中的收发单第1联和海关放行条递交给入闸口处码头职员，用于办理入闸手续。

（4）门口职员根据收发单将有关数据输入计算机，然后安排取箱位置和集装箱号码，打印出一张堆场作业纸交给司机。堆场作业纸上注明有箱号和取箱的堆场位置，拖车司机便可开车到堆场作业纸上指定的堆场位置提取重箱。

（5）堆场理货员按司机提供的堆场作业纸，指挥起重机司机将指定集装箱（重箱）吊到拖车上。吊装时，堆场理货员应检查集装箱，做好记录并通知船公司加以确认。

（6）司机持堆场作业纸和入门时剩下的5联收发单到载箱出门处办理出门手续。出门处职员根据司机递交的材料重新核对箱主、箱号、拖车号等，看计算机记录是否有错，同时检查实际取的重箱与堆场作业纸上指定的重箱是否吻合，即核对箱号。核对正确无误后，出门处职员收下堆场作业纸及收发单第6联留存，同时打印设备交接单连同剩下的4联收发单一起交给司机。此设备交接单与提空箱的设备交接单基本一样，唯一不同的是提取重箱时的设备交接单带有条形码，拖车司机出门时凭此条形码开启电子锁（通过电子扫描），出门口的交通栏杆都会自动抬起。

（7）拖车司机凭设备交接单出门离开码头，将重箱取回。

（8）客户提到重箱后，即安排卸货，卸货时有海关人员到场监督。

（9）集装箱卸货完毕，拖车将空箱送回码头，此时拖车从载箱进门处进门，在进门口处递交集装箱收发单（此时司机携带的运输单证就是上次提重箱时剩下的4份收发单），办理交接箱手续。在办手续前，先经过门口处理货员验箱，验箱内容写在收发单第2联上。

（10）验箱完毕，门口处职员审单（即审查集装箱收发单），并将有关箱的资料记录输入计算机。输入完毕，撕下集装箱收发单第2联留存，其余3联收发单交给司机，并打印一张堆场作业纸给拖车司机。此堆场作业纸同上次提空箱时的堆场作业纸形式一样，只是一个用于提箱，另一个用于交箱。堆场作业纸上注有卸箱的堆场位置，拖车司机到指定堆场位置，将堆场作业纸交给堆场理货员。

（11）堆场理货员先审查拖车司机提交的资料，如没有问题，即指挥起重机司机卸箱，卸箱完毕，堆场理货员应在堆场作业纸上签字确认。

（12）拖车离开堆场到空车出门处办理出门手续。出门处码头职员重新核对进门时输入计算机的文件资料记录，特别注意核对箱号、箱主以及堆场作业纸上有无堆场理货员确认已卸箱到堆场的记录，然后打印设备交接单，撕下集装箱收发单的第 5 联留存，剩余 2 联连同设备交接单交给司机，此设备交接单与提空箱时的设备交接单一样。

（13）拖车司机凭设备交接单出闸。进口提取重箱，交还空箱程序结束。

四、集装箱码头堆场管理

1. 集装箱在码头堆场上的位置表示

（1）码头堆场区、段的划分。集装箱码头堆场总面积较大，根据码头堆场的位置，往往将整个港区堆场划分为若干个分堆场，如 1 号堆场、2 号堆场、3 号堆场等。对每一个分堆场可再划分若干个区，如 1 区、2 区、3 区等。然后再对每一个区划分为若干个段，并用代号表示，如 A 段、B 段、C 段等。每个段的形状为矩形。其宽度为 6 个标准箱的宽度（应留有一定的空隙），因而每个段的宽度可表示为 6 行，用 01、02、03、04、05、06 表示。每段的长度通常为 30 个 6.1m（20 英尺）标准箱的长度。因而每行有 30 个 6.1m（20 英尺）箱长度方向的堆放位置，每个位置表示为间，用 01、03、05、07、09……57、59 表示，共 30 个间位。

另外，集装箱在码头堆场的堆放高度通常为 4～6 层集装箱，具体表示为地面往上表示 1 层、2 层、3 层、4 层、5 层、6 层。由于层数不多，在实际操作中，在同一个平面箱位上，从 6 层中找出一个集装箱并不困难，因而在码头箱位表示中，并不使用层这个位置，只用区、段、行、间 4 个位置就已经足够了。图 4-30 所示为堆场平面区、段、行、间示意图。

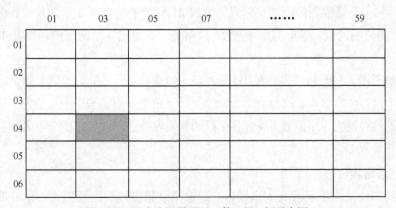

图 4-30　码头堆场平面区、段、行、间示意图

（2）集装箱在码头堆场箱位的表示。集装箱在堆场的箱位，首先表明区，然后表

明段，再表明集装箱在某个段中的行位，最后表明集装箱在该行的间位。这样，集装箱在码头堆场堆放的位置就清楚了，极易查找。

每个集装箱运到码头时，大门口的业务操作员会给出一个箱位给该集装箱堆放，并输入计算机存档。下次要查找这个集装箱时，只要在计算机中输入该的箱号，计算机就会显示该的位置。例如：2B0403，表示该集装箱在 2 区 B 段第 4 行的第 3 区间。

上述是重箱的位置表示方法。对于空箱的位置，通常只规定区位和段位，而没有行位和间位。主要原因是空箱的使用很少有指定箱号，即如果船公司或代理人或客户要去堆场取空箱装货，只要是该船公司的空箱就可以了，不必非要领取某一个号码的空箱。所以在码头堆场上会划出几个空箱区，专门存放空箱，每个区分为若干区段，再将段分给集装箱箱主。在空箱堆场上，集装箱按箱主不同而分开并分段摆放，由于不需要领取指定号码箱，因而取箱时不会有查找困难的问题。也有的规模较大的集装箱堆场，其空箱的摆放也像重箱一样规定，这样的堆场龙门起重机也较多。

2. 堆场堆存能力的确定

集装箱堆场的堆存能力不仅与总堆存面积有关，还与允许堆放高度的层数有关。而允许堆高的层数在场地强度足够的情况下决定于集装箱堆码的机械，如叉车一般堆 4 层，龙门起重机可堆 5 层。

另外，在同一个间位，不能将所有的行位都堆高至 4 层或 5 层（最高层），必须在每一个间位靠边的 1～2 行留出足够的空位，作为装卸作业时翻箱之用。如图 4-31（a）所示，如想取 1 行底或 3 行底的箱子，就必须先将压在该箱子上面的所有箱子移开，才能取出。而上面的箱子就移到翻箱位。根据经验，堆 4 层高时，应留有 3 个翻箱位；堆放 5 层高时，应留有 4 个翻箱位；堆高 6 层时应留有 5 个翻箱位。所以，6 行 4 层共 24 个箱位的间位，实际只能堆放 21 只箱子，留有 3 个翻箱位；6 行 5 层共 30 个箱位的间位，实际只能堆放 26 只箱子，要留出 4 个翻箱位，如图 4-31（b）所示。

如前所述，在已知码头共有几个分堆场，每个分堆场共有几个区，每个区有几个段，各个段行位有多少，间位有多少，就能计算出整个港区理论堆存能力（箱位数），而将理论堆存能力（箱位数）减去各个段的翻箱位数之和就得出整个港区的实际堆存能力（箱位数）。

3. 堆场指位

堆场指位是指堆场业务人员给客户通过集装箱拖挂车送到码头的集装箱（出口箱）或从船上卸下来的集装箱（进口箱）安排在堆场堆放位置的行为。业务人员需根据已规划的货位图指位。

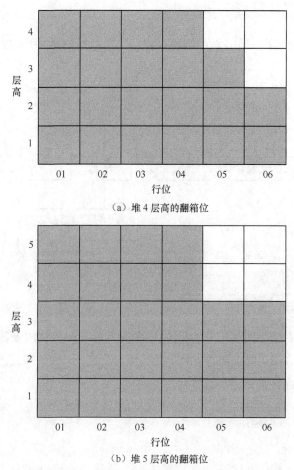

（a）堆4层高的翻箱位

（b）堆5层高的翻箱位

图4-31　翻箱位示意图（空白为翻箱位）

（1）对出口集装箱的指位注意事项。

① 对预定日期靠泊的船舶，看需装上该船的集装箱在堆场上的位置是否合理，如集装箱在堆场的堆放位置与到达船舶舱位的距离是否最短等。如不合理就需要作出移位。

② 根据客观实际，随时更改集装箱货位。如船期变动、船舶舱位不够、转船、转港等原因，都需要对已规划的出口集装箱位置作相应的变动。

（2）对进口集装箱的指位注意事项。

① 对预定日期靠泊的船舶，从船上卸下来的集装箱，看从卸箱舱位到预先规划的货位的距离是否最短，如果不是则需要对已规划的货位进行调整。

② 对预定日期靠泊的卸箱船舶，如果到港时间有变动，那么卸箱时间肯定有变动，同样需要对已规划的货位进行调整。

项目实施

综合运用集装箱码头作业流程与码头装卸工艺，设计出如图 4-32 所示为该码头工艺系统流程图。

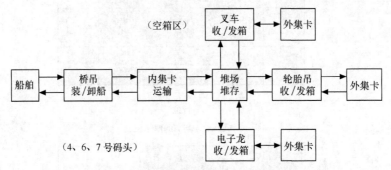

图 4-32　香港 HIT 全集装箱码头工艺系统流程示意图

 项目小结

本项目主要介绍了集装箱码头业务。通过对集装箱码头构成等基本要素和集装箱码头装卸系统的介绍，要求熟悉集装箱码头及其设施、码头装卸工艺以及集装箱码头业务流程与堆场操作等生产实践活动。

 综合练习与实训

一、填空题

1. 集装箱码头通常应具备的必要设施：泊位、码头前沿、_____、检查口、维修车间等。

2. 集装箱码头和各相关方箱货交接点是_____。

3. 码头作业生产的指挥部门是_____。

4. 集装箱码头发展趋势主要有：港口码头作业_____化、装卸设备_____化、装卸工艺_____化、港口生产_____化、港口集疏运设施_____化、码头泊位_____化、港口生产组合_____化。

二、名词解释

1. 集装箱堆场（CY）

2. 集装箱货运站（CFS）

三、思考题

1. 建设集装箱码头必须具备哪些要求？

2. 集装箱码头水平搬运机械和堆场作业机械有哪几种？这些机械分别具有哪些优点，存在哪些缺点？

3. 集装箱码头装卸工艺方案有哪些？请阐述各种装卸工艺方案的机械组合。

4. 集装箱码头大门是如何设置的？

5. 简述集装箱装卸桥的类型及其技术参数。

6. 详细阐述集装箱码头大门整箱货进口操作程序和出口操作程序。

项目五

集装箱水路运输

【知识目标】

- 了解集装箱水路运输航线
- 熟悉集装箱船舶类型
- 掌握集装箱船的箱位表示

【能力目标】

- 能熟练运用水路运输航线
- 能正确表示集装箱船的箱位
- 会应用集装箱船舶各配积载图

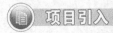 项目引入

　　请看图 5-1，找出图中所示"331082"箱位和"330510"箱位，并详细说明两个集装箱的信息；指出"330106"、"330108"箱位集装箱的箱型。

MS. "BINGHE"　　VOYAGE No.14　　BAY No.33 (34)

331088	330888	330688	330488	O/H 10cm 330288	330088	330188	COSU 8082285 330388 4.6	LGB/KOB UFCU 6391338 330588 5.7	COSU 813345 330788 17.5	330988	88
UFCU 3672563 7.2 331086	COSU 8132365 9.1 330886	LGB COSU 8029085 11.0 330686	O/W 9cm 330486	SCXU 8117873 15.9 330286	O/W 9cm 330086	HTMU 840358 42.0 330186	KOB TCLU 4402499 17.0 330386	UFCU 6415975 5.0 330586	COSU 8128914 4.1 330786	WCLU 0638163 11.1 330986	86 86.6
TOLU 2818976 4.9 331084	HTMU 8062207 12.1 330884	LGB HCLU 3060373 12.8 330684	COSU 8219887 19.7 330484	COSU 8008924 19.8 330284	IKSU 7151840 5.9 330084	COSU 8022496 19.8 330184	KOB COSU 8073072 19.1 330384	COSU 8149603 19.9 330584	COSU 8020555 19.9 330784	COSU 8072369 19.7 330984	84 74.2
CHSxKOB COSU 8218031 IMCO5.1 20.1 331082	UFCU 3606155 20.0 330882	LGB COSU 8085561 19.7 330682	COSU 8074037 19.7 330482	COSU 5023648 19.7 330282	COSU 8068296 19.7 330082	COSU 8238146 20.0 330182	KOB COSU 3467537 19.7 330382	IEAU 2408184 19.8 330582	HTMU 5006909 19.1 330782	TOLU 2614910 19.9 330982	82 217.4

330812	COSU 8010515 5.2 330810	CHS/KOB COSU 8002166 20.2 330412	IEAU 4409990 16.2 330212
COSU 8010515 5.2 330810	HTMU 8042793 17.5 330610	CHS/KOB CCSU 2203690 18.0 330410	HTMU 4107284 13.8 330210
CSTU 4035510 22.7 330808	CHS/KOB COSU 5029179 19.8 330608	COSU 5025770 19.8 330408	CHS/SHA ICSU 2329744 23.7 330208
COSU 8029465 19.2 330806	CHS/KOB COSU 8130850 20.0 330606	COSU 8218130 20.4 330406	CHS/SHA COSU 4169500 23.5 330206
UFCU 6152312 6.5 330804	HTMU 8049437 9.8 330604	CHS/SHA SXCU 6069032 15.9 330404	HTMU 3039965 15.6 330204
COSU 8013052 19.3 330802	COSU 8117484 19.4 330602	CHS/SHA COSU 8191136 19.6 330402	HTMU 8037586 19.7 330202

CHS/KOB ICSU 1388613 13.3 330102	330312	O/H 100cm 330512	330712	12 57.4
CHS/SHA COSU 4157236 12.4 330100	O/W 35cm 330310	CHSxKOB SCXU 4384296 F/R 24.5 330510	O/W 15cm 330710	10 91.4
COSU 4122775 11.5 330108	TOLU 4611191 18.0 330308	CHS/KOB COSU 8184604 6.5 330508	FMU 2302165 14.7 330708	08 136.8
SCXU 4311160 21.3 330106	COSU 8005289 20.2 330306	CHS/KOB HTMU 8065130 20.0 330506	COSU 8132844 20.0 330706	06 164.7
TOLU 2769099 15.3 330104	COSU 8224076 15.8 330304	CHS/SHA COSU 8167037 9.9 330504	NULU 3003372 6.4 330704	04 95.2
COSU 8193890 19.4 330102	HTMU 806821 19.4 330302	CHS/SHA COSU 8117680 20.0 330502	COSU 8132452 16.2 330702	02 153.0

DEST	No OF CONT
TOTAL	

ON DECK	UNDER DECK

1176.8

TOTAL TONS

图 5-1　最终行箱位图

相关知识

一、集装箱水路运输航线

1. 集装箱水路运输航线分类

（1）按集装箱航线的地位分类。按集装箱航线的地位，可分为干线运输和支线运输两类。

① 干线运输。干线运输是指相对固定的世界主要集装箱航线的运输。干线运输一般货源稳定，运量大，班轮公司的实力强大，挂靠港数量少，挂靠港装卸能力强，经济腹地经济总量庞大，对货物的消化能力或中转能力强。目前，世界主要的集装箱航线有 3 条，即远东—北美航线，远东—欧洲、地中海航线和北美—欧洲、地中海航线。

② 支线运输。支线运输是指在某些区域内的集装箱运输，如在亚洲区域内集装箱支线运输，欧洲与非洲之间的支线运输，北美自由贸易区的支线运输等。这些支线运输，一方面是对干线运输的中转，干线船队将某些集装箱卸在一些主要挂靠港，然后由这些挂靠港将货物通过支线船运往不挂靠的港口；另一方面是满足区域贸易的需求，将区域内各国之间贸易的货物进行交叉运输。近年来，随着全球经济一体化的发展，区域经济一体化发展也很快。经济区域集团化趋势导致国际贸易和国际投资向各个经济区域内高度集中，经济贸易集团内部贸易量不断扩大。据统计，欧洲经济区贸易量约占世界贸易总量的 40%；北美自由贸易区贸易量占世界进出口总量的 30%左右；亚洲区域内贸易量占这些国家对外贸易总额的 70%左右。这些巨大数量的区域贸易，很大程度上依赖于区域内的集装箱支线运输。

（2）集装箱水路运输航线设计的类型。目前，集装箱水路运输航线的设计大致可分为多港挂靠的直达运输航线和干线支线中转运输航线两种类型。

① 多港挂靠的直达运输航线。这是传统班轮营运中采用最普遍的一种航线结构。船舶每个往返航次通常要挂靠 5～10 个港口，这种航线结构的优点是能够将货物直接运送到目的港，可减少运输环节，具有较高的送达速度和货运质量。但如果货源并不充足，为了有限数量的货物，挂靠过多港口，无论在船期上还是在费用上都会产生浪费。限于港口自然条件和货源条件，这种航线设计往往不能采用大型集装箱船舶，装载量一般在 1 000～2 000TEU 之间，无法更好地发挥集装箱运输的优势。因此，近年来这种具有传统特征的班轮航线结构已逐步被干线支线中转运输航线所取代。

② 干线支线中转运输航线。这种运输航线通过支线集装箱运输，将货物集中到少数中转港，再通过干线运输将货物运往目的港。采用这种航线结构，选择的中转港一般都具有各方面的优越条件。在干线上可配大型的集装箱船，支线运输则采用小型

灵活的喂给船来承担。这种航线结构可以充分发挥集装箱运输的规模经济效益，克服传统多港挂靠航线的缺点。但是，由于采用了中转运输的方法，实际的货物装卸费用将增加，并且还要支付二程船的费用；同时由于环节增多，货物实际运达时间可能延长。

2. 主要集装箱水路运输航线

（1）世界三大主要集装箱航线。

1）远东—北美航线。远东—北美航线实际上又可分为两条航线，即远东—北美西岸航线和远东—北美东海岸、海湾航线。

① 远东—北美西海岸航线。这条航线主要由远东—加利福尼亚航线和远东—西雅图、温哥华航线组成。它涉及的港口主要包括远东的高雄、釜山、上海、香港、东京、神户、横滨等和北美西海岸的长滩、洛杉矶、西雅图、塔科马、奥克兰和温哥华等。涉及的国家和地区包括亚洲的中国、韩国、日本和中国的香港、台湾地区以及北美的美国和加拿大西部地区。这两个区域经济总量巨大，人口特别稠密，相互贸易量很大。近年来，随着我国经济总量的稳定增长，在这条航线上的集装箱运量越来越大。目前，仅上海港在这条航线上往来于美国西海岸的班轮航线就多达四十几条。

② 远东—北美东海岸航线。这条航线主要由远东—纽约航线等组成，涉及北美东海岸地区的纽约—新泽西港、查尔斯顿港和新奥尔良港等。这条航线将海湾地区也串了起来。在这条航线上，有的船公司开展的是"钟摆式"航运，即不断往返于远东与北美东海岸之间；有的则经营环球航线，即从东亚开始出发，东行线：太平洋—巴拿马运河—大西洋—地中海—苏伊士运河—印度洋—太平洋，西行线则反向而行。

2）远东—欧洲、地中海航线。远东—欧洲、地中海航线也称为欧洲航线，它又可分为远东—欧洲航线和远东—地中海航线两条。

① 远东—欧洲航线。这条航线是世界上最古老的海运定期航线。这条航线在欧洲地区涉及的主要港口有荷兰的鹿特丹港，德国的汉堡港、不来梅港，比利时的安特卫普港，英国的费利克斯托港等。这条航线大量采用了大型高速集装箱船，组成了大型国际航运集团开展运输。这条航线将中国、日本、韩国和东南亚的许多国家与欧洲联系起来，贸易量与货运量十分庞大。与这条航线配合的，还有西伯利亚大陆桥、新欧亚大陆等欧亚之间的大陆桥集装箱多式联运。

② 远东—地中海航线。这条航线由远东，经过地中海，到达欧洲。与这条航线相关的欧洲港口主要有西班牙南部的阿尔赫西拉斯港、意大利的焦亚陶罗港和地中海中央马耳他南端的马尔萨什洛克港。

3）北美—欧洲、地中海航线。处于北美、欧洲、远东三大地域与经济板块另一极的是北美—欧洲、地中海航线。北美—欧洲、地中海航线实际由3条航线组成，分别为北美东海岸、海湾—欧洲航线，北美东海岸、海湾—地中海航线和北美西海岸—欧洲、地中海航线。这一航线将世界上最发达与富庶的两个区域联系起来，船公司之间在集装箱水路运输方面的竞争最为激烈。

（2）其他集装箱航线与支线运输。除以上三大集装箱航线外，世界上还存在一些规模较小的其他航线和支线运输，如远东、北美、欧洲分别开辟的赴澳大利亚航线等。

我国所处东亚地区是近年来集装箱运输发展最快的地区，居于世界集装箱港口吞吐量前几位的港口，如香港、新加坡、上海、釜山、高雄等，均集中于这一地区。这一地区主要集装箱航线又可分为以下 4 个航区。

① 日本/韩国—中国台湾、中国香港—新加坡航区。

② 东亚—东南亚航区：主要从青岛、上海南下经香港、巴生、新加坡到泰国曼谷。

③ 中国内地—中国香港/中国台湾/菲律宾航区：这一航区多为短程航线，均从我国大陆沿海港口出发，向南到达中国香港、马尼拉等，进行钟摆式运输；主要有上海—香港航线、天津—香港航线、天津新港—香港—马尼拉航线、黄埔—赤湾—马尼拉—高雄—香港航线等。

④ 东亚—东北亚航区：这一航区从我国沿海港口出发，到达日本、韩国、中国台湾等；主要有福州—厦门—横滨—神户—香港航线、上海—青岛—釜山—香港—基隆航线等。

（3）干、支线交叉与中转港。由于集装箱船舶造价昂贵，投资巨大，其经营又以班轮运输为主，所以其水路运输的特征，必定是形成一些运量集中的干线，又形成一些主要的中转港。通过支线向中转港集聚货物，再由干线运往北美、欧洲；或由干线将货物运到中转港，再通过支线运往南亚、澳洲、新西兰等。由此，以一些主要中转港为结点，形成支线与干线的集装箱水路运输网络。东亚地区集装箱吞吐量居前几位的港口，如香港、新加坡、高雄、神户和釜山，均是重要的集装箱中转港。中国香港依靠大陆大量集装箱的中转，多年来一直雄踞世界集装箱港口吞吐量的首位；新加坡则通过干线中转，将集装箱转运到马来西亚、印度尼西亚、泰国和菲律宾等东南亚国家，多年来居世界集装箱港口吞吐量的第二位，其中转箱量占总吞吐量的70%以上；中东、南亚的集装箱则先集结到高雄，再转运北美航线；而釜山则中转我国出口到美国的大量中转箱，使其吞吐量稳定上升；神户历来是日本著名的中转港，除中转日本其他港口和韩国的货物外，还中转我国出口到北美、澳大利亚、新西兰的货物。

（4）我国的集装箱内支线运输。我国内河水系发达，有优良的航道条件，在长江沿岸已形成了颇具规模的南京、南通、张家港等集装箱港口，发展集装箱内支线运输前程广阔。我国的一些船公司和上海等大的集装箱港口已把视线聚焦于我国的内支线运输，我国的长江等主要水系的内支线集装箱运输，将逐渐成为我国集装箱水路运输的组成部分。

长江由于其优良的水道和航运条件，必将成为我国集装箱内河支线运输的主要水系。目前，由上海港向长江上游，一直到宜昌港，具有装卸国际集装箱能力的港口有上海港、南通港、张家港、江阴港、高港、扬州港、镇江港、南京港、芜湖港、安庆港、九江港、南昌港、黄石港、武汉港、沙市港、宜昌港等。这些港口中的一部分将成为长江内支线的中心港口，其余的作为支线港站。

中心港口的主要功能是提供国际集装箱进出口的装卸、中转、堆存、拆装箱等业务，以及与集装箱或货物相关的物流服务，如修理、清洗、储存及其他增值服务等。中心港码头及其拆装箱设施应按照公平、公开的原则对所有用户提供服务，充分利用现有设施，形成一定的经济规模。中心港口一般应位于区域综合运输网络的重要结点，有多种交通干线交汇，是长江干线的重要港口，具有开展集装箱多式联运的水路中转业务的条件；有中心城市作为依托，位于区域工业与经济中心，所在城市的经济实力和社会发展水平在周边地区处于领先地位，可提供一定规模的集装箱货源和信息、金融、贸易和口岸管理服务；具有较大的腹地辐射范围，集装箱运输有一定规模，现有集装箱港口具有一定规模，码头设施较好，并具有进一步扩展的条件。

支线港站是指为本地区集装箱运输服务的各种交通运输中转港站，主要为中心港口提供喂给服务。支线港站的主要功能是提供进出口国际集装箱的装卸、堆存、拆装箱及其他相应的物流服务，在保证中心港口发展的同时，围绕中心港口适当发展其腹地范围内的内陆港站；充分发挥铁路、公路和水路联运的优势，形成完善的多式联运网络系统，覆盖并扩大长江多式联运的影响范围。支线港站及其拆装箱设施应按照公开、公平的原则对所有用户提供服务，并应达到一定的经济规模。

二、集装箱船舶及运输相关方

1. 集装箱船舶类型

集装箱船舶是随着集装箱运输的发展而产生的一种特殊船型，集装箱运输航线的货源情况变化、集装箱联运业务的发展以及船舶营运的需要，促使集装箱的装载方式发生了变化，由此产生了许多不同种类的集装箱船舶。就目前而言，可以装载集装箱的船舶大致可分为以下4种。

（1）普通货船。在普通的杂货船上装运集装箱，就是在同一个货舱内将集装箱与一般件杂货混装在一起，故这种船又可称为混载型船。通常，采用普通货船时，集装箱选择在货舱舱口部位以及在上甲板上进行装载。

（2）兼用集装箱船。这种船舶又称为可变换的集装箱船，在舱内备有简易可拆装的设备，当不装集装箱而装运一般杂货或其他散货时，可将其拆下。散/集两用船或多用途船都属于兼用集装箱船。

（3）半集装箱船。这种船舶一部分货舱设计成专供装载集装箱，另一部分货舱可供装载一般件杂货。集装箱专用舱一般选择在船体的中央部位，这种船也称为分载型船。

（4）全集装箱船。船舶的所有货舱是专门为装运集装箱而设计的，不能装载其他货物，这种船也称为集装箱专用型船，如图 5-2 所示。

除上述属于吊装方式的普通船舶以外，还可以采用滚装船和载驳船的运输方式。滚装船又可称为开上开下型（Roll On/Roll Off-RO/RO）船，如图 5-3 所示。用这种船舶在码头装卸集装箱不需要码头的装卸设备，而是利用船舷、船首或船尾处的开口跳板，将集装箱连同底盘

图 5-2　吊装式全集装箱船

车一并拖进（出）船舱。滚装式集装箱船较吊装式集装箱船的优点是通用性较大，不仅可以装载集装箱和各种车辆，还可装运其他超大件货物；装卸货可不间断地进行流水作业，效率高，而且不受码头装卸设备的限制。其主要的缺点是舱容利用率低，船舶造价较高。滚装船多用于近洋或沿海短航线运输，特别是在采用水陆联运方式时能收到较好的经济效果。

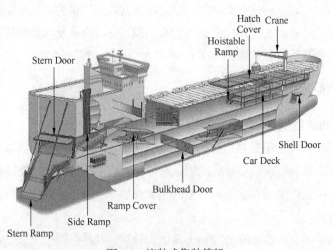

图 5-3　滚装式集装箱船

载驳船，又称子母船，即将驳船装入母船体内，集装箱则装在驳船上，而海上运输由母船完成。采用载驳船方式可以加快母船的周转，简化对码头设施的要求。载驳船比较适合于江海联运的情况。

2. 集装箱船舶结构

集装箱船与普通杂货船在船体结构方面有明显的不同，集装箱船的结构特点与集

装箱的载运及装卸方式密切相关。下面介绍吊装式集装箱船舶的结构特点。

　　这种集装箱船舶的装船、卸船是采取吊进、吊出的操作方式，在这种集装箱船舶上一般不设起重设备，而是利用岸上专用的集装箱装卸桥进行装卸。

　　吊装式全集装箱船结构特点如下。

　　（1）吊装箱船的机舱基本上设置在尾部或偏尾部。这样布置主要是为了使货舱尽可能地方整，以便更多地装载集装箱。

　　（2）集装箱船船体线型较尖瘦（许多集装箱船舶的方形系数小于 0.6），外形狭长，船宽及甲板面积较大，以保证较高的航速和合理的甲板装载。为防止波浪对甲板上集装箱的直接冲击，设置较高的船舷或在船首部分设置挡浪壁。

　　（3）集装箱船为单甲板，上甲板平直，无舷弧和梁拱，一般不设置起货设备，在甲板上可堆放 24 层集装箱，直接堆装在舱口盖上，并有专用的紧固件和绑扎装置，以利于固定货箱。

　　（4）船体由水密横舱壁分隔为若干货舱，货舱口大，有的船呈双排或三排并列。货舱口宽度等于货舱宽度，可达船宽的 70%～90%，以便集装箱的装卸和充分利用货舱容积。

　　（5）货舱内装有固定的格栅结构，以便于集装箱的装卸和防止船舶摇摆时箱子移动。格栅结构如图 5-4 所示。在装卸时，集装箱可通过导箱轨顶端的喇叭口形的导槽，顺着导箱轨顺利地出入货舱。装在舱内的集装箱被放置在格栅结构的箱格中，因此无须紧固。

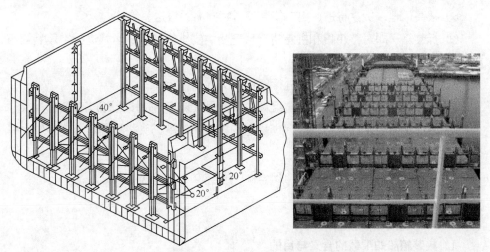

图 5-4　集装箱船舶箱格导轨

　　（6）船体为双层结构，具有两重侧壁和双层底。一般船体两侧和船底部不能装载集装箱的部位设置边深舱（舱口围板向舱内的延伸部分与船侧外板形成的双层壳结构）和双层底舱，可装压载水以调整船舶的稳性。这种结构大大地增强了船舶的纵向强度。

3. 集装箱水路运输相关方

集装箱水路运输的参与各方，除托运人与收货人外，还有以下一些相关方。

（1）集装箱班轮公司。这是集装箱水路运输的主角，它完成集装箱海上与内河的航运任务，是集装箱水路运输的主要参与方。从事集装箱水路运输的主要是各集装箱班轮公司。

（2）集装箱码头公司。它完成集装箱水路运输起点和终点的装卸任务。在起运港，承担集装箱整箱货的集货、装卸和拼箱货的集货、装箱、装卸任务；在目的港，承担集装箱整箱货的装卸、疏运交接和拼箱货的装卸、拆箱和送达任务。集装箱码头通常拥有一定面积的堆箱场和集装箱货运站，具备相关业务的处理能力。

（3）无船承运人公司（Non-Vessel Operating Common Carrier，NVOCC）。无船承运人，是指在集装箱运输中，经营集装箱货运，但不经营船舶的承运人。

（4）集装箱租箱公司。集装箱租箱公司购置一定数量的集装箱，专业从事租箱业务，同时进行箱务管理，一般还经营堆箱场，专门满足货主与船公司对集装箱空箱租赁的需求。集装箱租赁公司的业务范围包括出租、回收、保管、维修集装箱。

（5）集装箱船舶租赁公司。集装箱船舶租赁公司提供集装箱船，满足集装箱班轮公司对船舶的需求。

（6）国际货运代理人。国际货运代理人公司，专门为货主代理各类货运业务。国际货运代理人代理的主要业务包括以下几方面。

① 订舱代理，货主向集装箱班轮公司订舱。

② 报关代理，货主将进、出口集装箱货物向海关报送、结关。

③ 拆装箱，即对整箱货和拼箱货，代理货主安排集装箱货运站进行空箱装箱与重箱拆箱。

④ 理货，对集装箱装、拆箱进行理货。

⑤ 租箱代理，货主或船公司向租箱公司租用集装箱，并按合同归还空箱。

⑥ 办理集装箱装卸业务，即代理货主安排在起运港码头将集装箱装上船舶，并在目的港码头将集装箱卸下船舶。

⑦ 货物保险代理，货主办理各种运输保险业务。

三、集装箱船的配载

1. 集装箱船舶配载的含义与目的

集装箱船与普通货船一样，为了船舶的航行安全，减少中途港的倒箱，缩短船舶在港停泊时间，保证班期和提高经济效益，要进行配积载。

船舶的配载和积载是有不同的含义的。通常理解是，船公司根据订舱单进行分类整理以后，编制一个计划配载图，又称预配图或配载计划。而码头上实际装箱情况与预配图将会有出入，根据实际装箱情况而编制的船图称为积载图，又称最终积载图或主积载图。

2. 集装箱船的箱位号

每个集装箱在全集装箱船上都有一个用 6 个阿拉伯数字表示的箱位号。它以行（Bay）、列（Row）、层（Tier）三维空间来表示集装箱在船上的位置。第 1、2 两位数字表示集装箱的行号；第 3、4 两位数字表示集装箱的列号；第 5、6 两位数字表示集装箱的层号。

（1）行号的表示方法。"行"是指集装箱在船舶纵向（首尾方向）的排列次序号，规定由船首向船尾顺次排列。由于集装箱有 6.1m（20ft）和 12.2m（40ft）之分，因此舱内的箱格也分 6.1m（20ft）和 12.2m（40ft）两种。根据箱格结构的不同，有的箱格导柱是固定的，6.1m（20ft）的箱格只能装 20ft 箱，12.2m（40ft）的箱格只能装 40ft 箱，但也有的箱格，其箱格导柱是可以拆装的，把 6.1m（20ft）的箱格导柱拆除就可以装 12.2m（40ft）箱。通常情况下，12.2m（40ft）箱格内可以装 2 个 6.1m（20ft）箱，但并非所有的 12.2m（40ft）箱格内都可以装 2 个 6.1m（20ft）箱。为了区分 6.1m（20ft）和 12.2m（40ft）箱的行位，规定单数行位表示 20ft 箱，双数行位表示 40ft 箱。如图 5-5 所示，01、03、05、07……均为 20ft 箱，而 02、06、10、14……均为 40ft 箱。由于 04、08、12 等箱位间有大舱舱壁隔开，无法装载 40ft 箱。

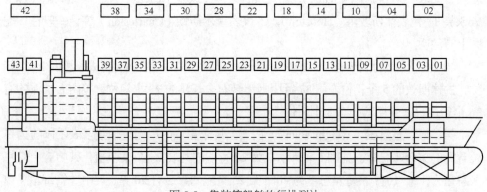

图 5-5 集装箱船舶的行排列法

（2）列号的表示方法。"列"是集装箱在专用船上的横向积载位置。从船舶纵中剖面为基准，编号方法是从中间往左右方向编号，右舷为单号，由中线向右编为：01、03、05……中线向左舷编双号：02、04、06……如总列数为奇数时，则处于首尾线上的箱格列号为 00，如图 5-6 所示。

（3）层号的表示方法。"层"是集装箱在专用船上的竖向积载位置。舱内和甲板分开编号，从舱底算起用双数，即 02、04、06、08、10……甲板上从甲板底层算起，层号数字前加"8"，即 82、84、86……如图 5-7 所示。

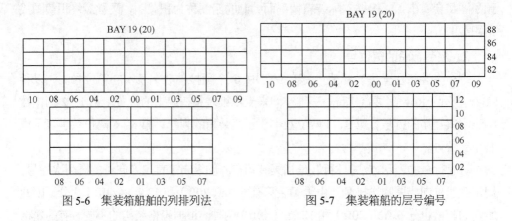

图 5-6　集装箱船舶的列排列法　　　　　图 5-7　集装箱船的层号编号

3. 集装箱船配积载图的编制

集装箱船的船图分预配图、实配图（又称集装箱码头配载图）和最终积载图（又称主积载图）3 种。

（1）预配图。集装箱船的预配图是集装箱船配积载中最重要、最关键的环节，集装箱船配载的好坏，不仅影响到能否保证班期和营运的经济性，还会影响航运的安全。集装箱船的预配图由以下 3 幅图组成。

第一幅：字母图（Letter Plan）。船图上每个箱位内用 1 个英文字母表示该箱的卸箱港，如 K 代表神户港（Kobe），L 代表长滩港（Long Beach），N 代表纽约港（New York），H 代表休斯敦港（Houston），C 代表查尔斯顿（Charleston）等，一般在预配图上有注明。

图 5-8 所示为冰河轮第 18 航次的字母图，其中第 39 行舱内装有去长滩的 35 个箱位，去休斯敦的 5 个箱位。第 37 行甲板上装有去长滩的 23 个箱位，舱内去长滩的有 36 个箱位，去休斯敦的有 8 个箱位。

第二幅：重量图（Weight Plan）。在图上每个箱位内用阿拉伯数字表示以吨为单位计算的集装箱总重。如图 5-9 所示，第 27 行舱内共装 24 个集装箱，其中 8 个箱每箱总重为 17t，16 个箱每箱总重为 20t。第 25 行舱内共装有 20 箱，其中 3 箱每箱总重为 18t，17 箱每箱总重为 20t。

第三幅：冷藏箱和危险货物箱图（Reefer/Dangerous Plan）。该图上所配的均为冷藏箱和危险货物箱，冷藏箱在图上的箱位内用英文字母"R"表示，危险货物在图上箱位内用阿拉伯数字表示按国际危规规定的危险等级。如图 5-10 所示，第 33 行甲板上最底层装有 6 个冷藏箱。这 6 个冷藏箱的卸货港，从图 5-8 中可见是 N（纽约港），其重量从图 5-9 中可见每箱为 21t。

（2）实配图。集装箱的实配图（Container Terminal Bay Plan）由两种图组成，一种是封面图，另一种是每一行的箱位图。

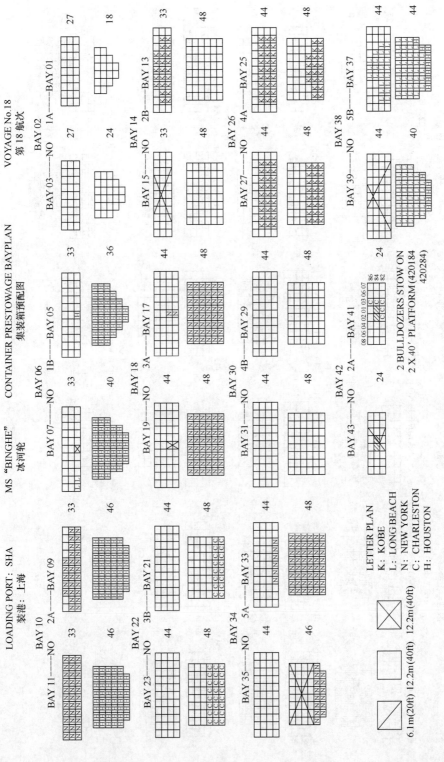

图 5-8　预配图（字母图）

99

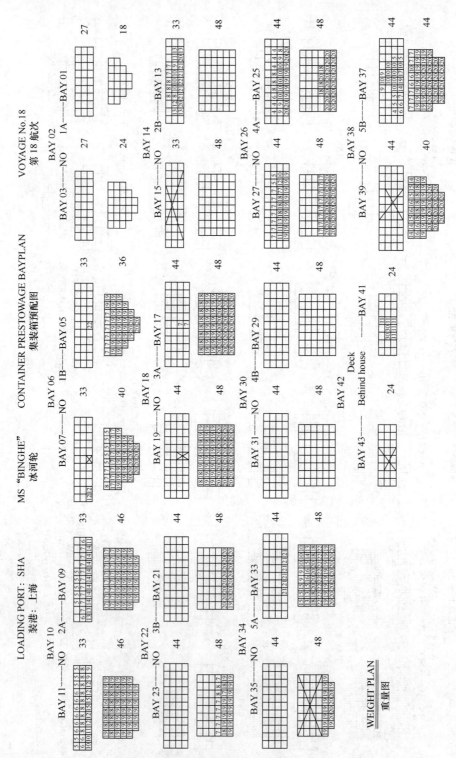

图 5-9　预配图（重量图）

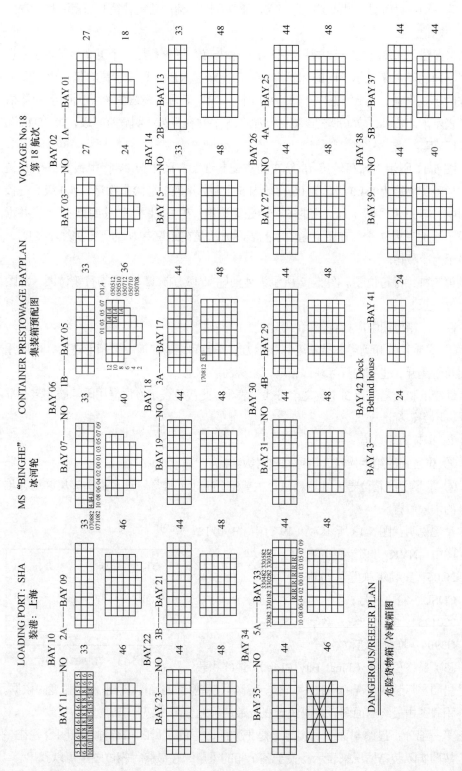

图 5-10　预配图（特殊货物箱图）

第一种：封面图。封面图只有一幅，通常在图上标注着集装箱的卸箱港和特殊集装箱的标记。

封面图上卸箱港的表示方法有两种，一种与预配图一样用一个英文字母表示，也有用不同的颜色来表示不同的卸箱港。两者比较起来后一种表示更清楚。封面图上特殊的绑扎作业，与预配图一样。冷藏箱用"R"表示，危险货物箱因图上的箱格内又表示了卸货港，故一般在该箱格上加"○"，并在旁边注明危险等级，如"D4.0"、"D6.1"等。

图 5-11 所示为冰河轮第 18 航次的实配封面图，图中第 07 行甲板上 2 个到长滩的危险货物箱为 D4.0 级，第 05 行舱内 5 个到休斯敦的危险货物箱为 4.0 级。在预配图中，第 33 行甲板上最底层的 6 个冷藏集装箱，在实配图中转移到第 35 行，并增加了 1 个而变为 7 个，在图上箱位中的表示方法是在卸箱港 N 的下方加注小"R"，以表示为冷藏箱。

第二种：行箱位图。图 5-12 所示为冰河轮第 18 航次第 19 行的行箱位图。此图每行位一张。

在每一箱位图中应标有如下内容。

① 集装箱的卸箱港和装箱港。表示方法一般卸箱港在前，装箱港在后，中间用"×"符号隔开，也有的只标注卸箱港，不标注装箱港。

卸箱港和装箱港用 3 个英文字母代号表示，此代号表示方法借用国际航空港标准代码，不另订标准。

② 集装箱的总重。

③ 集装箱的箱主代号、箱号和核对数字。

④ 堆场上的箱位号。堆场箱位号主要给码头上的堆场管理员提供该集装箱在堆场上的堆放位置。

举例说明：图 5-13 所示为第 19 行中"190712"箱位。

图中，NYK：卸箱港纽约；

20.06：集装箱总重为 20.06t；

COSU：箱主代号；

8201254：箱号和核对数字；

G3904：堆场上箱位号。

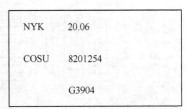

图 5-13　第 190712 箱位

（3）最终积载图（Final Bay Plan）。最终积载图是船舶实际装载情况的积载图，它是计算集装箱船舶的稳性、吃水差和强度的依据。最终积载图由最终封面图、装船统计表及最终行箱位图 3 部分组成。

第一部分：最终封面图。实际上是把预配图中的字母图和特种箱位图合并在一起，按照实际装箱情况来表示。关于各个箱的重量，在最终行箱位图中可以找出。

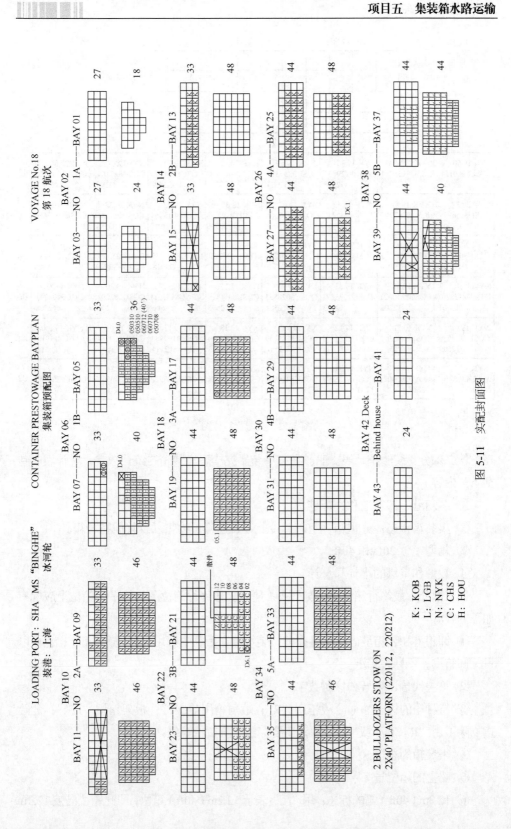

图 5-11　实配图面图

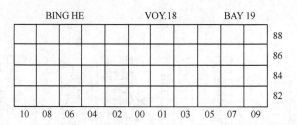

BING HE　　　　VOY.18　　　　BAY 19

| 10 | 08 | 06 | 04 | 02 | 00 | 01 | 03 | 05 | 07 | 09 | |

NYK 19.50 COSU5000154 G2901	NYK 19.35 COSU8131754 G2902	NYK 19.35 COSU8129037 G2903	NYK 19.69 ICSU3355394 G2904	NYK 20.42 COSU5000160 G3801	NYK 20.27 COSU8154385 G3802	NYK19.87 COSU8231615 G3903	NYK20.06 COSU8201254 G3904	12
NYK 20.27 COSU8156958 G3905	NYK 19.21 ICSU3787649 G3906	NYK 19.43 ICSU4157217 G3907	NYK 19.67 COSU8178664 G3908	NYK 18.69 HTMU8039953 G3909	NYK 19.72 COSU8013469 G3910	NYK 20.33 COSU0117550 G3911	NYK 20.06 COSU8075650 G3912	10
NYK 20.19 COSU8023169 G3913	NYK 20.05 COSU8035973 G3914	NYK 20.24 COSU8175069 G3915	NYK 19.96 HTMU8038319 G3916	NYK 20.13 HTMU8047780 G3917	NYK 20.15 COSU8183932 G3918	NYK 19.92 IEAU2353700 G3919	NYK 19.95 GSTU4557788 G3920	08
NYK 19.48 HTMU8058207 T2501	NYK 17.60 COSU8210621 T2502	NYK 19.53 TOLU2722771 T2503	NYK 19.91 COSU8028833 T2504	NYK 17.18 COSU8011419 T2505	NYK 19.32 COSU8157511 T2506	NYK 19.30 COSU5022908 T2507	NYK 19.73 CTIU3404773 T2508	06
NYK 19.62 COSU3116770 T2509	NYK 19.51 COSU8092869 T2510	NYK 17.12 COSU8233191 T2511	NYK 18.51 COSU8101739 T2512	NYK 19.18 COSU8190504 T2513	NYK 19.12 COSU8199883 T2514	NYK 18.09 COSU5037641 T2515	NYK 19.35 COSU8139164 T2516	04
NYK 19.70 ICSU4395750 T2517	NYK 19.34 COSU5034025 T2518	NYK 19.34 COSU5021199 T2519	NYK 1886 COSU8219906 T2520	NYK 18.90 COSU8143483 T2521	NYK 19.61 COSU8208922 T2522	NYK 19.51 COSU8095683 T2523	NYK 19.52 COSU8230757 T2524	02

| 08 | 06 | 04 | 02 | 01 | 03 | 05 | 07 |

图 5-12　实配行箱位图

第二部分：装船统计表。船舶在某港装船完毕后集装箱的统计数字，统计表中包括下列内容。

① 装箱港、卸箱港和选箱港。

② 集装箱状态：分重箱、空箱、冷藏箱、危险货物箱以及其他特种箱。

③ 箱型：分 20ft 和 40ft。

④ 数量和重量的小计和总计。

第三部分：最终行箱位图，如图 5-1 所示。最终行箱位图的每一个箱位上应标有如下内容。

① 卸箱港和装箱港。卸箱港在前，装箱港在后，中间用"×"符号隔开；也可以只标卸箱港，不标装箱港。

② 箱主代号、箱号和核对数字。

③ 特种箱的标志。如冷藏箱用"R"；敞顶箱用"O/T"；板架箱用"F/R"；危险货物除了用"IMCO"或"D"外，还要标出危险货物等级。

④ 集装箱的总重。

⑤ 船上的箱位号。

⑥ 12.2m（40ft）箱的标志：用"□"表示 12.2m（40ft）箱位，即此箱位已被 12.2m

（40ft）箱占用。

⑦ 超高和超宽标志。超高（O/H）箱应在箱位上方用"∧"符号表示，并标出其超高的高度；超宽（O/W）箱要在箱位的左向或右向用"＜"或"＞"符号表示，并标出其超宽的宽度，如图 5-14 所示。

图 5-14　超高和超宽标志

（4）集装箱船配积载图的编制过程。如前所述，集装箱船的配积载有 3 种图，即预配图、实配图和最终积载图。实配图和最终积载图都是以预配图为基础的。其编制过程如下。

① 由船公司的集装箱配载中心或船舶大副，根据分类整理的订舱单，编制航次集装箱预配图。

② 航次集装箱预配图由船公司直接寄送给港口的集装箱装卸公司，或通过船舶代理用电报、电传或传真形式转给港口集装箱装卸公司。

③ 港口装卸公司收到预配图后，由码头船长或集装箱配载员，根据预配图和码头实际进箱情况，编制集装箱实配图。

④ 待集装箱船靠泊后，码头配载员持实配图上船，交由大副审查，经船方同意后应签字认可。

⑤ 码头按大副签字认可的实配图装船。

⑥ 集装箱装船完毕后，由理货公司的理货员按船舶实际装箱情况，编制最终积载图。

（5）集装箱船预配图的编制方法。集装箱的预配是编制好集装箱船积载图的关键。编制预配图主要分如下 3 步进行。

① 由船舶代理将该航次的订舱单进行分类整理，分类时按不同卸港、不同重量、不同箱型来分，特种箱应另行归类。

② 船舶代理或船舶调度用传真（或电传）把资料传送给船公司的集装箱配载中心，或由船舶调度把资料直接送交船舶大副。

③ 集装箱配载中心或大副根据分类整理后的订舱单进行预配。订舱单是编制配载图的最重要的原始资料，是配载的主要依据。

（6）编制预配图的要求。

① 保证船舶的稳性。稳性对船舶航行安全是至关重要的。集装箱船都必须甲板

装载，其重心很高。集装箱船发展初期，舱内装载量都大于甲板装载量，而现代的集装箱船，其甲板装载量大部分都已超过舱内。

② 保持具有适当的吃水差。船舶是不允许有首倾的，因为这会造成螺旋桨产生空泡，但也不宜有过大的尾倾，因为这会增加船舶的吃水，减少装载量，而且还会影响航速。因此，集装箱船应具有适当的吃水差，以保证具有良好的操纵性。由于集装箱船一般采用尾机型，尾部较重，故要适当地将一些重箱配于船首箱位上，同时，同一港口的货集中地配在一起，也容易造成过大的尾吃水差。

③ 充分利用船舶的箱位。集装箱船一般首部箱位较少，故在配载时极易产生过大的尾吃水。尾吃水过大就需要用压载水来调整，就会增加载重量，减少集装箱的装载量。上海是个潮汐港，航道水深浅，故大船的吃水受到很大的限制，如果箱量多，平均箱重很大时，预配时要求船舶达到平吃水出港就能减少压载而使箱位得到充分利用。

④ 要保持船舶的纵向强度。集装箱船大多数为尾机型船，而油舱、淡水舱一般也集中在尾部，所以船舶在开航时如首部箱量满载，容易产生中拱，而且集装箱船都是大舱口，船舶纵向强度本来就弱，如果配载不当，在风浪中容易断裂，为了使它具有良好的纵向强度，抵消船舶的中拱变形，配载时要适当地在船中多配重箱。

⑤ 尽量避免中途港倒箱。选择集装箱船，一般途中均需要靠多个中途港，因此配载时必须注意港序，避免中途港倒箱。对于某些航线上的船舶，其箱位少而挂港又多，后港箱压在前港箱上面的情况也不可避免，所以对挂靠日本港口的中远集装箱船规定倒箱数在 10 个以内，港口不收费。但是倒箱不仅是经济损失，还会贻误船期，故应尽量减少。

⑥ 在平衡舱时，消灭重点舱。对于箱量特别多的港口的集装箱，应分舱装载，不要集中装在一个舱内，以免造成重点舱，延长船舶在港装卸时间。在分舱配载时还要注意到几台装卸桥同时作业的可能性。

⑦ 在装卸作业中要能保持船舶左右平衡。全集装箱船都采用箱格结构，故在装卸中不能产生过大的横倾，一般横倾如大于 3°，集装箱进出箱格时就会产生困难。因此，在配载时注意不要把同一港口的集装箱集中配于一侧，应左右对称，以免在装卸过程中使船舶出现过大的横倾，影响船舶作业。

⑧ 要注意特种箱的配载。各种特种箱都有特殊的配载要求，这些要求必须满足，如危险货物集装箱必须按国际有关危险规定的要求配载。

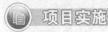 项目实施

图 5-1 中所示 "331082" 箱位：

CHS×KOB：卸箱港查尔斯顿，装箱港神户。

COSU8218031：箱主代号、箱号及核对数字。

IMCO5.1：危险货物 5.1 级。

20.1：总重 20.1t。

D/C：杂货集装箱。

331082，本箱在船上的箱位。

图中所示"330510"箱位：这是一个既超长又超宽的板架集装箱（F/R）。

O/H100cm：超高 100cm。

O/W35cm：左侧超宽 35cm。

O/W37cm：右侧超宽 15cm。

图中所示"330106"、"330108"箱位中的 SCXU 4311160 和 COSU 4122775 这两个集装箱均为 40ft 箱。

 项目小结

本项目通过对世界主要集装箱航线、集装箱船舶构造、集装箱船舶配积载等基本要素和相关知识的介绍，要求了解集装箱水路运输航线主要情况和集装箱船舶类型，熟悉集装箱船舶配载要求，并能运用各种集装箱船配积载图。

 综合练习与实训

一、填空题

1. 目前，世界主要的集装箱航线有 3 条，即_____航线、_____航线和_____航线。

2. 我们通常把在某些区域内的集装箱运输，包括集装箱内河和沿海运输，称为_____运输。

3. 集装箱水路运输航线的设计大致可分为_____运输航线和_____运输航线两种类型。

二、名词解释

1. 干线运输

2. 支线运输

3. 中转港

三、实务题

某公司有一批货物出口德国柏林，请在地图标出选择合适的航线和可供选择的卸货港口。

项目六

集装箱公路运输

【知识目标】

- 了解公路集装箱运输的条件、特点
- 熟悉集装箱公路运输车辆种类与结构
- 掌握集装箱公路运输中转站的功能与装卸工艺

【能力目标】

- 会运用集装箱公路运输知识解决实际问题
- 能根据货物运输情况选择合适的集装箱运输车辆
- 能处理公路运输中转站的基本业务

 项目引入

    目前，在我国道路运输领域中，用来运输轿车的工具只有"轿车运输专用牵引车"一种，由于它车身较长、通过性能较差等特点，在运输中并不能很好地完成任务，如在云南、贵州、四川等一些山区城市，轿车就无法通过公路的方式来运输。

    假如你是一名普通的以集装箱运输为主业的货运公司的操作人员，或许有时会浮现出这样的念头：能否采用集装箱运输呢？有没有一种集装箱，既能运输普通货物，又能运输轿车呢？

相关知识

一、集装箱公路运输基本知识

集装箱汽车运输是指采用汽车承运装货集装箱或空箱的过程。集装箱公路运输的主要形式有港口码头、铁路车站集装箱的集疏运输以及门到门运输和公路直达集装箱运输。开展公路集装箱运输能够简化货物流通环节，提高运输效率，节约包装材料，减少货损货差，降低流通成本，改善运输质量。公路集装箱运输是道路运输的一个分支，在多式联运中，是完成短驳、串联和末端运输任务不可缺少的一个重要环节。随着经济全球化、贸易国际化，多式联运扮演的角色越来越重要。因此，在运输业的各个领域，集装箱公路运输已被广泛应用。

1. 公路集装箱运输的条件

（1）对公路技术规格的要求。一般来说，运输大型集装箱的车辆，最大轴负重 10t、双轴负重 16t 就够了。为了最大限度利用轴负重，可使用不受高度限制的低拖车。所以，对公路基本建设的最低要求是公路网的载运能力至少必须等于轴和双轴的负重和车辆上载运一个按定额满载集装箱的总重量。运输 20ft、30ft、40ft 的集装箱，公路必须满足下列要求：① 车道宽度 3m；② 路面最小宽度 30m；③ 最大坡度 10%；④ 停车视线最短距离 25m；⑤ 最低通行高度 4m。上述数据是以每小时行车速度 30km 为基础计算的。

（2）对运输车辆的要求。汽车集装箱运输的车辆是根据集装箱的箱型、种类、规格尺寸和使用条件来确定的，一般分为货运汽车和拖挂车两种。货运汽车一般适用于小型集装箱，作短距离运送；拖挂车适用于大型集装箱，适合长途运输，它的技术性能较好，在一些工业发达国家采用拖挂车较多。

（3）配备必备的装卸机械。虽然汽车集装箱运输的装卸作业主要在场、站或货主自己的库场上进行，无须像码头、铁路货场那样进行大量的集装箱装卸工作，但为了适应某些货主以及汽车集装箱货场作业的要求，也需要配备一定数量的装卸集装箱的机械设备。

（4）公路集装箱营运管理。汽车集装箱的营运管理主要指两方面，一是货运组织工作，二是车辆的运行管理。

① 货运组织工作包括集装箱运输的货源组织、集装箱的业务管理和装卸作业、运费结算、集装箱的保管、交付以及与其他部门的衔接配合工作等。

② 车辆运行管理是指集装箱业务量的分配、车辆运行计划制订、运输工作的日常管理、集装箱车辆在线路上的运行组织管理、集装箱的运输统计分析等。

除此之外，开展汽车集装箱运输还应根据集装箱的运量配置适当规模的集装箱堆

场、停车场，以及开展拼箱作业使用的仓库、设备等。在集装箱运输发达的国家，为了提高运输效率，广泛配备电子计算机和现代化的通信设备，实现管理现代化。

2. 公路集装箱货物运输的特点

公路集装箱运输由于其货物的包装形态发生了质的变化，因此其货物的装卸、运输过程（即流程）也将发生变化。就其货物运输的流转程序来说，出口集装箱货物必须是先将分散的小批量货物预先汇集在内陆地区有限的几个仓库或货运站内，然后组成大批量货物以集装箱形式运到码头堆场，或者由工厂、仓库将货物整箱拖运到码头堆场。进口集装箱货物如果是整箱运输的，将直接送往工厂或仓库掏箱，如果是拼箱运输的，将箱子送到堆场或货运站拆箱后再分送。这种货物的运送方式同传统的运输运送方式有着很大的不同。首先，它的运送路线来得简单、方便，一般都在固定的几个仓库、货运站、堆场，这对集装箱运输规模化、标准化创造了有利的条件；其次，它的作业方式将更容易实现机械化和程序化，为开展集装箱码头堆场、货运站直至仓库之间的拖挂车运输打下了良好的基础，这对提高集装箱公路运输效率有重要意义。

总结起来，现代集装箱运输发展到目前，公路集装箱运输大约表现出以下一些方面的特点。

（1）集装箱汽车运输在集装箱的整个运输中充当末端运输。所谓末端运输，是指运输活动开始与结束部分的活动，即从发货人那里取货和将货送到收货人门上。纵观集装箱各种运输过程，不管是水路运输、铁路运输还是航空运输，其开始和结束都不可能离开集装箱汽车的运输。离开集装箱汽车，现代集装箱运输的"门到门"的优势就不可能存在。

（2）辅助作用。在大多数情况下，集装箱汽车运输在集装箱的各种运输方式之间起衔接性、辅助性的作用，是通过陆上"短驳"，将各种运输方式衔接起来，或最终完成一个运输过程。只在少数情况下，集装箱公路运输扮演"主力"角色，从头至尾完成一次完整的运输过程。

（3）集装箱公路运输的缺点。集装箱公路运输方式与其他运输方式相比存在以下缺点：运力与速度低于铁路运输；能耗与成本却高于铁路、水路运输；安全性低于铁路和水路运输；对环境污染的程度高于铁路和水路运输。所以，在有些国家和地区（如欧洲的许多国家）都以立法和税收优惠政策等方式，鼓励内河运输与铁路运输，限制集装箱的长途公路运输。集装箱公路运输合适的距离，与各个国家和地区的经济发展程度、地理环境有关。如美国，由于内陆幅员辽阔，高速公路网发达，一般认为600km为集装箱公路运输的合适距离；日本四周环海，沿海驳运很方便，所以认为集装箱公路运输在200km之内比较合理；我国虽然内陆也幅员辽阔，但公路网络迄今为止还较差，铁路网络相对较发达，所以一般认为公路运输应控制在300km左右。

3. 公路集装箱运输的货源组织

（1）公路集装箱货源组织的客观性与主观性。集装箱货源的客观性是指集装箱货源受国家政策的影响很大，牵涉到国家对外贸易的发展和集装箱化的比例，同时还受到货主、货运代理以及船公司等各种变化的影响，因此从公路集装箱运输货源来说，其平衡性和稳定性只是相对的、暂时的。由于货源的不平衡性，对运输的需求也经常处于不稳定的状态，因此集装箱公路运输在时间上和方向上都存在着一定的不均衡性，表现在货物的流量上，月度、季度或各旬间有很大差异，上行和下行也存在很大差异。所以说，集装箱公路运输的客观因素在一定程度上左右了公路集装箱运输的发展。

（2）公路集装箱货源组织形式。

① 集装箱货源组织最基本的形式是计划调拨运输，就是由公路运输代理公司或配载中心统一受理由口岸进出口的集装箱货源，由代理公司或配载中心根据各集卡公司（车队）的车型、运力以及基本的货源对口情况，统一调拨运输计划。计划运输是保证集装箱公路运输正常发展的前提，也是保证企业效益的主要支柱。同时，计划运输对公路集装箱运输的运力调整和结构调整起着指导作用。

② 合同运输是集装箱公路运输的第二种货源组织形式。在计划调拨运输以外或有特殊要求的情况下可采用合同运输形式。由船公司、货运代理或货主直接与集卡公司（车队）签订合同，确定某一段时间运箱量。这尽管是计划外的，但是长期的合同运输事实上也列入了计划运输之列，这对稳定货源、保证计划的完成同样具有积极的意义。

③ 第三种货源组织形式是临时托运。临时托运可视为小批量的、无特殊要求的运输，它一般不影响计划运输和合同运输的完成。这主要是一些短期的、临时的客户托运的集装箱，但也是集卡公司（车队）组货的一个不可缺少的货源组织形式。

（3）公路集装箱运输货源组织的手段。

① 委托公路运输代理公司或配载中心组货运输。代理公司或配载中心一旦成立并发挥职能，其货源组织的能量是不可低估的，这不仅在于作为专门的公路集装箱运输货运代理与集装箱运输有关单位有密切的联系，业务上熟悉，商务上也便于处理，更重要的是，对客户要方便得多。这在事实上将提高其知名度，反过来其业务量亦将随之增大。

② 建立营业受理点委托集装箱公路运输。代理公司或配载中心受理集装箱托运业务，并不排斥各集卡公司（车队）在主要货主、码头、货运站设立营业受理点。这里有几个好处：一是能及时解决一些客户的急需或特殊需要；二是作为集卡公司（车队）在现场营业，办理托运，能更快地了解、掌握集装箱运输市场的信息动态，从而为其运输经营提供依据；三是允许适度的竞争对搞活集装箱运输市场是必要的，但是

111

各集卡公司（车队）设立营业点必须行为规范，严格执行运价规定，并负责所产生的一切后果。

二、集装箱公路运输车辆

在全世界，厢式半挂车与集装箱拖挂车已成为公路货运的主要装备，占发达国家公路货运量的90%，已成为一个国家交通运输综合水平的重要标志。美国每年进出口700万标箱，有2/3通过汽车运输，平均运距为800km。这种运输可提高效率30%~50%，成本降低30%~40%，油耗下降20%~30%。我国的集装箱运输当前主要为外贸服务，而厢式货车、集装箱拖挂车，特别是8t以上的多轴重载大型汽车，不仅为外贸，也为内贸服务，特别是物流活动中的"门到门"服务。

1. 几种集装箱运输车辆

承运人提供的集装箱运输车辆，应是技术状况良好，带有转锁装置，能与所载集装箱要求相适应，能满足所运载集装箱总质量的要求。集装箱运输车辆通常采用单车型式或牵引车加半挂车的列车组合形式，半挂车分为框架式、平板式和自装自卸式等。

按照集装箱所装载货物的性质，集装箱汽车运输分为普通箱、特种箱汽车运输，特种箱包括危险货物箱、冷藏保温箱、罐式箱等。根据集装箱箱型情况和贸易运输合同，集装箱汽车运输分为国际箱、国内箱汽车运输。

（1）普通集装箱货车。它一般由牵引车和集装箱组成，集装箱牵引车（Tractor），又称拖车。集装箱牵引车本身不具备装货平台，必须与挂车连在一起使用，是专门用以拖挂或牵引车的。挂车本身没有发动机驱动，它是通过杆式或架式拖挂装置，由牵引车或其他的汽车牵引，而只有与牵引车或者其他汽车一起组成汽车列车方能构成一个完整的运输工具，如图6-1所示。

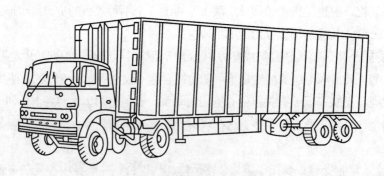

图6-1　集装箱牵引车和挂车

牵引车按拖带挂车的方式分为以下几类。

① 半拖挂方式。它是用牵引车来拖带装载了集装箱的挂车。这类车型集装箱的重量由牵引车和挂车的车轴共同分担，故轴压力小；另外，由于后车轴承受了部分集

装箱的重量，故能得到较大的驱动力；这种拖挂车的全长较短，便于倒车和转向，安全可靠；挂车前端的底部装有支腿，便于甩挂运输。

② 全拖挂方式。它是通过牵引杆架与挂车连接，牵引车本身可作为普通载重货车使用。挂车亦可用支腿单独支承。全挂车是仅次于半拖挂车的一种常用的拖带方式，操作比半拖挂车困难。

③ 双联拖挂方式。它是半拖挂方式牵引车后面再加上一个全挂车，实际上它是牵引车拖带两节底盘车。这种拖挂方式在高速行进中，后面一节挂车会摆动前进，后退时操作性能不好，故目前应用不广。集装箱牵引车拖带挂车的 3 种方式如图 6-2 所示。

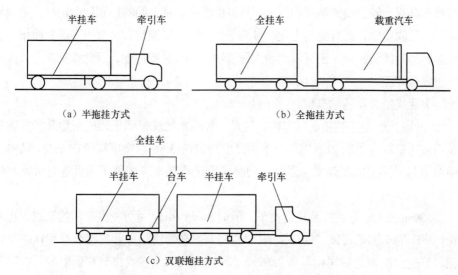

图 6-2　集装箱牵引车拖带挂车的 3 种方式

集装箱牵引车按其车轴的数量分，有 3 轴至 5 轴的，有单轴驱动至 3 轴驱动的不等；按其用途分，有箱货两用的、专用的、能自装自卸的；按挂车结构分，有骨架式、直梁平板式、阶梯梁鹅颈式等。

（2）集装箱半挂车。集装箱半挂车有平板式、骨架式、鹅颈式 3 种。

① 平板式集装箱半挂车。这种半挂车除有两条承重的主梁外，还有若干横向的支撑梁，并在这些支撑梁上全部铺上花纹钢板或木板。同时，在集装箱固定装置的位置，按集装箱的尺寸和角件的规格要求，全部安装旋锁件。因而它既能装运国际标准集装箱，又能装运一般货物。在装运一般货物时，整个平台承受载荷。平板式集装箱半挂车由于自身质量较大，承载面较高，所以只有在需要兼顾装运集装箱和一般长大件货物的场合才采用。

② 骨架式集装箱半挂车。这种半挂车专门用于运输集装箱。它仅由底盘骨架构成，而且集装箱也作为强度构件加入到半挂车的结构中予以考虑。因此，其自身质量较轻，结构简单，维修方便，在专业集装箱运输企业中普遍采用这类车。

③ 鹅颈式集装箱半挂车。这是一种专门运载 40ft 集装箱的骨架式半挂车。其车架前端拱起的部分称作鹅颈。当半挂车装载 40ft 集装箱后，车架的鹅颈部分可插入集装箱底部的鹅颈槽内，从而降低了车辆的装载高度，在吊装时还可以起到导向作用。鹅颈式半挂车的集装箱固定转锁装置，与骨架式半挂车稍有不同。

（3）集装箱自装自卸车。这种车辆按其装卸形式的不同可分为两类。一类是后面吊装型，它是从车辆的后面通过特制的滚装框架和由液压电动机驱动的循环链条，将集装箱拽拉到车辆上完成吊装作业的，卸下时则相反；另一类是侧面吊装型，它是从车辆的侧面通过可在车上作横向移动的变幅式吊具将集装箱吊上吊下。由于集装箱自装自卸车具有运输、装卸两种功能，在开展由港口至货主间的门到门运输时，无须其他装卸工具的帮助，而且使用方便，装卸平稳可靠，又能与各种牵引车配套使用，除了装卸和运输集装箱外，还可以运输大件货物和进行装卸作业，因此深受欢迎，应用范围也日益广泛。

（4）现代集装箱运输车辆。

① 升降式航空集装箱运送车辆。这是一种原木物流枢纽采用的新型升降式航空集装箱输送车辆，具有如下优点：车辆高度控制在 3.8m，宽度控制在 2.5m 以内，从而避免与道路上的限高发生矛盾；同时由于是箱形车，避免了雨天等对货物产生的影响。

② Swap Body 方式集装箱运输车。所谓 Swap Body 是可交换车厢的意思，也就是说，货车的车厢是可以"脱卸"的，"脱卸"下来的货车车厢直接装载到铁路车辆上面，到达目的地之后再由其他货车装运。Swap Body 方式集装箱运输车具有以下特点。

第一，Swap Body 是以货车为基点进行设计的，由于箱体的重量减轻了，与同样尺寸的集装箱相比，货物装载重量及容量都有所扩大。

第二，根据用途可以进行多种变化，由于不需要集装箱那样的强度，因此制造费用比较便宜。

第三，铁路集装箱运输由于需要使用铁路专用集装箱，因此转载其他方式比较困难。使用 Swap Body 的情况下，可以非常容易地从一种运输方式转换到另一种运输方式。

第四，可以直接在用户的庭院内进行 Swap Body 的装载，由于可以自行脱卸，因此可以在用户的庭院内不用大型专用设备进行装卸。Swap Body 方式集装箱运输车装卸形式如图 6-3 所示。

欧洲为了解决环境污染及交通拥挤问题，以德国为中心已有大约 30 万台以上的 Swap Body 在运行；日本在货车换载方面已经使用，现在进一步开始在铁路运输中试行。Swap Body 是综合运输的一种重要方式，日益受到人们的关注。

114

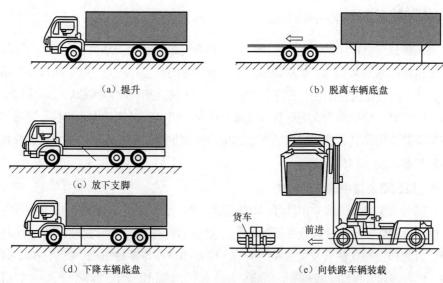

（a）提升　　　　　　　　　　　　　　　（b）脱离车辆底盘

（c）放下支脚　　　　　　　　　　　　　（d）下降车辆底盘　　　　　　　　（e）向铁路车辆装载

图 6-3　Swap Body 方式集装箱运输车装卸形式

2. 集装箱车辆运输的技术条件

（1）集装箱的规格尺寸和额定总重量对车辆的要求。按照 ISO/TC104 的标准规定，集装箱的宽度均为 8ft；高度有 8ft、8ft6in、小于 8ft6in、9ft6in 种，以 8ft6in 为主；长度有 40ft、30ft、20ft、10ft 4 种，主要是 40ft 和 20ft 两种。因此，配备车辆要以 40ft 和 20ft 车为主，半挂车的结构以直梁骨架式和平板式为主，运输 9ft6in 高集装箱，则需采用鹅颈式半挂车。40ft 集装箱的额定总重量为 30.48t，20ft 箱为 24t。由于集装箱每次装载各类商品的单位堆密度不同，包装尺寸也不同，故货物装箱后集装箱的实际总重量是不相等的。如果集装箱车辆的吨位结构只按照集装箱的额定总重量来配置，必将由于重箱的实载率过低而出现亏吨现象。为了合理确定配置集装箱运输车辆的吨位结构，首先要对 20ft 和 40ft 集装箱的实际总重量进行统计分析，并将其划分成若干吨级档次，从中找出各档次之间的比例关系，以此作为配置车辆的依据。所谓合理配置车辆，是指在某段时期内的相对合理，因为集装箱实际总重量的吨级比例，是随进出口商品结构的变化而变化的。因此，要根据这种变化，对所配置车辆的吨位结构比例作必要的调整。

（2）集装箱运量和运距对车辆的要求。集装箱运量和运距是确定所需运输车辆的数量和结构形式的重要依据。当集装箱运量不大时，为提高车辆的利用率，宜采用平板式箱货两用型车辆。当集装箱运量较大，箱源比较集中时，宜采用骨架式集装箱专用车辆。合理运距与公路技术等级、企业经营管理水平和箱内货物的价值有关。我国接运国际集装箱公路合理运距二级和三级公路为 200～300km，一级公路和高速公路为 300～500km。车辆的持续行驶里程一般都在 400～600km。

三、集装箱公路运输中转站

集装箱公路运输中转站是指在港口或铁路办理站附近用于水运、铁路向内陆和经济腹地运输的基地和枢纽，是集装箱内陆腹地运输的重要作业点之一。集装箱公路中转站、货运站的设置和配备，应符合 GB/T-12419《集装箱公路中转站站级划分和设备配备》的要求。场站作业人应配备集装箱专用装卸机械和装拆箱作业机械，装卸机械应有集装箱专用吊具，装卸机械的额定起重量要满足集装箱总质量的要求。装拆箱作业机械要能适应进箱作业。

1. 集装箱公路中转站的功能

在国际集装箱由海上向内陆延伸的运输系统中，公路中转站是一个重要作业环节，也是箱货交接及划分风险责任的场所。它集门到门运输，中转换装，集装箱交接、堆存、拆装和货物仓储以及集装箱的清洁、检验和修理等多种作业功能于一体，并可揽货、代办提箱、报关、报验等，与船公司、港口、国际货运代理等企业及一关三检、理货、保险等部门有着密切的业务联系和协作关系。正是它的多种作业功能，决定了其在国际集装箱运输系统中的重要地位和作用。

（1）公路中转站是国际集装箱运输在内陆集散和交接的重要场所。随着外向型经济和国际贸易的发展，内陆地区外贸商品的进出口频率和数量显著增多。内陆中转站的建立，可预先在腹地集中出口货物，按流向将货物进行合理分配积载拼装成箱，再根据运输要求及时向港口发运。具备一关三检的中转站，货物还可就地通关。这样的运输组织形式可以显著提高进出口货物的集装化程度，有效地减少货损货差，缩短集装箱周转时间，提高集装箱的利用率。

（2）公路中转站是港口向内陆腹地延伸的后方库场。公路中转站堆存、仓储和中转等功能的发挥，可使进口国际集装箱货物能够快速有效地从港口运往内地及时交付收货人。出口集装箱货物可根据货物的流量、流向、品类及船期安排，有计划有准备地按期起运，进港上船。内陆公路中转站的设立，等于将港口的后方库场延伸到了内陆腹地，大大缩短船、箱、货的在港停留时间。

（3）公路中转站是海上国际集装箱向内陆延伸运输系统的后勤保障作业基地。内陆公路中转站的设立起到海上国际集装箱向内陆延伸运输系统的后勤保障作业基地的作用。因为集装箱在使用寿命期间，为保证不危及人身安全并及时取消其存在的缺陷，集装箱经营人都要通过合同方式委托集装箱堆场经营人按照《国际集装箱安全公约》对集装箱定期进行检验和修理。而公路中转站一般均具备上述作业所需的软硬件条件。

（4）公路中转站既是内陆的一个口岸，又是国际集装箱承托运等各方进行交易和提供服务的中介场所。公路中转站的设立是国际集装箱由港口向内陆腹地延伸运输系统中的一个重要窗口。它既是内地办理国际集装箱进出口业务的一个口岸，又是国际集装箱货主、货代、船公司、集装箱管理部门、公路运输企业以及与之有关的一关三检等各方进行交易和为之监管服务的中介场所。由于公路中转站完善的设施和规范有效的运作，从而能保证国际集装箱运输在内陆延伸系统中的顺利进行。

（5）公路中转站的设立可改善内陆地区的投资环境。随着内陆外向型经济的快速发展，对国际集装箱运输的需求将更加迫切。这既是我国经济发展的需要，也是与国际贸易接轨的要求。而内陆公路中转站的建立将促进内陆集装箱运输的发展。由于国际集装箱运输的发展将进一步优化内陆招商引资环境，提高国际贸易管理水平，增强出口产品的竞争力，从而大大推动内陆外向型经济的快速发展。

2. 集装箱公路运输中转站生产工艺典型平面布置

采用叉车工艺集装箱公路运输中转站的一般平面布置如图 6-4 所示。它一般由主作业区和辅助作业区两大部分组成。

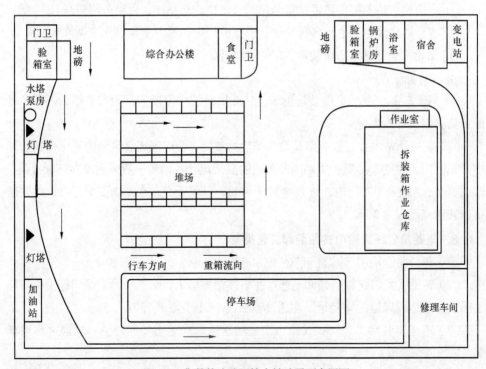

图 6-4　集装箱公路运输中转站平面布局图

（1）主作业区。

① 集装箱堆场。在这一区域完成集装箱货车进场卸箱作业与出场装箱作业的全过程，同时在这一区域进行集装箱日常堆存。集装箱堆场可按空箱、重箱分别划分区域，如代理船公司、租箱公司作为内陆收箱点的，还可按箱主分别划分堆箱区域。在

堆箱区域中，国内箱（小型箱）与国际标准箱要分开。通常，国内箱区应放在较靠外的位置，国际标准箱放在较靠里的位置。集装箱堆场的地面必须作负重特殊处理，以满足相关的负荷要求。

② 集装箱拆装箱作业仓库。在这一区域主要完成集装箱拆箱、装箱作业和集装箱拼箱货集货、集装箱拆箱货分拣、暂时储存及某些中转货物的中转储存等工作。仓库的规模应能满足拼、拆箱量的需求，在仓库一侧一般设置"月台"，以备集装箱货车进行不卸车的拼、拆箱。应有适当开阔面积的拼、拆箱作业区，便于货物集中、分拣与叉车作业。按需要，可设置进行货物分拣的皮带输送机系统。同时，应有适当规模的货物储存区域。

从现代物流各种运输与物流环节"整合"的角度考虑，集装箱公路运输中转站在其集装箱拆、装箱作业仓库，还可以根据需要与可能，发展一些流通加工业务与配送业务，在某种程度上，行使第三方物流的职能，使自身的业务面进一步拓展。

（2）辅助作业区。

① 大门检查站主要负责进站集装箱的设备检查与交接，以便分清责任。

② 综合办公楼主要进行各种单证、票据的处理，信息交换、作业调度等。

③ 加油站满足进出站集装箱货车的油料补给。

④ 停车场、洗车场。

⑤ 修理车间主要满足集装箱货车、装卸机械的修理任务；如有条件和必要，可配备集装箱修理的力量。

同时，按照站内外运输道路及站内车辆的流向，合理确定各区域的进出口通道和中转站大门的位置，尽量避免站内外车辆的交叉流动。站内一般采用单向环形道路，路面宽 4m，如采用双行道，路面宽取 7～8m，以便于汽车在站内安全运行，主要通道的转弯直径宜为 36m。

3. 集装箱公路运输中转站装卸工艺类型

集装箱公路运输中转站装卸工艺方案有以下 6 种。

（1）轮胎式龙门起重机装卸工艺。在集装箱堆场上，配置轮胎式龙门起重机，集装箱货车送达或启运的集装箱，均通过轮胎式龙门起重机装卸。

（2）跨运车装卸工艺。集装箱货车进场送达与启运出场的箱子，均通过跨运车装卸。

（3）正面吊装卸工艺。集装箱货车进场送达与启运出场的箱子，均通过正面吊装卸。

（4）集装箱叉车装卸工艺。集装箱货车进场送达与启运出场的箱子，均通过集装箱叉车进行装卸。

（5）汽车起重机或轮胎式起重机装卸工艺。以汽车起重机或轮胎式起重机代替正面吊，进行进出场集装箱装卸。

（6）底盘车工艺。进出场的集装箱均不予装卸，进场时集装箱与车头拆开，底盘车直接停在场地上；出场时与车头挂上，直接开出。

在以上6种工艺中，轮胎式龙门起重机工艺与跨运车工艺方案初始投资较大，只适用规模大、运量稳定的公路中转站采用；正面吊工艺方案由于其初始投资较小，使用灵活，正在被越来越广泛地采用；规模一般或较小的中转站，可考虑采用叉车工艺。中转站规模与装卸工艺方案的选择，可按下列配比考虑。

① 年堆存量为9 000TEU以上的一级站，以轮胎式龙门起重机为主、集装箱叉车为辅。

② 年堆存量为4 000～9 000TEU的二级、三级中转站，宜以正面吊为主、集装箱叉车为辅。

③ 年堆存量为4 000TEU以下的四级站，宜以叉车为主、汽车起重机为辅。

④ 处于起步阶段的中转站，采用汽车起重机或底盘车工艺。

项目实施

一种新型的轿车运输工具——"轿车、普通货物运输两用国际标准集装箱"的问世，对项目引入中的问题给出了满意的答复。

1. 车货两用箱的技术特点

"轿车、普通货物运输两用国际标准集装箱"，是上海同泰货运有限公司发明的一种专利产品。

这种集装箱的箱体内部设有承载板，由驱动装置驱动，可以在一定的范围内自由升降。承载板和箱体内部底板设有凹槽，该凹槽在装载轿车时下沉，可以降低轿车装载高度和减轻轿车在运输过程中的跳动。在承载板和辅佐顶下降回位之后，这种集装箱就变回与普通集装箱尺寸一样，可以装载同等数量的普通货物。

在装卸操作时，这种集装箱有一个突出的技术特点，即在箱子顶部设有辅佐顶，由驱动装置驱动辅佐顶，可在一定高度内自由升降。在海运船舱面、集装箱堆场堆垛或者从顶部吊装时，为保护露出在集装箱顶部箱框上的轿车车身，可以将辅佐顶升起，以满足实施多层堆放和从顶部起吊装卸的要求。

这种集装箱可以放在宽度为2.4m，长度为7.2m、10.5m和15.5m等规格的"轿车普通货物运输两用车"及其牵引车上运载，7.2m规格的车型一次运输可以装运2台普通轿车，10.5m规格的车型一次运输可以装运4台普通轿车，15.5m规格的车型一次可以装运6台。由于装运汽车与普通货物动静皆宜，操作起来灵活、安全，该保装箱可以广泛应用于公路、海运和铁路轿车运输领域。

2. 在交通运输中的替代性

与以往的运输工具相比，这种集装箱在通用性和成本方面的优势非常明显。

（1）它适合山区装载运行，可以解决轿车不能通过公路运输到山区的问题。

（2）它在卸去轿车之后，也能和普通集装箱一样运输货物，从而提高轿车运输企业的经济效益，解决空车返回的难题。

（3）集装箱内利用特殊装置，很好地固定住轿车，减少了轿车在运输途中的损坏。

（4）集装箱设计合理，使装卸轿车过程简单，劳动强度相对减少。

（5）与该集装箱配套的两用车、牵引车，一般比同种规格、型号的牵引车价格低20%～30%。

该集装箱不仅在铁路运输中可以取代"铁路轿车专用集装箱"，而且配合该集装箱的两用车、牵引车，在公路运输中可以替代目前的"轿车运输专用牵引车"，在远洋运输中，这种集装箱也可以取代"轿车运输专用集装箱"和汽车船。

例如，汽车船造价昂贵，目前世界上只有少数几家规模庞大的运输企业拥有，而且受轿车运输量的限制，有很大的局限性，有了"新型轿车、普通货物运输两用集装箱"，就可以在舱面上像堆放普通集装箱一样多层堆放，舱面利用率提高，运输企业再也不用花费巨额资金购置汽车船了。

 项目小结

公路集装箱运输是集装箱运输大系统中的一个重要子系统，是港口集装箱运输的配套体系，是集装箱集疏运的主要手段，有利于发挥多式联运的优越性。本项目介绍了集装箱汽车运输、集装箱运输车辆以及集装箱公路运输中转站等公路集装箱运输中的重要内容。

综合练习与实训

一、填空题

1. 公路集装箱货源的组织形式有_____、_____和_____ 3 种。

2. 集装箱运输车辆通常采用_____和_____形式。

3. 按照集装箱货物的性质，集装箱汽车运输分为_____和_____汽车运输。

4. 汽车集装箱特种箱包括_____、_____和_____。

二、选择题

1. 在各种运输方式中，事故率最高的是（　　）。

　　A. 公路运输　　　B. 水路运输　　　C. 铁路运输　　　D. 航空运输

2. 在集装箱的整个运输中充当"末端运输"的是（　　）。

　　A. 公路运输　　　B. 水路运输　　　C. 铁路运输　　　D. 航空运输

3. 在年堆存量为 9 000TEU 以上的一级中转站，应以（　　）装卸工艺为主。

   A. 叉车　　　　　　B. 正面吊　　　　　C. 汽车起重机　　D. 龙门起重机

4. 以叉车作为主要装卸工艺适于（　　）的场合。

   A. 规模大、运量稳定的中转站

   B. 规模小的中转站

   C. 起步阶段的中转站

三、简答题

1. 简述公路集装箱运输的特点。

2. 公路集装箱运输车辆主要有哪几种?

3. 集装箱公路中转站的功能有哪些?

4. 公路集装箱运输中转站装卸工艺有哪几种方案?

项目七

集装箱铁路运输

【**知识目标**】

- 掌握集装箱铁路运输的特点和运输任务
- 了解集装箱铁路运输的主要设备
- 掌握货物交接方式以及责任的划分

【**能力目标**】

- 能够根据所学知识区分不同类型的铁路集装箱专用车
- 能够识别集装箱铁路办理站的各种设备
- 能够描述铁路集装箱货运程序

 项目引入

加拿大铁路集装箱货场概况

1. 港口集装箱铁路货场

（1）温哥华 Delta 港及港口铁路集装箱货场。温哥华 Delta 港及港口铁路集装箱货场位于温哥华西南部的 Roberts 海湾，距温哥华市区 30km，为 CP、CN 铁路公司及 BN 铁路公司联合经营的铁路集装箱货场。Delta 港为海运、铁路及公路多式联运的港

口。港口的铁路集装箱货场为横列式布置站型，既有装卸能力为 50 万 TEU，扩建后能力可达到 63 万 TEU，均可开行双层集装箱专用列车，集装箱为 12.16m（40ft）、13.68m（45ft）、14.59m（48ft）、16.11m（53ft）。货场与港口之间设有专门的汽车通道，装车均为整箱集装箱，到达港口的集装箱拼装箱作业均由分布在城市周围的物流企业承担。每天开行集装箱专列 4～5 列，车站设有接发集装箱专列的条件，集装箱专列均由集装箱货场到发，没有混编列车进入港口。

（2）蒙特利尔 Montreal 港口铁路集装箱货场。蒙特利尔 Montreal 港口铁路集装箱货场位于蒙特利尔市东北部的 St.Lawrence 河的西岸，车站为顺港口方向横列式布置，港口码头属太平洋铁路公司所有，港口铁路集装箱货场为港务局管辖，铁路车辆在前方 2km 的编组站进行车辆交换。港口铁路集装箱办理量为 100 万 TEU，车站可接发集装箱专列，均为双层集装箱专用列车，大部分为 40ft、45ft、48ft、53ft 集装箱，设有专门的汽车通道。集装箱的拼装箱作业均由分布在港口周围的物流企业承担，每天开行集装箱专列 10 对，到达的集装箱专列在编组站办理交接后，由港务局机车送至港口装卸线进行作业，出发列车也是由港务局机车送到编组站办理交接后，由 CP 铁路公司送其他货场。

2. 内陆集装箱铁路货场

（1）温哥华 Pitt—Meadows 货场。温哥华 Pitt—Meadows 货场位于温哥华的东北部，距温哥华 30km，隶属于 CP 铁路公司，距 Coquitlam 编组站 4km。车站为横列式布置，设到发线 4 条，其中 3 条长度为 2 000m，能够满足组合列车到发的条件。既有装卸能力为 26 万 TEU，均为双层集装箱列车，大部分为 40ft、45ft、48ft、53ft 集装箱，并有大量的支架集装箱。车站每天开行 5 对集装箱专列，极少开行混编列车，集装箱专列不进入编组站，集装箱到达货场后由汽车送至用户处。

（2）卡尔加里内陆铁路集装箱货场。卡尔加里内陆铁路集装箱货场位于卡尔加里东北部，距卡尔加里 22km，是 CP 铁路公司的一个货场，距离 Alyth 编组站 15km。车站为横列式布置，设到发线 9 条，其中有 2 条长 2 700m 的到发线用于开行组合列车，既有装卸能力为 30 万 TEU，均为双层集装箱专用列车，多为 40ft、45ft、48ft、53ft 集装箱，集装箱的拼装箱作业均由分布在货场周围的物流企业承担。一般每天在各集装箱货场间开行 6 对集装箱专列，极少开行混编列车，集装箱专列一般不进入编组站。当货场内集装箱能够满足集装箱列车的开行条件时，可以直接向相邻货场开行组合集装箱专列。到站后的集装箱是由汽车运输送到用户。

（3）多伦多 Elder 钢铁高速公路铁路集装箱驼背运输货场。多伦多 Elder 钢铁高速公路铁路集装箱驼背运输货场位于多伦多北部，距多伦多 40km，距编组站 55km。CP 铁路公司利用 20 世纪 70 年代驼背运输的支架车资源，在这个货场专门办理驼背运输的铁路集装箱。车站为横列式布置，有 1 条到发线、2 条装卸线，长度均为 1 000m，装能力为 13 万 TEU，均为 53ft 支架车集装箱。每天开行 6 列集装箱专列，集装箱专列一般不进入编组站。支架车集装箱到各用户是由汽车运输。

任务：请根据以上资料分析集装箱铁路货场与物流系统的关系。

相关知识

一、集装箱铁路运输概述

1. 集装箱铁路运输发展概况及其特点

铁路运输是现代运输业的主要运输方式之一，自 1825 年英国正式营运从斯托克顿至达林顿修建的第一条铁路以来，至今已有 180 多年的历史。但对于集装箱运输而言，在铁路运输中真正得到应用和发展则是近 50 年的事。半个世纪以来，铁路集装箱运输从技术设备到经营管理已日益改善，并形成了一整套新的运输体系。进入 20世纪 60 年代以来，铁路集装箱运输与公路集装箱运输的结合，导致了多式联运的发展，并出现了陆海联运的大型集装箱。同时，海上集装箱运输的高速成长，又反过来促进了铁路集装箱运输的大发展。近年来，一些工业发达国家的集装箱运输组织开办了定期直达专列，使铁路集装箱定点、定线、有计划地运送集装箱货物，从而使铁路集装箱运输逐步实现了机械化和自动化。

从世界铁路集装箱运输的发展情况来看，以下几个特点值得关注。

（1）铁路集装箱运输量增长迅速，在美国、欧盟等发达地区尤为明显。据统计，1986 年欧洲地区铁路集装箱运输货物年运量是 8 000 万吨，2000 年达到 1.8 亿吨，预计 2015 年欧洲的铁路集装箱运输量将比 2000 年翻一番。

（2）集装箱运输设备不断更新改造。专用车辆的运行速度和装载量不断提高，集装箱运输设备实现大型化，采用新型材料，设计新结构，改善运营特性和参数，扩大通用装箱使用范围，适当发展专用箱，箱型规格标准化、系列化，以适应于国际联运的要求。

（3）综合交通网络、自动化运营管理加快建设，有效的运输组织方式、发达的集装箱运输追踪查询系统逐渐形成。

2. 集装箱铁路运输方式

集装箱铁路运输方式主要有集装箱定期直达列车、集装箱专运列车、普通的快运货物列车与普通货运列车 4 种。

（1）集装箱定期直达列车。集装箱定期直达列车主要用于处理整列的集装箱货源。集装箱定期直达列车起源于英国，后在美国与欧洲一些国家广泛采用。集装箱直达列车一般定点、定线、定期运行，发货人需预约箱位，准时到箱子，集装箱直达列车通常固定车皮的编排，卸货后循环装货，不轻易拆开重新编组。列车编组一般不长，多以 20 辆专用车为一列。集装箱定期直达列车的终端站，一般用一台龙门起重机，下设两三股铁路线和一条集装箱货车通道，进行铁—公换装。大的集装箱办理站有 2～3 台龙门起重机，下面有 6 股铁路线。龙门起重机一侧悬臂下为集装箱堆场，另一侧为集装箱货车通道，以此完成换装工作。每次列车通常在到达几分钟后就开始装卸，在大的中转办理站，一次列车从卸货到装货启程返回，一般不超过 2h。为了加速与简化列车到发作业，铁路集装箱办理站一般拥有联络线、机车调头设备及其他有关作业设备。

（2）集装箱专运列车。集装箱专运列车也是用于处理整列的集装箱货源。它与集装箱定期直达列车的区别：不是定期发车，一般运程较长，主要用于处理货源不均衡与船期不稳定的问题。它与集装箱定期直达列车相同之处是两者通常均列入铁路运行图。

（3）普通的快运货物列车。对于整车的集装箱货源，通常难以编入定期直达列车或专运列车，一般可在集装箱办理站装车皮后在铁路编组站编入普通的快运货物列车。这类快运列车的车速一般可达 100km/h 以上。

（4）普通的货运列车。对于整箱的集装箱货源与拼箱的集装箱货源，通常编入普通的货运列车装运。它的装运速度与到站后的装卸效率远不如直达列车与专运列车。

3. 我国集装箱铁路运输的发展现状

与发达国家相比，我国的铁路运输还远远达不到发达国家的水平，但与以前相比却有了很大的改观。我国的铁路运输业获得了迅速的发展，在铁路新线建设和旧线技术改造、建立铁路工业体系、改善和加强铁路经营管理等方面都取得了巨大的成就。

目前，我国的铁路集装箱运输收费与国际市场相比较低，而经营成本较高，但由外资经营中国的铁路集装箱运输业务，必定会把有关项目与其他交通运输或物流体系等相结合，以发挥最大的经济效益。随着西部大开发的正式展开，西部货物通过沿海出口，或直接出口至毗邻的东南亚国家将较过去大大增加，对铁路集装箱的需求因而大增，这将给我国的铁路集装箱运输带来极大商机。今后，我国的铁路货物运输将以改善货物运输质量、提高货物送达速度、积极开展多式联运、实现门到门运输为目标，形成铁路集装箱货物运输系统；突出点线结合，软硬件匹配；重点强化一些特大型集装箱货站建设，改造大连、呼和浩特、青岛、宁波、乌鲁木齐 5 个大型集装箱货站，形成连接各主要港口和内陆口岸的集装箱快速运输通道；抓紧组建专业化公司，积极增加集装箱保有量，发展集装箱专用车辆，改进集装箱运输组织方式，使铁路集装箱运输质量有较大提高。

二、集装箱铁路运输设施

1. 集装箱铁路运输车辆

（1）铁路集装箱专用车的类型。早期的铁路集装箱运输由于集装箱数量较少，采用普通的铁路货车即可完成集装箱运输任务。随着集装箱运输的不断发展，普通货车在结构上已不适应集装箱运输的需要，由此产生集装箱的专用车辆。

铁路集装箱专用车按车辆组织划分，可分为编挂于定期直达列车的专用车辆和随普通货物列车零星挂运的专用车辆两种。

① 编挂于定期直达列车的专用车辆。这类集装箱专用车结构比较简单，大部分车采用骨架式，底架有旋锁加固装置，用以固定集装箱。由于这类车辆都以固定形式编组，定期往返于两个办理站之间，无须经过调车作业，所以车辆不必有缓冲装置，各种用于脱挂钩、编组的设施都可简化。如美国南太平洋铁路公司研制的双层集装箱专用车辆，采用凹底平车，全长 19.2m，可以放两个 40ft 的集装箱。这类集装箱专用车，由于连接部分采用特殊装置，整车的结构简单，所以一方面重量轻于普通平车，另一方面运行中空气阻力小，停车、启动和行驶中振动很小。

② 随普通货物列车零星挂运的专用车辆。这类专用车辆需要编挂到普通货物列车中运行。由于要进行调车作业，所以必须像普通铁路车皮一样装有缓冲装置，结构比前一种专用车复杂。

集装箱专用车装运集装箱的规格尺寸不同，以及集装箱的有效长度和轴数也不一样，如在长度上有 40ft、60ft、80ft，在轴数上有 2 轴车、4 轴车与 6 轴车等。各国因铁路线条件和使用条件的不同，集装箱专用车的类型也有不同。

下面专门介绍以下几种集装箱铁路运输车辆。

① 普通集装箱专用平车。普通集装箱专用平车是世界各国最常见、使用最普遍的集装箱运输车辆。我国从 1980 年开始研制了第一代 N 型集装箱专用平车，以后相继研制了一系列 X 型集装箱专用平车，集装箱专用平车具有结构简单、使用方便、便于维修管理的特点，是我国铁路集装箱运输车辆的最佳种类。

其中 X1K 集装箱平车如图 7-1 所示，这种共用平车主要用于装载运输铁路标准集装箱，在车体、强度、装载量、制动性能等方面都较原型车有较大改进。用于装运国际标准 40ft 集装箱（1 个）、20ft 集装箱（2 个）、国际 45ft 集装箱（1 个）。其底架为全钢焊接结构，并设有国际集装箱翻转式锁头，采用 13 号 C 级钢车钩、MT-3 型缓冲器和转 K3 型转向架。其运行速度由目前普通货车的 70～80km/h 提高到 120km/h。

图 7-1　X1K 集装箱平车

② 公铁路两用车。公铁路两用车使铁路与公路运输可以直接连接，如图 7-2 所示。公铁路两用车在美国、西欧、澳大利亚、新西兰、日本等国家和地区都有一定发展，但发展不快，究其原因，主要是铁路两用车的结构比较复杂、使用和维修不方便、不好存放和管理等。

图 7-2　公铁路两用车

③ 双层集装箱车。双层集装箱车就是将集装箱叠放成两层来运输，这种运输车辆比其他的车辆运输效率高很多，但是要开通双层集装箱列车必须具备一定的条件，比如界限要足够大，对机车的牵引力和桥梁的通过力这些技术都必须解决。

2004 年 4 月 18 日，铁路第五次大提速，我国首列铁路双层集装箱班列也同时开行。铁路双层集装箱班列的特点：采用客车化方式运输，即定点、定时、定线路、定始发站、定到达站。

铁路双层集装箱班列的装载方式（如图 7-3 所示）：使用凹型车装载，下层装载 2 个 20ft 国际标准集装箱，上层装载 1 个 40ft 或 45ft、48ft、50ft、53ft 的大容量集装箱。每辆双层箱专用车的载重量约 78t，每辆车双层箱的载货容积约 140m³，整列双层集装箱的运能约 160TEU。

图 7-3　铁路双层集装箱运输

④ 驮背运输车。驮背运输车（如图 7-4、图 7-5 所示）是将集装箱货车或拖车原封不动地搭载在平车或凹底平车上来运输，它主要运用于公铁联运，这种运输可以减少换装的次数，提高装卸效率，实现"门到门"运输。

（2）集装箱在铁路专用车辆上的固定。集装箱在铁路专用车辆上的固定与在货车上固定的方法相同，即利用四个底角件加以固定。集装箱在铁路车辆上一般采用锥体固定件来固定。铁路货车上锥体固定件有两种形式：一种是固定件直接安装在货车底板上，如图 7-6 所示；另一种是把固定件安装在一块活动翻板上，如图 7-7 所示。当货车上不装载集装箱时，翻板通过铰链可翻倒在货车的两侧。这样在装载其他货物时既不会影响货物的装载，也可避免固定件的损坏。

图 7-4　传统的驼背运输方式

图 7-5　欧洲铁路驼背运输方式

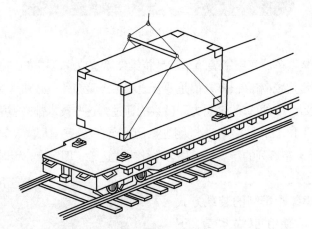

图 7-6　固定件直接安装在货车底板上

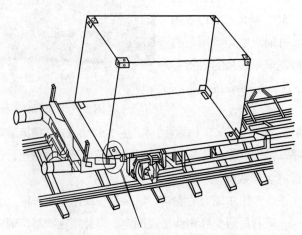

图 7-7　固定件安装在一块活动翻板上

2. 集装箱铁路办理站设备与设施

集装箱铁路办理站的设施，通常包括装卸线及轨道式龙门起重机、堆箱场地、辅助生产与管理区设施等。

（1）装卸线及轨道式龙门起重机。集装箱铁路办理站必须拥有一股或数股集装箱装卸线，用于集装箱列车出发前的装车、到达后的卸车、中途的换装，如图 7-8 所示。装卸线的股数和长度与办理站的地位和集装箱通过量及办理站的业务特点有关。

图 7-8　集装箱铁路办理站

① 集装箱通过量小的办理站必须有一股装卸线，装卸线应不短于相当于 10 节列车的长度，以一节集装箱专用车长 14m 来计算，装卸线长度应不短于 140m。装卸量比较大的办理站，装卸线长度应相应延长到相当于 20 节列车的长度，即 280m。如果是中转量较大（指从一列火车转到另一列火车）的办理站，装卸线应并列放置两股，便于从一列货车上将集装箱直接换装到另一列火车。

② 集装箱铁路基地站通常指有集装箱定期直达列车或集装箱专运列车始发或终端的办理站。这类办理站的装卸线一般应有两股到三股，长度通常应该是一列 50 节专用车长度的一半，即 350 m 以上。

③ 轨道式龙门吊。铁路集装箱办理站通常以轨道式龙门吊作为装卸线上的基本装卸机械，以集装箱正面吊和集装箱叉车为辅助机型。轨道式龙门吊在装卸线上的布置方式通常有以下 3 种。

第一种：装卸线在轨道式龙门吊跨度内行走轨道旁（简称跨内一侧）。这样的布置方式，集装箱堆场可放在另一侧，这样堆场的面积可以比较集中，利用率较高。而且龙门吊在装卸集装箱时，装卸小车单向从箱区向列车方向移动，不跨越列车，安全性较高。卡车通道可以放在任意一端悬臂下，另一端悬臂下还可设堆场。选择跨内一侧布置方式，各种操作最协调，平面使用也比较经济，只要办理站的地形条件允许，大多数办理场均采用跨内一侧布置方式。

第二种：装卸线在轨道式龙门吊跨度中间（简称跨中）。这样的布置方式，集装箱堆场只能放在装卸线的两侧，面积被分割，对于场地利用与管理均不利。龙门吊的装卸小车在装卸集装箱时，不断地在集装箱列车上方跨越，容易发生事故。相对跨内一侧，跨中布置的缺点较多。除非办理站的地形条件等受到很大限制，一般很少采用这种布置方法。

第三种：装卸线在轨道式龙门吊跨度外两端悬臂下（简称悬臂下）。这种布置大多是利用原铁路线作办理站的装卸线，在铁路线一侧建堆箱场地与龙门吊行走轨道，将装卸线置于龙门吊一侧的悬臂下。这种布置方式对于在原有基础上改、扩建集装箱办理站的情况较适宜，可以有效减少投资，同时堆箱场地可以利用全部龙门吊跨度位置，堆箱量更大。这种方法的缺点是龙门吊装卸小车在装卸集装箱时，移动的距离较长，降低了作业效率。而且卡车道只能置于龙门吊的另一端悬臂下，当将集装箱在火车与卡车之间换装时，龙门吊的装卸小车所走路线更长。

（2）作业区堆箱场。根据铁路集装箱办理站的集装箱运量，场内存放的空、重箱数量及办理站每日作业量、作业方式、保管期限、集装箱堆放层数等因素的不同，每个铁路集装箱办理站必须有几个大小不等的堆箱场，堆箱场应划分为若干作业区，如图7-9所示。

图 7-9　铁路集装箱作业区堆箱场

① 到达和发送箱区。这里的"到达箱"，是指用火车运输到达，等待由集装箱拖挂车、半挂车送往货主处的集装箱；"发送箱"是指货主托运的集装箱，已由拖挂车等送到集装箱办理站，等待装车发送的集装箱。这类箱区的安排，应贯彻既有利于铁路车辆，又有利于公路车辆的原则。

通常，"到达箱区"应设在靠近集装箱拖挂车场地的位置；"发送箱区"应设在靠近铁路装卸线的位置。一般国际标准集装箱与国内标准铁路箱应设不同的堆放箱区。如果办理站受场地面积限制，两类箱子在同一箱区堆放，一般大型国际标准集装箱应设在堆场的尽头处，这样可使箱区划分清晰，便于管理，不同吨位的机械也可分别停放。大小箱区的地面强度也可按不同要求铺设，能有效减少投资。

② 中转箱区。中转量小的办理站，不一定单独设中转箱区，中转箱可堆放在发送箱区。中转量大的办理站，应专设中转箱区。如有两条装卸线的办理站，中转箱区可设在两条装卸线之间，这样便于在两列集装箱列车之间换装。中转时间长的集装箱，则应移到较远的箱区堆放。

③ 拆装箱区。需在办理站内拆箱与拼箱的集装箱，应设专区堆放。这一箱区应选择在离轨道式龙门吊较远的地方，场地应较为开阔；也可设置在装卸场地之外。铁路集装箱办理站应尽可能少承担拆、装箱业务。

④ 备用箱区。备用箱区一般设置在装卸机械作业范围之外，主要用于堆存到达后未能及时提取的集装箱。设备用箱区，可提高"到达和发送箱区"箱位的利用率。备用箱区一般设置在轨道式龙门吊的悬臂范围之外。

⑤ 维修箱区。有维修集装箱能力的铁路集装箱办理站，应单独设置维修箱区。

（3）辅助设施。

① 停车场集装箱送达办理站。从办理站提货，一般都采用集装箱拖挂车或半挂车，因此集装箱办理站会有许多集装箱拖挂车与半挂车进出。由于等待等原因，有些车可能需要在办理站停留一定的时间。所以，根据业务量的大小、疏运能力的优劣，铁路集装箱办理站均应设置大小不等的停车场。

② 维修部门。维修部门既需要维修、保养办理站的各种集装箱装卸设备、设施，也需要维修损坏的集装箱。一般国内标准的小型铁路集装箱修理要求较低，可由办理站的维修部门修理。大型国际标准集装箱，办理站通常不具备维修的条件。

③ 营业与办公部门。集装箱办理站的办公房屋，一般放置在大门入口处，便于对进出的集装箱货车进行登记、检查，办理各类承运交付业务手续。

有些集装箱码头，铁路线一直铺设到码头前沿，这时铁路集装箱办理站与集装箱港口实际已融为一体。铁路集装箱办理站的装卸线甚至会直接延伸到码头集装箱装卸桥的下面，集装箱办理站的概念已完全变化。这样的集装箱水—铁联运，效率是最高的。

三、集装箱铁路运输装卸工艺

1. 铁路运输的方式

根据托运人托运货物的数量、体积、形状等条件，结合铁路的车辆和设备等情况，铁路货物运输的形式可分为 3 种：整车、零担和集装箱。

整车运输是指货物的重量、体积或形状需要以一辆或一辆以上的货车装运。零担运输是指托运一批次货物数量较少时，装不足或者占用一节货车车皮（或一辆运输汽车）进行运输在经济上不合算，而由运输部门安排和其他托运货物拼装后进行运输。办理零担运输的条件：一是单件货物的体积最小不得小于 $0.02m^3$（单件货物重量在 10kg 以上的除外），二是每批货物的件数不得超过 300 件。符合集装箱运输条件的货物都可按集装箱运输办理。集装箱"门到门"的运输是指在托运人的装货地点，将货物装入集装箱，通过各种运输方式，将集装箱直接运到收货人卸货目的地的运输。

在运输组织方法和管理手段方面，铁路集装箱运输与零担运输和整车运输不同。铁路集装箱运输经过货源组织、计划配装、装车、中转、卸车、交付等运输过程来完成。一般来讲，这些作业都是在铁路集装箱中心站完成。铁路集装箱办理站具有先进的技术装备和仓储设施，是集装箱铁路集散地和班列到发地，具有整列编解、装卸能力，具有物流配套服务和洗箱、修箱条件及进出口报关、报验等口岸综合功能。

2. 集装箱铁路运输工艺

不管铁路集装箱运输采用什么方式，基本工艺可以概括为从甲地集装箱办理站运至乙地集装箱办理站，再运至货主处。

我国铁路集装箱办理站主要用轨道式龙门起重机进行集装箱的装卸作业，甲地集装箱办理站将承运的集装箱吊装到集装箱专用车或代用车辆上运走，到达乙地集装箱办理站后，再用龙门起重机卸下集装箱，放在堆置场上；然后由龙门起重机将集装箱吊起装到拖挂车、半挂车或货车上运至货主处。如果是定期直达列车，因事先已有预报，可用龙门起重机直接将集装箱吊起卸至拖挂车、半挂车、货车等公路运输车辆上直接运到货主处。多式联运中的集装箱是从海船经岸边集装箱起重机卸至码头前沿地面上，然后用搬运机械或路运车辆把集装箱搬运到集装箱场地的指定箱位上。在有铁路专用线的港口则可用跨运车、轮胎式龙门起重机、轨道式龙门起重机、正面吊等将集装箱由码头堆场直接装到铁路专用车或代用车上，经铁路编组后在铁路上运输。如果港口集装箱码头的装卸工艺是采用岸边集装箱起重机——龙门起重机方案，由于龙门起重机不能直接与岸边集装箱起重机配合交接集装箱，尚需配备牵引车等在码头前沿与堆场之间作水平搬运集装箱用。

3. 铁路集装箱货运程序

铁路集装箱的货运程序是指集装箱货物从接受、装车运送至卸车、交付整个过程的工作环节，一般包括如下步骤。

（1）集装箱承运日期表的确定。集装箱承运日期表是集装箱计划组织运输的重要手段，其作用在于使发货人明确装往某一方向或到站的装箱日期，有计划地安排货物装箱以及准备短途搬运工具等。

（2）集装箱货物的接受。目前，大多数车站都采用由货运公司集中受理的形式。这种受理形式大致又分集装箱单独受理和集装箱零担统一受理。它是在接受发货人的托运后，由货运公司审批运单。审批的方法包括以下几种。

① 随时受理：按装箱计划或承运日期表规定的日期，在货物运单上批注进箱（货）日期，然后将运单退还给发货人。

② 集中受理集中审批：由受理货运员根据货物运单，按去向、到站分别登记，待凑够一车集中一次审批，并由发货人取回运单。

③ 驻在受理：车站在货源比较稳定的工厂、工矿区设受理室，专门受理托运的集装箱货物。在货物运单受理后，批准进箱（货）日期，或由驻在货运员把受理的运单交货运室统一平衡，集中审批。

④ 电话受理：车站货运室根据发货人电话登记托运的货物，统一集配，审批后用电话通知发货人进箱日期，在进箱（货）同时，向货运室递交运单，审核后加盖进

货日期戳记。

（3）货物运单的审核。受理货运员接到运单后，按有关规定逐项详细审核下列内容。

① 托运的货物能否装载集装箱运输。

② 所到站能否受理该吨位、种类、规格的集装箱。

③ 应注明的事项是否准确、完整。

④ 有关货物重量、件数、尺码等是否按规定填写。

（4）空箱发放。车站在发放空箱时，应认真检查箱子外表状况是否会影响货物的安全运输而产生不应有的责任，在发放空箱时应做到以下几点。

① 发送货运员在接到运单后，应核实批准进箱日期，审核运单填写是否准确，并根据货物数量核对需要发放的空箱数，有不符时即应和受理货运员核实。

② 对实行门到门运输的货物，应开具集装箱门到门运输作业单交发货人，填写集装箱门到门运输登记簿。

③ 会同发货人共同检查空箱箱体状态，发货人在集装箱门到门运输作业单上签字后，领取空箱。应注意的是，如发运员认为所领取的空箱不能保障货物安全运输时，发运员应予以更换，如无空箱更换时，发货人有权拒绝使用，如使用后发生货损行为应由车站负责，除非空箱存在的缺陷是以一般手段无法从外表检查发现的。

④ 发送货运员有义务向发货人介绍箱子的内部尺寸、容积和货物积载选择，这样不仅能充分利用箱容、载重量，而且能使货物牢固安全。

⑤ 货物装箱后，由发货人关闭箱门，并在规定的位置悬挂标签和加封。

（5）集装箱货物的接受和承运。符合运输要求的才能接受承运，发送货运员在接受集装箱货物时，必须对由发货人装载的集装箱货物逐箱进行检查，同时车站在货物运单上加盖站名、日期戳记，表明此时货物已承运。所谓承运是指发货人将托运的集装箱货物移交铁路开始，至到达站将货物交给收货人时止。在接受所托运的集装箱货物时，发送货运员应做到以下几点。

① 对由发货人装载的集装箱货物，应逐批、按箱检查箱门是否已关好，锁舌是否落槽，合格后在运单上批注货位号码。对门到门运输的集装箱货物还要核对是否卸入指定货位，然后在集装箱门到门运输作业单上签字，返还给发货人一份。

② 以运单为依据，检查标签是否与运单记载一致，集装箱号码是否与运单记载相符，铅封号码是否正确。

③ 检查铅封的加封是否符合技术要求。

④ 检查箱体是否受损，如有损坏，应编制集装箱破损记录，如损坏是由于发货人过失所致，则要求发货人在破损记录上签章，以划分责任。检查时如发生铅印失效、丢失、无法辨认站名、未按加封技术要求进行铅封，上述情况均由发货人负责恢复至

正常状态。

⑤ 检查确认无误，车站便在货运单上签字，交发货人交款发票。

⑥ 对进行门到门运输的集装箱，还应补填集装箱门到门运输登记簿有关事项。

（6）装车。装车货运员在接到配装计划后到站确定装车顺序，并做到以下几点。

① 装车前，对车体、车门、车窗进行检查是否过了检查期，有无运行限制，是否清洁等。

② 装车时，装车货运员要做好监装，检查待装的箱子和货运票据是否相符、齐全、准确，并对箱体、铅封状态进行检查。

③ 装车后，要检查集装箱的装载情况是否满足安全运送的要求，如使用棚车装载时还要加封。装车完毕后，要填写货车装载清单、货运票据，除一般内容的填写外，还应在装载清单上注明箱号，在货运票据上填写箱重总和，即包括货重和箱体自重。

（7）卸车。集装箱货物到达后要卸车，卸车时应做到以下几点。

① 做好卸车前的准备工作：首先要核对货运票据、装载清单等与货票是否相一致；然后确定卸车地点，并确定卸箱货位；卸车前，还应做好货运检查，检查箱子外表状况和铅封是否完整。

② 开始卸车对棚车进行启封，做好监卸和卸货报告。如在卸车过程中发生破损应作出记录，以便划分责任。

③ 做好复查登记，要以货票对照标签、箱号、封号，在运单上注明箱子停放的货位号码，根据货票填写集装箱到达登记簿和卸货卡片。

（8）集装箱货物的交付。交货时，交箱货运员在接到转来的卸货卡片和有关单据后，认真做好与车号、封号、标签的核对，核对无误后通知装卸工组交货，并当面点交收货人。收货人在收到货物后应在有关单据上加盖"交付讫"的戳记。对门到门运输的集装箱货物，应填写门到门运输作业单，并由收货人签收。对由收货人返回的空箱，应检查箱体状况，在门到门运输作业单上签章。

4. 铁路集装箱货物的交接责任

集装箱运输的交接环节是划分责任的界限，下面介绍铁路与发货人、收货人之间的责任划分。

（1）铁路与发货人、收货人之间的交接。铁路与发货人、收货人之间（其中包括他们的代理人）的交接，主要是指集装箱的接收、交付两个作业环节，它直接关系到铁路与发货人、收货人之间的责任划分。

铁路集装箱的交接均应在铁路货场内进行，主要检查箱体状态，还要检查铅封。铁路集装箱启运时应由发货人将集装箱堆放在指定的货位上，关好箱门，并与发货人按批逐箱与货签核对，经检查接收完毕后，在运货单上加盖承运日期戳记即表明已接受承运，或承运已开始。

铁路在交付集装箱时，则应根据收货人提交的货物运单（或集装箱门到门运输作业单），与集装箱到达登记簿进行核对，然后到货场会同收货人按批逐箱进行检查对照，经确认无误后，将集装箱向收货人进行一次点交，并注销交货卡片，交付完毕，责任即告终止。对进行门到门运输的空箱交接，经双方检查，确认箱体完好后，在集装箱门到门运输作业单上签字盖章办理交接手续。

（2）集装箱破损的责任划分及其记录的编制。集装箱的破损大致有两种情况，一是箱子损坏，二是箱子破损。前者是指某一单位或个人的责任造成集装箱未及时修理、定期修理，而后者通常指箱子的全损或报废。上述两种损害按其责任可分为以下几种。

① 发货人、收货人的过失责任。

② 承运人的过失责任。

③ 第三者的过失责任。

④ 不可抗力、意外原因、自然灾害。

⑤ 铁路装卸工人的过失。

⑥ 铁路货运员的过失。

凡属于上述责任造成的损坏箱、破损箱，以及货主自己的集装箱在铁路运输过程中发生的破损，都由货运员按箱编制集装箱破损记录。这个记录是划分集装箱破损责任的重要依据，因此，记录中所记载的内容必须准确、明确、完整。

 项目实施

从所提供材料分析，加拿大集装箱货场与物流系统的关系具有以下特点。

（1）结点站本身不具有物流功能，也没有物流系统的设备、人员和业务活动。

（2）结点站只办理集装箱的到发和中转业务，不办理掏装箱业务。

（3）物流由货主或货物代理公司、配送中心等铁路系统外的专门从事物流业务的部门进行。

（4）结点站周围建有物流企业的仓储设施，在结点站开办集装箱运输业务后，逐渐吸引物流企业在结点站周围预留的发展用地上建设其仓储设施或配送中心，并进行掏装箱作业。

项目小结

目前，铁路集装箱运输从技术设备到经营管理已日益改善，并形成了一整套新的运输体系。本章主要讲述了集装箱铁路运输方式的特点，集装箱铁路运输设备，集装箱铁路运输车辆的类型和特点，集装箱铁路运输的组织和办理程序，货物交接方式以及责任的划分。

综合练习与实训

一、填空题

1. 铁路集装箱运输方式主要有_____、_____、_____和_____。

2. 我国的铁路货物运输将以改善货物运输质量、_____、积极开展多式联运、_____为目标，形成铁路集装箱货物运输系统。

3. 铁路货物运输的形式可分为 3 种：_____、_____和_____。

4. 铁路在交付集装箱时，则应根据收货人提交的_____与集装箱到达登记簿进行核对。

二、选择题

1. 铁路集装箱运输的发展趋势包括以下（　　）方面。

   A. 机械化　　　　B. 自动化　　　　C. 标准化　　　　D. 高速化

2. 集装箱定期直达列车的特点是（　　）。

   A. 定点　　　　B. 定期　　　　C. 定线路　　　　D. 定量

3. 按装箱计划或承运日期表规定的日期，在货物运单上批注进箱（货）日期，然后将运单退还给发货人。这种货物的受理形式属于（　　）。

   A. 随时受理　　　B. 集中受理　　　C. 驻在受理　　　D. 电话受理

4. 装车时，装车货运员要做好监装，要检查的项目有（　　）。

   A. 待装的箱子　　B. 货运票据　　　C. 箱体　　　　D. 铅封状态

5. 世界各国最常见、使用最普遍的集装箱运输车辆是哪一种?（　　）

   A. 普通集装箱专用平车　　　　　　B. 公铁路两用车

   C. 双层集装箱车　　　　　　　　　D. 驮背运输车

6. 将集装箱货车或拖车原封不动地搭载在平车或凹底平车上来运输，主要运用在公铁联运，提高装卸效率，实现"门到门"运输。这是下列哪一种运输方式?（　　）

   A. 公路运输　　　　　　　　　　　B. 铁路的驮背运输

   C. 水路运输　　　　　　　　　　　D. 航空运输

三、判断题

1. 我国已经实现铁路集装箱运输与公路集装箱运输之间的多式联运。（　　）

2. 普通集装箱列车主要用于处理整列的集装箱货源。（　　）

3. 集装箱定期直达列车一般需要发货人预约箱位。（　　）

4. 多式联运中的集装箱是从海船经岸边集装箱起重机卸至码头前沿地面上，然后用搬运机械或路运车辆把集装箱搬运到集装箱场地的指定箱位上。（　　）

5. 不可抗力、意外原因、自然灾害引起的货损承运方必须承担责任。（　　）

6. 铁路集装箱的交接均应在铁路货场内进行，主要是检查箱体状态。（　　）

7. 车站在发放空箱时，应认真检查箱子外表状况是否会影响货物的安全运输。（　　）

8. 按装箱计划或承运日期表规定的日期，在货物运单上批注进箱（货）日期，然后将运单退还给发货人的受理方式称为集中受理。（　　）

四、简答题

1. 铁路集装箱运输的发展有何特点？

2. 铁路集装箱货物在装车时的作业包括哪些？

3. 为了确保铁路运输作业的安全，集装箱在铁路专用车辆上的固定应该注意什么问题？

项目八

集装箱航空运输

【**知识目标**】

- 了解国际航空组织、航空的特点与组成
- 熟悉航空集装运输设备
- 掌握航空运输经营方式
- 掌握航空进出口货物运输的程序

【**能力目标**】

- 能够根据航空运输的特点判断某批货物是否适合航空运输
- 能够根据货物选择合适的集装箱运输设备
- 能够比较航空运输与其他运输的不同
- 能够根据航空运输的集中经营方式选择适合企业自身的经营方式

 项目引入

任务 1 描述：在漳州万达广场 12 号楼 1208 室工作的赵先生，要将一份重要的文件通过航空运输的方式送到上海和平饭店工作的李先生手中。请问：赵先生应当选择哪种航空货运方式？要求：调查国内该货运方式的发展现状。

任务 2 描述：石家庄盛俘服装有限公司要从台湾微星服装贸易有限公司进口手套

50 000套。要求：熟悉航空公司进港货物的操作程序，并画出该批货物进口作业的流程图。

 相关知识

一、集装箱航空运输概述

航空运输是利用飞机进行空中运输的现代化的运输方式。第二次世界大战前，航空货运仅限于一些航空邮件和紧急物资。航空运输作为一种国际贸易货物运输方式，是第二次世界大战后才开始出现的。随着战争的结束，军用飞机逐渐转向民用，尤其是宽体飞机的出现和全货机的不断发展，航空货运在经济中的地位越来越重要。由于空运速度快，航线不受地形条件限制，安全准时，还可节省各项费用，而且手续简便，在开辟新市场、适应市场需要与变化等方面较其他运输方式更为优越，所以发展迅速，在整个国际贸易运输中的地位日益显著。

1. 航空运输的组成

航空运输由航线、航空港和航空器3部分组成。

（1）航线。民航从事运输飞行，必须按照规定的线路进行，这种线路叫做航空交通线，简称航线。航线不仅确定了航行的方向、经停地点，还根据空中管理的需要，规定了航路的宽度和飞行的高度层，以维护空中交通秩序，保证飞行安全。

航线由飞行的起点、经停点、终点、航路、机型等要素组成。

航线按飞机飞行的路线分为国内航线和国际航线。线路起降、经停点均在国内的称为国内航线，如北京—上海。跨越本国国境，通达其他国家的航线称为国际航线。飞机由始发站起飞，按照规定的航线经过经停站至终点站所做运输飞行，称为航班。

（2）航空港。航空港一般称为机场，是航空运输的经停站，是供飞机起降、停放、维护、补充给养及组织保障飞行活动所用的场所。它是由飞行区、运输服务区和机务维修区3部分组成。近年来，随着航空港功能的多样化，港内一般还配有商务、娱乐中心、货物集散中心，满足往来旅客的需要，同时吸引周边地区的生产、消费。

航空港按照所处的位置不同，分为枢纽航空港、干线航空港和支线航空港。国内、国际航线密集的航空港称为枢纽航空港，我国的枢纽航空港有北京、上海和广州3个。干线航空港是指各直辖市、省会、自治区首府以及一些重要城市或旅游城市的机场，其空运量集中，并连接枢纽机场。支线航空港的空运量很小，航线多为本省区内航线或邻近省区支线。航空港按业务范围，分为国际航空港和国内航空港。其中，国际航空港需经政府核准，可以供国际航线的航空器起降营运。航空港内配有海关、移民检

139

查（边防检查）、动植检疫和卫生检疫等政府联检机构。而国内航空港仅供国内航线的航空器使用，除特殊情况外不对外国航空器开放。

（3）航空器。根据国际民航组织的定义，"航空器是指可以从空气的反作用（但不包括从空气对地球表面的反作用）中取得支承力的机器"。飞机是航空器的一种。飞机是航空运输的基本运输工具，用于装载旅客和货物。飞机按发动机不同，分为螺旋桨式、喷气式飞机；按速度，分为超音速、亚音速、高速、低速（飞行速度低于400km/h）。

飞机按机身的宽窄，可分为宽体飞机和窄体飞机。窄体飞机的机身宽约3m，旅客座位之间有一条旅客过道，这类飞机一般只能在下货舱装运散货。宽体飞机机身较宽，客舱内有两条旅客过道，3排座椅，机身宽一般在4.72m以上，这类飞机可以装运集装箱货和散货。

按用途的不同，飞机也可分为客机、全货机和客货混合机。客机主要运送旅客，一般行李装在飞机的深舱。由于目前航空运输仍以客运为主，客运航班密度高、收益大，所以大多数航空公司都采用客机运送货物；不足的是，由于舱位少，每次运送的货物数量十分有限。全货机运量大，可以弥补客机的不足，但经营成本高，只限于某些货源充足的航线使用。客货混合机可以同时在主甲板运送旅客和货物，并根据需要调整运输安排，是最具灵活性的一种机型。

我国民航总局按飞机的客座数将飞机划分为大、中、小型飞机。飞机的客座数100座以下的为小型，100～200座之间的为中型，200座以上的为大型。

2. 国际航空组织

（1）国际民用航空组织（International Civil Aviation Organization，ICAO）。国际民用航空组织是协调世界各国政府在民用航空领域内各种经济和法律事务、指定航空技术国际标准的重要组织。它是根据1944年芝加哥《国际民用航空公约》（简称芝加哥公约）设立的联合国专门机构之一。它所通过的文件具有法律效力，必须严格遵守。我国也是该组织的创始国，2004年成为该组织的第一类理事国（民航大国）。

该组织正式成立于1947年4月4日，总部设在加拿大的蒙特利尔市，同年5月13日成为联合国的一个专门机构。主要宗旨是制定国际空中航行原则，发展国际航行和技术，促进国际航空的规划和发展，以保证国际民航运输的安全和增长；促进和平用途的航空器设计和操作技术；鼓励发展用于国际民用航空的航路、机场和航行设施；保证缔约各国的权利受到尊重和拥有国际航线的均等机会等。

（2）国际航空运输协会（International Air Transport Association，IATA）。国际航空运输协会是各国空运企业自愿联合组织的非政府性的国际组织，是全世界航空公司之间最大的一个国际性民间组织。它包括来自世界的一百多个国家，经营国际、国内定期航班业务的航空公司。其会员所属国必须是有资格参加ICAO的国家。

国际航空运输协会 1945 年 4 月在古巴的哈瓦那成立，总部设在加拿大的蒙特利尔市，目前下设公共关系、技术、法律、运输、财务及政府和行业事务 6 个部门。

其主要任务如下。

① 促进安全、正常和经济的航空运输。

② 为国际空运企业提供协作的途径。

③ 促进本组织与其他国际组织合作。

④ 进行航空技术合作。

⑤ 协商制订国际航空客货运价。

⑥ 统一国际航空运输法律和规章制度。

（3）国际货运代理人协会（International Federation of Freight Forwarders Association，FIATA）。国际货运代理人协会是国际货运代理人的行业组织，于 1926 年 5 月 31 日在奥地利维也纳成立，创立的目的是解决由于日益发展的国际货运代理业务所产生的问题，保障和提高国际货运代理在全球的利益，提高货运代理服务的质量。

3. 集装箱航空运输的特点

（1）集装箱航空运输的缺点。集装箱航空运输与水路、铁路、公路运输等运输形式相比，其运输量较小，主要是集装箱航空运输的一些不利因素制约所致。

① 飞机的负荷有限。航空运输的特殊性，使飞机的负荷处于非常有限的范围内。如果飞机要造得更大，其负荷要扩展，起落重量就要成倍增长，从而要求其起落架的对数和强度也要相应增加。

② 航空运输成本高，运费昂贵。航空运输成本大大高于水运，比铁路运输与公路运输也要高很多，所以其运费昂贵。

③ 水路、陆路采用的国际标准集装箱无法用于航空，限制了多式联运的开展。目前，国际标准集装箱的主要类型是根据水运、铁路、公路运输的需要与可能性确定的，其外形尺寸与总重量，飞机均无法承受；而飞机所能运载的集装箱，又大多与飞机各部位运载的可能性相配合，直接接载到船舶、火车、货车上，尺寸又太小，负荷太少，形状奇异，与船舶、火车、货车不配套。所以，航空与其他运输方式之间的国际标准集装箱多式联运开展的难度较大。这也限制了航空集装箱运量的增加。

（2）集装箱航空运输的优点。从前景来看，集装箱航空运输也存在许多有利因素，航空货物运输与集装箱航空运输未来的发展空间很大。

① 航空运输有着运程长、速度快的突出优势。速度快，商品和原材料的供应就及时，生产周期能大幅度缩短，企业的竞争力会大幅上升，这对货主无疑具有巨大的吸引力。就拿航空运输与铁路运输比较，尽管航空运输成本高，但是它耗时少；而铁路运输运费低，耗时多。如从运费和运输时间两个角度考虑，铁路运输就不一定是最佳选择。如从订货到把货物交付到收货人手里的时间（称为前置时间）的角度比较，

141

航空运输与铁路运输相比具有明显的优越性。

② 随着整体经济的增长，许多商品对运费的承受能力大大提高，这也使航空运输的发展空间增大。特别是某些对保鲜要求较高的货物如食品、海鲜、鲜花、水果，某些价值昂贵的货物如计算机芯片、电子产品、家用电器，还有某些高档消费品，对运价的承受能力都很好，通过航空运输，更能增加这些商品的市场竞争力。

③ 航空运输可以节省包装费，降低货物的货损、货差。相对于铁路、公路和水路运输，航空运输是最平稳、对所运货物的冲击最小的。所以，航空运输货物，包装可以相对轻薄，从而可减少货物的包装费用；由于运输平稳，货损、货差就少，也可以相应降低运输成本。

④ 海陆空联运国际标准集装箱的出现，使航空运输进入了国际集装箱多式联运的运输链，这也使航空运输与航空集装箱运输出现了一片光明的前景。

4. 集装箱运输对空运的要求

由于航空运输在集装箱尺寸、结构和容积等方面与其他运输方式所使用的集装箱不同，并且航空公司更注重关心避免飞机损伤和减轻箱体重量，因此，所有空运集装箱和国际航空协会批准的成组货载装置、弯顶、低底板的集装箱都比国际标准化集装箱要轻得多。

空运集装箱不需要重型角铸件、角柱，不受海运或其他装卸作业的压力。而且，这类集装箱不符合国际标准化装卸设备，如门式起重机、集装箱起重机、抓具等要求。所以，空运成组货载要与海运和其他运输方式开展集装箱多式联运业务时，必须在机型、箱型等方面进行改革，使空运的集装箱能符合国际标准化的要求。此外，就航空运输而言，它与其他运输方式，如陆运、海运等相接送的机会很少。这是因为空运的接箱有两种类型：其一是接送、转运业务，在这一类型中，航程两端都用货车来完成接送业务，并用货车将货物从一个机场集疏运至另一个机场；其二是陆运和空运相接业务，这种类型实际上属于短程货车接送业务，即用货车在机场两端四周接送业务，且这类货物仅限于适宜空运的货物，具有一定价值与重量比率，因而也是能承受较高的空运费用的货物。同时，由于空运货物的包装比陆运和海运轻，因此就箱子本身来说，也不能进行接送和交替使用。在短程接送业务中，货车接送是航空运输的一个附带部分，整个航程都包括在空运提单内，空运承运人对全程运输负责，并受华沙公约严格赔偿责任制的制约。

二、集装箱航空运输设备

1. 航空集装设备

由于航空运输的特殊性，这些集装设备无论是外形构造还是技术性能指标，都具有自身的特点。以集装箱为例，就有主甲板集装箱和底甲板集装箱之分。海运中常见的 40ft 和 20ft 的标准箱只能装载在宽体飞机的主甲板上。

（1）集装器按是否注册划分为注册的飞机集装器和非注册的飞机集装器两种。

① 注册的飞机集装器。注册的飞机集装器是国家政府有关部门授权集装器生产厂家生产的，适宜于飞机安全载运的，在其使用过程中不会对飞机的内部结构造成损害的集装器。注册的飞机集装器装载在飞机内与固定装置直接接触，是不用辅助器就能固定的装置，它可以看成飞机的一部分，从结构上又可分为部件组合式和完全整体结构式两种。部件组合式由货板、货网和非固定结构圆顶 3 部分组成，或者由货板和货网组成；完全整体结构式有主货舱用集装箱、下部货舱用集装箱和固定结构圆顶集装箱等几种。

② 非注册的飞机集装器。非注册的集装器是指未经有关部门授权生产的，未取得适航证书的集装器。非注册的集装器不能看作飞机的一部分。因为它与飞机不匹配，一般不允许装入飞机的主货舱，但这种集装器便于地面操作，仅适合于某些特定机型的特定货舱。国际航空运输协会对属于非注册的飞机集装器范畴内的货主登记的集装箱给予的定义为，"这种集装箱是指用铝、波纹纸、硬板纸、玻璃纤维、木材、胶合板和钢材等组合而制成的，并可以铅封和密封的箱子。其侧壁可以固定，也可以拆卸"。

（2）航空用成组器和非航空用成组器。国际航空运输协会（IATA）将在航空运输中所使用的成组工具称为成组器（VLD）。成组器分为航空用成组器和非航空用成组器两类，如表 8-1 所示。其中的非航空用成组器中，包括与 ISO 标准同型的集装箱。

表 8-1　　　　　　　　　　成组器的分类

		航空用托盘
成组器	航空用成组器	
		部件组合式
		航空用货网
		固定结构圆顶
		非固定结构圆顶
	整体结构式	主货舱用集装箱
		下部货舱用集装箱
	非航空用成组器	国际航空运输协会标准尺寸集装箱
	国际标准集装箱	航空运输专用集装箱
		陆—空联运用集装箱
		海—陆—空联运用集装箱

① 航空用成组器。航空用成组器是指与飞机的形体结构完全配套，可以与机舱内的固定装置直接联合与固定的成组器。这类成组器又可分成部件组合式与整体结构式两类。

第一类：部件组合式，指由托盘、货网、固定结构圆顶或非固定结构圆顶组合成一个可在机舱内固定的装卸单元。

托盘是指具有平滑底面的一块货板，能用货网、编织带把货物在托盘上绑缚起来，并能方便地装在机舱内进行固定。货网是用编织带精工编制的网，用于固定托盘上的货物，通常由一张顶网和两张侧网组成。货网与托盘之间利用装在网下的金属环连接，也有顶网与侧网组成一体的，这种货网主要用于非固定结构圆顶上。固定结构圆顶是一种与航空用托盘相连接的，不用货网就能使货物不移动的固定用罩壳。托盘固定在罩壳上，与罩壳形成一体。而非固定结构圆顶是一种用玻璃纤维、金属制造的，设有箱底，能与航空用托盘和货网相连的罩壳。

第二类：整体结构式，指单独形成一个完整结构的成组器，它的外形不是长方形，而是与机舱形状相配合，可直接系固在机舱中。这类成组器又可分成上部货舱用集装箱和下部货舱用集装箱。前者上圆下方，后者上方下圆，分别与飞机形体吻合。不同机型飞机这类组合器的尺寸不一样。这类组合器又可分为整体形和半体形两种，如图 8-1 所示。半体形再分左、右两种不同形状，分别与机舱的左边和右边形状相吻合。

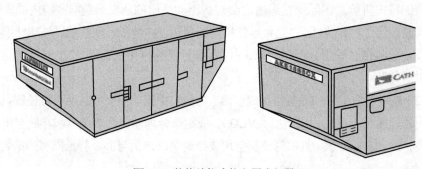

图 8-1　整体结构式航空用成组器

② 非航空用成组器。这里所谓"非航空用"，只是指成组器的形状与飞机内部不吻合，为长方形，也不能直接在机舱中系。这类成组器中，国际航空协会标准尺寸集装箱与 ISO 国际标准集装箱不配套，不能进行多式联运；国际标准集装箱与 ISO 国际标准相衔接，分成 10ft、20ft、30ft、40ft 4 种尺寸，可以进行多式联运，这类箱子又分下 3 种。

第一种：航空运输专用集装箱。航空运输专用集装箱形状为长方形，不能在机舱内直接系固，在箱上不设角件，不能堆装。

第二种：陆—空联运用集装箱。它可以用空运和陆运系统的装卸工具进行装卸和搬运。有的上部无角件而下部有角件，不能堆装；有的上下部都有角件，既可吊装，也可堆装；还有的除上下部都有角件外，还有叉槽，可以使用叉车进行装卸。

第三种：海—陆—空联运集装箱。其尺寸为 20ft 或 40ft，高和宽为 8ft。这种集装箱只能装于全货机或客机的主货舱，主要用于陆空、海空联运。其特点是上下部都有角件，可以堆装。但由于其结构强度较弱，堆码层数受到严格的限制。在海陆空联运时，要注意装卸时必须与其他标准集装箱区别开来，绝对避免装在舱底。

另外,从航空集装箱在飞机上的装载位置不同划分为主货舱集装箱和下货舱集装箱。主货舱集装箱只能装于全货机或客机的主货舱的高度是 163cm 以上。下货舱集装箱只能用于飞机的下货舱。

还有一些特殊用途的集装箱,如保温箱,它是利用绝缘材料制成的箱体,通过封闭等方法控制箱内的温度,以便装载特种货物。它分为密封保温箱和动力控制保温箱两种。

除此之外,还有专门用于运载活体动物和特种货物的集装器。

2. 航空货运飞机

飞机中能装载航空成组器的机型主要有波音、道格拉斯和洛克希德 3 类。由于各飞机制造公司基本采用相同的基本尺寸,所以成组器在各种机型中的互换性较好。这种互换性使航空公司可以减少"互换器"的备用量,节约投资,也在转机运输时使货物不必倒装,缩短了转机时间。

三、集装箱航空经营方式

1. 航空运输经营方式

航空运输的主要经营方式有班机运输、包机运输、集中托运和联运。

(1)班机运输(Scheduled Airline)。班机是指定期开航的定航线、定始发站、定目的港、定途经站的飞机。一般航空公司都使用客货混合型飞机(Combination Carrier),一方面搭载旅客,另一方面又运送少量货物。但一些较大的航空公司在一些航线上开辟定期的货运航班,使用全货机(All Cargo Carrier)运输。

班机运输的特点如下。

① 班机由于固定航线、固定停靠港和定期开航,因此国际间货物流通多使用班机运输方式,能安全迅速地到达世界上各通航地点。

② 便利收、发货人确切掌握货物起运和到达的时间,这对市场上急需的商品、鲜活易腐货物以及贵重商品的运送是非常有利的。

③ 班机运输一般是客货混载,因此舱位有限,不能使大批量的货物及时出运,往往需要分期分批运输。这是班机运输不足之处。

班级运输适合运输急用物品、行李、鲜活物品、电子元器件等商品。

(2)包机运输(Chartered Carrier)。由于班机运输形式下货物运量有限,所以当货物批量较大时,包机运输就成为重要方式。

由租机人租用整架飞机或若干租机人联合包租一架飞机进行货运的方式,适合专运高价值货物。包机如往返使用,则价格较班机低,如单程使用则较班机高。

包机运输方式分为整架包机和部分包机两类。

① 整架包机。整架包机是指航空公司或包机代理公司,按照与租机人事先约定

的条件与费率，将整架飞机出租给包机人，从一个或几个航空站装运货物到指定地点的运输方式，它适合大宗货物运输。

② 部分包机。部分包机有两种方式，一种是由几家航空货运代理公司或发货人联合包租整架飞机，另一种是由包机公司把整架飞机的舱位分租给几家航空货运代理公司。部分包机适合于不足整机的货物运送，运费较班机费率低，但运送时间比班机长。

包机运输满足了大批量货物进出口运输的需要，同时运费比班机运输低，随国际市场供需情况的变化而变化，给包机人带来了潜在的利益，但包机运输是按往返路程计收费用，存在回程放空的风险。

与班机运输相比，包机运输可以由承租飞机的双方议定航程的起止点和中途停靠点，因此更具灵活性；但各国政府出于安全的考虑，也为了维护本国航空公司的利益，对他国航空公司的飞机通过本国领空或降落本国领土往往大加限制，复杂繁多的审批手续大大增加了包机运输营运成本，因此目前使用包机业务的地区并不多。

（3）集中托运（Consolidation）。集中托运是指航空代理公司把若干单独发的货物，按照到达同一目的地组成一整批，用一份主运单发运到同一到站，由预定的代理收货，然后再报关、分拨后交给各实际收货人的运输方式。航空货运代理公司对每一委托人另外签发一份分运单，以便委托人转给收货人凭以收取货物价款或提取货物。

（4）联运方式。

① 联运方式的概念。陆空陆联运是火车、飞机和卡车的联合运输方式，简称 TAT（Train-Air-Truck）；火车、飞机的陆空联运方式，简称 TA（Train-Air）。

② 航空快递（Air Express）。航空快递实际也是一种联合运输，与空运方式前后衔接的一般是汽车运输。它是由专门经营快递业务的公司与航空公司合作，派专人以最快的速度，在发货人、机场、用户之间传递货物的方式。

航空快件运输（尤其是包裹运输）与普通空运货物相比，需要办理的手续相同，运输单据和报关单证也基本一样，都要向航空公司办理托运，都要与收发货人及承运人办理单货交接手续，都要提供相应的单证向海关办理进出口报关手续。

航空快递的特点如下。

第一，快递公司有完善的快递网络。快递是以时间、递送质量区别于其他运输方式的，它的高效运转只有建立在完善的网络上才能进行。一般洲际快件运送在 1～5 天内完成；地区内部只要 1～3 天。这样的传送速度无论是传统的航空货运业还是邮政运输都是很难达到的。

第二，从收运范围来看，航空快递以收运文件和小包裹为主。文件包括银行票据、贸易合同、商务信函、装船单据、小件资料等，包裹包括小零件、小件样品、急用备件等。快递公司对收件有最大重量和体积的限制。

第三，从运输和报关来看，航空快运业务中有一种其他运输形式所没有的单据POD，即交付凭证。交付凭证由多联组成，交付凭证一式 4 份（各快运公司的 POD 不尽相同）。第 1 联留在始发地并用于出口报关；第 2 联贴附在货物表面，随货同行，收件人可以在此联签字表示收到货物（交付凭证由此得名），但通常快件的收件人在快递公司提供的送货记录上签字，而将此联保留；第 3 联财务结算联作为快递公司内部结算的依据；第 4 联作为发件凭证留存发件人处，同时该联印有背面条款，一旦产生争议时可作为判定当事各方权益、解决争议的依据。

第四，从服务层次来看，航空快运因设有专人负责，减少了内部交接环节，缩短了衔接时间，因此运送速度快于普通货运和邮递业务，这是其典型特征。

第五，从服务质量来看，快件在整个运输过程中都处于计算机的监控之下，每经一个中转港或目的港，计算机都得输入其动态。派送员将货送交收货人时，让其在 POD 上签收后，计算机操作员将送货情况输入计算机。这样，信息很快就能反馈到发货方。一旦查询，立刻就能得到准确的回复。这种运输方式使收发货人都感到安全、可靠。

当然，航空快递同样有自己的局限性。如快递服务所覆盖的范围就不如邮政运输那么广泛。

③ 国内出口货物的联运方式。我国空运出口货物通常采用陆空联运方式。这是因为我国幅员辽阔，而国际航空港口岸主要有北京、上海、广州等。虽然省会城市和一些主要城市每天都有班机飞往上海、北京、广州，但班机所带货量有限，费用比较高。如果采用国内包机，费用更贵。因此，在货量较大的情况下，往往采用陆运至航空口岸，再与国际航班衔接。由于汽车具有机动灵活的特点，在运送时间上更可掌握主动，因此一般都采用"TAT"方式组织出运。

2. 进出口运输的程序

（1）办理进口货物的程序。

① 在国外发货前，进口单位就应将合同副本或订单以及其他有关单证送交进口空港所在地的空代，作为委托报关、接货的依据。

② 货物到达后，空代接到航空公司到货通知时，应从机场或航空公司营业处取单（航空运单第 3 联正本）。取单时应注意两点：第一，航空公司免费保管货物的期限为 3 天。超过此限取单要付保管费。第二，进口货物应自运输工具进境之日起 14 天内办理报关。如通知取单日期已临近或超过期限，应先征得收货人同意缴纳滞报金后方可取单。

③ 取回运单后应与合同副本或订单校对。如合同号、唛头（运输标志）、品名、数量、收货人或通知人等无误，应立即填制"进口货物报关单"并附必要的单证，向设在空港的海关办理报关。如由于单证不全而无法报关时，应及时通知收货人补齐单

据或通知收货人自行处理，以免承担延期报关而需缴滞报金的责任。作为收货人应立即答复或处理。

④ 海关放行后，空代应按海关出具的税单缴纳关税及其他有关费用，然后凭交费收据将所有报关单据送海关，海关对无须验货的货物直接在航空运单上盖章放行；对需要验货的，查验无讹后放行；对单货不符的由海关扣留，另行查处。

⑤ 海关放行后，属于当地货物立即送交货主；如为外地货物，立即通知货主到口岸提取或按事先的委托送货上门。对须办理转运的货物，如不能就地报关的，应填制海关转运单并附有关单据交海关制作关封随货转运。

⑥ 提货时如发现缺少、残损等情况，空代应向航空公司索取商务记录，交货主向航空公司索赔，也可根据货主委托代办索赔；如提货时包装外表完好，但内部货物的质量或数量有问题，则属于原残，应由货主向商检部门申请检验出证向国外发货人交涉赔偿；如一张运单上有两个或两个以上的收货人，则空代应按照合同或分拨单上的品名、规格、数量、型号开箱办理分拨与分交。收货人应向空代出具收货证明并签字、注明日期。

（2）办理出口货物的程序。

① 出口单位如委托空代办理空运出口货物，应向空代提供空运出口货物委托书和出口合同副本各一份。对需要包机运输的大宗货物，出口单位应在发运货物前40天填写包机委托书送交空代。对需要紧急运送的货物或必须在中途转运的货物，应在委托书中说明，以便空代设法安排直达航班或便于衔接转运的航班。

② 空代根据发货人的委托书向航空公司填写国际货运托运书，办理订舱手续。托运书上要写明货物名称、体积、重量、数量、目的港和要求出运的时间等内容。订妥舱位后，空代应及时通知发货人备货、备单。

③ 出口单位备妥货物、备齐所有出口单证后送交空代，以便空代向海关办理出口报关手续。

④ 空运出口货物要妥善包装，每件货物上要有收货人的姓名、地址、箱号、唛头、栓挂或粘贴有关的标签。对须特殊处理或照管的货物要粘贴指示性标志。空代在接货时要根据发票、装箱单逐一清点和核对货物的名称、数量、合同号、唛头，检查包装是否符合要求、有无残损等。

⑤ 对于大宗货物和集中托运货物，一般由货代在自己的仓库场地、货棚装板、装箱，也可在航空公司指定的场地进行。在装板、装箱时要注意以下问题。

第一，不要用错板型、箱型。因不同航空公司的集装板、集装箱的尺寸不同，用错了不能装机。而且每家航空公司的板、箱不允许别家航空公司的航班使用。

第二，货物装板、装箱时不得超过规定的重量、高度和尺寸。一定型号的板、箱用于一定的机型；一旦超装，就无法装机；所以既不可超装，又要用足板、箱的负荷和尺寸。

第三，要封盖塑料薄膜以防潮防雨。板、箱要衬垫平稳、整齐，使结构牢靠，系紧网索，以防止倒垛。

第四，对于整票货尽可能装一个或几个板、箱，以防散乱、丢失。

⑥ 空代向航空公司交货时，应预先制作交接清单一式两份。航空公司接货人员根据空代提供的交货清单逐一核对点收，如有下述情况之一将予拒收。

第一，航空运单上未注明货物的包装方式和尺寸，或包装不符合要求。

第二，包装上无收货人、发货人的姓名地址。

第三，货物标签失落或粘贴不牢。

第四，运单上第一航空承运人为外国航空公司。

第五，运单上更改处未加盖更改图章。

第六，运价和运费有错。

第七，随附的文件未用信封装好，或订附不牢。

货物经核对无误后接货人员应在交接单上签字，各执一份。

⑦ 空代将所有报关单证送海关后，海关审单未发现任何问题（必要时需查验货物）便在航空运单正本、出口收汇核销单和出口报关单上加盖放行章。

⑧ 出口单位凭空代签发的"分运单"向银行办理结汇。如出口单位直接向航空公司托运，就凭航空公司签发的"主运单"向银行办理结汇。

⑨ 到目的地后，航空公司立即以书面或电话通知当地空代或收货人提货。空代或收货人接到通知后应先行办理进口报关手续，提货时应当场查看货物，如无问题应在运单的"发货收据"上签收。如发现货物损坏或短缺应要求承运人出具运输事故记录，以便事后进行索赔。

（3）变更运输。托运人在货物发运后，可以对货运单上除声明价值和保险金额外的其他各项作变动。托运人要求变更时，应出示运单正本并保证支付由此产生的费用，在收货人还未提货或还未要求索取运单和货物，或者拒绝提货的前提下，托运人的要求应予以满足。托运人的要求不应损害承运人的利益，当托运人的要求难以做到时，应及时告之。

① 费用方面：运费预付改为运费到付，或将运费到付改为运费预付；更改垫付款的数额。

② 运输方面：在运输的始发站将货物撤回；在任何经停站停止货物运输；更改收货人；要求将货物运回始发站机场；变更目的站；从中途或目的地退运。

③ 变更运输的处理方式。货物发运前，托运人要求更改付款方式或代垫付款数额时，应收回原货运单，根据情况补收或返回运费，并按照有关航空公司的收费标准向托运人收取变更运输手续费、货运单费。托运人在始发站要求退运货物，应向托运

人收回货运单正本，扣除已发生的费用（如地面运输费、托运手续费）后将余款退回托运人。

货物发运后和提取前，托运人要求变更付款方式或代垫付款数额时，应填写货物运费更改通知单，根据不同情况补收或退回运费，并按有关航空公司的收费标准向托运人收取变更运输手续费。

如托运人要求变更运输（如中途停运、改变收货人），除应根据上述有关规定办理外，还应及时与有关承运人联系，请其办理。改变运输意味着运费发生变化，应向托运人多退少补运费，并向托运人收取变更运输手续费。

 项目实施

任务 1：赵先生应选择航空快递形式。

任务 2：航空货物进口运输流程如图 8-2 所示。

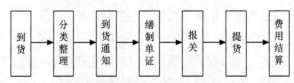

图 8-2　航空货物进口运输流程

航空公司进港货物的操作程序如图 8-3 所示。

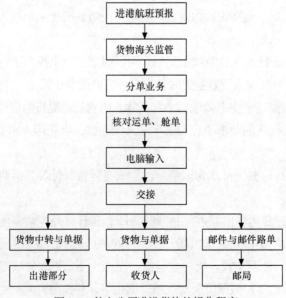

图 8-3　航空公司进港货物的操作程序

项目小结

　　航空运输是利用飞机进行空中运输的现代化运输方式。本章主要介绍航空运输的特点、航空集装运输设备和航空运输实务等知识，同时也对班机运输、包机运输、集中托运和航空快递等航空运输经营方式等内容作了介绍。

 综合练习与实训

一、填空题

　　1. 航空运输的主要经营方式有_____、_____、_____和_____。

　　2. 国际航空运输协会将成组器分为_____和_____。

　　3. 航空运输由_____、_____和_____3 部分组成。

　　4. 部件组合式成组器是由_____、_____、固定结构圆顶或非固定结构圆顶组合成一个可在机舱内固定的装卸单元。

　　5. 包机运输方式有_____和_____。

二、名词解释

　　1. 班机

　　2. 集中托运

　　3. TAT

三、简答题

　　1. 在航空集装箱运输设备中，航空用成组器和非航空用成组器有何不同？

　　2. 国际航空运输的有关组织有哪些？

　　3. 简述国际航空运输的主要特点。

项目九

集装箱货物进出口运输业务

【**知识目标**】

- 熟练掌握常用国际贸易术语买卖双方责任
- 熟悉集装箱货物进出口运输业务流程
- 掌握进出口业务重要单证的流转

【**能力目标**】

- 能处理相关国际贸易纠纷
- 会填写常用的集装箱进出口单证
- 能进行基本集装箱货物进出口运输业务操作

 项目引入

　　上海一家公司（以下称发货人）出口 30 万美元的皮鞋，委托集装箱货运站装箱出运，发货人在合同规定的装运期内将皮鞋送货运站，并由货运站在卸车记录上签收后出具仓库收据。该批货出口提单记载 CY-CY 运输条款、SLAC（由货主装载并计数）、FOB 价、由国外收货人买保险。国外收货人在提箱时箱子外表状况良好，关封完整，但打开箱门后一双皮鞋也没有。

　　问题：皮鞋没有装箱，怎么会出具装箱单？海关是如何验货放行的？提单又是怎

样缮制与签发的？船公司又是怎样装载出运的？收货人向谁提出赔偿要求呢？

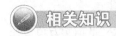 相关知识

一、集装箱运输适用的常用国际贸易价格术语

现代集装箱运输的最大优点之一是通过多种运输方式的联合运输组织实现了整箱货的门到门运输。在多式联运方式下，集装箱运输货物交接地点从港至港向两端国家的内陆延伸，而买卖双方的风险界限、责任、费用的划分等也发生了很大变化，于是出现了与集装箱多式联运相对应的常用的国际贸易价格术语 FCA、CPT、CIP。

1. 适用于传统海运的3种常用价格术语

（1）FOB。FOB 是 Free on Board—Named Port of Shipment 的简称，意为装运港船上交货成本价（指定装运港），又称为离岸价格。

采用 FOB 价格术语时，卖方必须在合同规定的装运期内，在约定的装运港，将货物交至买方指定的船上，并负担货物越过船舷以前的一切费用和货物丢失或损坏的风险。风险转移的界限是装运港越过船舷。

① 2000 年通则对买卖双方各自承担的责任解释如下。

卖方责任：负责在合同规定的装运期内，按港口惯常的装船方式，在指定的装运港将合同规定的货物交与买方指定的船上，并将详细情况通知买方；负责货物在装运港越过船舷以前的一切费用和风险；负责办理货物的出口手续，取得出口许可证及其他必须的出口官方证件；负责提供商业发票与货物已装船的货运单据、单证。

买方责任：负责租船订舱，支付运费，并将船期、船名及时通知卖方；负责办理保险，支付保险费；负责办理进口手续，取得进口许可证或其他核准证书，并办理进口海关手续；负责货物在装运港越过船舷后的一切费用和风险；接受按合同规定交付的货物，接收有关单据、单证；负责按合同规定支付货物价款。

② FOB 价格术语的变形。尽管国际惯例对 FOB 价格术语买卖双方承担的经济责任作了较为明确的规定，但在具体执行时，由于运输条件的不同，常常对装船、理舱、平舱费用的负担问题发生争议。

FOB 班轮条件（FOB，Liner Terms）。其含义是采用班轮运输的做法，即卖方只负责将货物交到码头，然后由船方负责装船和理舱，装船费、理舱费已记入班轮运费。

FOB 吊钩下交货（FOB，Under Tackle）。其含义是在承租船运输方式下，装船的有关费用船方不负担，卖方仅负责把货物交到买方指派船只的吊钩所及之处，以后的装船费用由买方承担。

FOB 理舱费在内（FOB，Stowed）。其含义是在承租船运输方式下，卖方负责把货物装入船舱并交付包括理舱费在内的装船费用。

153

FOB 平舱费在内（FOB, Trimmed）。其含义是指卖方负责把货物装入船舱，并交付包括平舱费在内的装船费用。

FOB 理舱费和平舱费在内（FOB, Stowed and Trimmed）。其含义是指卖方负责把货物装入船舱，并交付包括理舱费和平舱费在内的装船费用。

上述 FOB 的各种变形可明确地改变买卖双方关于费用和手续的划分，但不改变交货地点和风险转移的界限，即交货地点仍然是在装运港船上，风险转移的界限仍然是装运港越过船舷。

（2）CFR。CFR 是 Cost and Freight—Named Port of Destination 的缩写，意为装运港船上交货成本加运费价（指定目的港）。

① 2000 年通则对买卖双方的责任解释如下。

卖方责任：负责在合同规定的期限内在装运港将合同规定的货物交至运往目的港的船上，并及时给予买方充分的通知；负担货物在装运港越过船舷以前的一切费用和风险；负责办理货物的出口手续，取得出口许可证及其他必须的出口官方证件；负责提供商业发票和货物运往目的港的已装船的货运单据、单证；负责办理租船或订舱、交付至目的港的正常运费。

买方责任：负责办理保险，支付保险费；负责办理进口手续，取得进口许可证或其他核准证书；负责货物在装运港越过船舷后的一切费用和风险；接受按合同规定交付的货物，接受有关单据、单证；负责按合同规定支付货物款项。

② CFR 价格术语的变形。按 CFR 价格术语成交，在采用承租船运输的情况下，货物运到目的港后，由谁负担卸货费用的问题并无统一解释（班轮运输的情况下，目的港的卸货由承运人负责，因为班轮运费里包括了装卸货费用），也容易引起争议。为了解决这些问题，可在 CFR 术语后增加一定的附加条件，这就产生了 CFR 的变形。

CFR 班轮条件（CFR, Liner Terms）。其含义是按班轮的做法，即卸货费用已包括在运费之中，买方不予负担。

CFR 卸到岸上（CFR, Landed）。其含义是卖方要负担货物卸到岸上为止的卸货费用，包括驳船费与码头费（这一条我国不采用）。

CFR 吊钩交货（CFR, Ex Tackle）。其含义是卖方负责将货物从船舱吊起，卸离吊钩。如船舷靠不上码头，那么应由买方自费租用驳船，卖方只负责将货卸到驳船上。

CFR 舱底交货（CFR, Ex Ship's Hold）。其含义是指将货物运达目的港后，由买方自负费用，自舱底卸货。

上述 CFR 的变形只是为了明确买卖双方在卸货费用上的划分，并不改变 CFR 术语交货地点和风险的划分。

（3）CIF。CIF 是 Cost Insurance and Freight—Named Port of Destination 的缩写，意为成本加运费加保险费价（指定目的港），又称为到岸价格。在 CIF 价格术语下，卖

方必须在合同规定的装运期内，在装运港将货物交至运往目的港的船上，风险转移的界限是装运港越过船舷。

① 2000 年通则对买卖双方的责任解释如下。

卖方责任：在合同规定的期限内，在装运港将符合合同规定的货物交至运往目的港的船上，并及时通知买方；负担货物在装运港越过船舷以前的一切费用和风险；负责办理出口手续，取得出口许可证及其他必须的官方证件；负责提供商业发票和货物运往目的港的已装船的货运单据、单证；负责租船订舱，并交付运费；负责办理保险，并支付保险费。

买方责任：负责办理进口手续，取得进口许可证及其他核准的证书；负担货物在装运港越过船舷后的一切费用和风险；接收按合同规定交付的货物，接收有关单据、单证；负责按合同规定支付货物的价款。

② CIF 价格术语变形。与 CFR 术语一样，为解决在采用租船运输情况下，卸货费用由谁负担的问题，也产生了 CIF 的变形。

CIF 班轮条款（CIF，Liner Terms）。其含义是卸货费用按班轮的做法办理，即卸货费用已包括在运费之中，买方不予负担。

CIF 卸到岸上（CIF，Landed）。其含义是卖方要负担货物卸到岸上为止的卸货费用，包括驳船费与码头费（这一条我国不适用）。

CIF 吊钩交货（CIF，Ex Tackle）。其含义是卖方负责将货物从船舱吊起，越过船舷，卸离吊钩。如船舶靠不上码头，那么应由买方自费租用驳船，卖方只负责将货卸到驳船上。

CIF 舱底交货（CIF，Ex Ship's Hold）。其含义是指货物运达目的港后，由买方自负费用，自舱底卸货。

在 CIF 变形条件下，交货点仍然是装运港船上，风险转移的界限仍旧是装运港越过船舷。

2. 适用于国际多式联运的3种常用价格术语

（1）FCA。FCA 是 Free Carrier Named Place 的缩写，意为货交承运人价（指定地）。这个术语在以前的代码为 FRC，1990 年通则改为 FCA。

在 FCA 价格术语下，卖方必须在规定的交货期限内，在规定的地点，将货物交给买方指定的承运人。规定的交货地点为出口国内地或港口。买卖双方承担的风险均以货交承运人为界。

① 2000 年通则对买卖双方的责任解释。

卖方责任：在规定的时间、地点，把货物交给买方指定承运人（多式联运情况，货物交给第一承运人）；办理出口手续，取得出口许可证以及其他官方证件；提供商业发票以及货物已交给承运人的货运单证；负担货物交给承运人以前的一切与运输、保险相关的责任和费用。

买方责任：负责与承运人签订全程运输合同或指定承运人，支付运费，并及时通知卖方；负责办理全程运输保险并支付保险费；负责办理进口手续，取得进口许可证及其他核准证书；承担货交承运人之后与运输、保险相关的一切责任和费用；接受按合同规定交付的货物，接受有关单证；负责按合同规定支付货物的价款。

② 该术语对不同运输方式的交货方法作了解释。

第一，在铁路运输情况下，如果货物能够装一整车或一只集装箱，卖方要负责装车或装箱，并交给铁路部门，如果货物不够一整车或一只集装箱，卖方则要将货物交到铁路收货地点。

第二，在铁路运输情况下，如果在卖方所在地交货，卖方则要将货物装到买方指派的车辆上；如果在承运人办公地点交货，卖方则需将货物交给承运人或其代理人。

第三，采用内河运输，如果在卖方所在地交货，卖方要将货物交到买方所指派的船上；如果在承运人办公地点交货，卖方则将货物交给承运人或其代理人。

第四，利用海洋运输，如货物是整箱货（FCL），卖方将装货的集装箱交给海洋承运人即可；如果是拼箱货（LCL），或者非集装箱货，卖方要将货物运到启运地交给海运承运人或其代理人。

第五，如果采用航空方式运输，卖方要将货物交给航空承运人或其代理人。

第六，在多式联运方式下，卖方均负责将货物交给承运人。

（2）CPT。CPT 是 Carriage Paid to—Named Place of Destination 的缩写，意为运费付至指定的目的地价。

① 2000 年通则对买卖双方的责任解释。

卖方责任：负责与承运人签订全程运输合同，并支付全程运输费用；在规定的时间、地点，把货物交给承运人（在多式联运情况下，交给第一承运人）；办理出口手续，取得出口许可证及其他官方证件；提供商业发票以及货物已交给承运人的货运单证；承担货物交给承运人以前的一切风险和费用。

买方责任：负责办理保险，支付全程保险费；负责办理进口手续，取得进口许可证及其他核准证书；接受按合同规定交付的货物，接受有关单证；承担货物交给承运人之后的一切风险，并负担货交承运人之后除运费以外的一切费用，包括到达目的地的卸货费用及进口关税；负责按合同规定支付货物的价款。

② 其他解释。

该术语解释中的承运人是指在承担铁路、公路、航空、海运、内河运输或联合运输任务，办理实际运输业务的任何人。

该术语适用于任何运输方式，包括国际多式联运。卖方交货地点是出口国的内地或港口。风险转移的界限是货物交给承运人时。

（3）CIP。CIP 是 Carriage and Insurance Paid to—Named Place of Destination 的缩写，意为运费、保险费付至指定目的地价。

① 2000 年通则对买卖双方的责任解释

卖方责任：负责与承运人签订全程运输合同，并支付全程运费；负责办理全程货运保险，并支付保险费；在规定的时间、约定的地点，把货物交给承运人；办理出口手续，取得出口许可证及其他官方证件；提供商业发票以及货物已交给承运人的货运单证；承担货物交给承运人以前的一切风险和费用。

买方责任：负责办理进口手续，取得进口许可证及其他核准证书；承担卖方将货物交给承运人之后的一切风险，并负担除运费、保险费以外的一切费用，包括货物到达目的地的卸货费、进口关税等；接受按合同规定交付的货物，接受有关单证；按合同规定支付货物价款。

② 其他解释。

该术语的交货地点是出口国的内地或港口，风险转移的界限是货交承运人时。

所指承运人是指承担铁路、公路、航空、海运、内河运输或联合运输任务，办理实际运输业务的任何人。该术语适用于任何运输方式，包括国际多式联运。

上述 6 种常用价格术语买卖双方应承担的责任以及风险和费用划分，参见表 9-1。

表 9-1　　　　常用价格术语买卖双方主要责任、风险和费用划分表

国际代号	含　　义	交货地点	风险划分界限	责任与费用划分						适用运输方式
				运输工具	办理保险	支付运费	支付保费	出口税	进口税	海运、内河
FOB	装运港船上交货价（成本价）	在出口国装运港指定的船上	越过船舷	买方	买方	买方	买方	卖方	买方	海运、内河
CFR	成本加运费价	在出口国装运港指定的船上	越过船舷	卖方	买方	卖方	买方	卖方	买方	海运、内河
CIF	成本加运费保险费价	在出口国装运港指定的船上	越过船舷	卖方	卖方	卖方	卖方	卖方	买方	各种运输方式多式联运
FCA	货交承运人价	在出口国的内陆或港口	货交承运人时	买方	买方	买方	买方	卖方	买方	各种运输方式多式联运
CPT	运费付至（指定目的地）价	在出口国的内陆或港口	货交承运人时	卖方	买方	卖方	买方	卖方	买方	各种运输方式多式联运
CIP	运费、保险费付至（指定目的地）价	在出口国的内陆或港口	货交承运人时	卖方	卖方	卖方	卖方	卖方	买方	各种运输方式多式联运

二、集装箱货物出口运输业务

1. 国际集装箱运输出口货运程序

（1）订舱。发货人最迟在船舶到港前 5 天制订舱单，向船公司或其代理人订舱。

订舱单是发货人向船公司或其代理人（代理公司）提出托运的单证（如表 9-2、表 9-3、表 9-17、表 9-18 所示），一经船方签证确认，即成为船、货双方订舱的凭证。订舱单应该填制的内容如下。

① 装箱港以及承运人收到集装箱的城市。

② 卸箱港以及货运目的地。

③ 发货人以及发货人的代理人（通知人）。

④ 货名、数量、吨数、货物外包装、货类以及特种货情况的说明。

⑤ 集装箱的种类、规格和箱数。

⑥ 集装箱的交接点及方式，是装卸区的堆场还是货运站，是货主仓库或工厂还是门到门。

⑦ 填明内陆承运人是由发货人或其代理人（代理公司）还是船公司安排。

⑧ 在装卸区堆场交接时，应注明装箱地点、日期及重箱运到堆场的承运人和运到日期。

⑨ 拼箱货中如有超长货，应注明规格及尺寸。

（2）确认。发货人填制递交的订舱单经过船公司或其代理人确认后即成为船货双方的订舱凭证。船方将根据订舱单编制订舱清单。订舱清单是船公司承受货物运输的凭证，也是码头接货的通知，要分送集装箱装卸区和货运站，以便安排空箱及办理货运交接。

（3）发放空箱。整箱货运的空箱由发货人领取，拼箱货运的空箱由货运站内部领取。空箱出门（附底盘车、台车、电动机等设备），集装箱所有者与使用者要办理设备交接单。设备交接单是交接集装箱及其设备的凭证。有关设备交接单的使用，见下文叙述。

（4）拼箱货装运交接。货运站根据订舱清单资料核对场站收据接收拼箱货，并在集装箱货运站装箱，填制装箱单。场站收据是证明托运的集装箱货物已经收讫，也是明确表示船公司（货运站为船公司代理人）开始对货物负责的依据。场站收据的格式和内容如表 9-4、表 9-17～表 9-25 所示，有关场站收据的使用见下文叙述。

（5）整箱货装运交接。发货人自行装箱，制作装箱单（如表 9-7～表 9-11 所示）及场站收据，经海关加盖出口许可章，加上出口申请书原件，连同已装货物的重箱送交码头堆场，由港方核对各种单据验收。

装箱单是详细记载装进集装箱内的货物名称、数量等资料情况的唯一单据，是作为向海关申报货物运进装货地的代用单据，是作为船只通告箱内所装货物的名细表，是卸货港作为办理集装箱保税运输手续的依据。填制装箱单时应注意以下事项。

① 整箱货由发货人填制装箱单，其内容必须与订舱单及场站收据一致。

② E/D No.（即发货人向海关申请出口许可证的号数）必须填写清楚。

③ 如集装箱内装入不同货种，按货物装箱位置，由端壁起至箱门，顺序依次填写，以标明箱内积载情况。

④ 除发货人签署外，运箱驾驶员和堆场管理员必须在单上签证。

⑤ 如原铅封因故损坏，经行政部门指定启封检查，事后应由装卸区代表船方或由行政部门另行加封，并在单上批注。

⑥ 拼箱货由货运站填制装箱单。

⑦ 如拼箱货同一票货分装两箱，例如，一提单 50 包货，第一箱 20 包，第二箱 30 包，则在第一箱单的末行加注"注意：提单××号共 50 包，本箱 20 包，余另列"字样。

⑧ 装箱单一式 11 联，分发制单者（发货人）或货运站、集散港（点）的代理人、集装箱管理处、集装箱港代理公司、卸箱港代理公司、卸箱港货运站、卸箱港海关、卸箱港堆场、装箱港海关、船长、装箱港堆场。

⑨ 如在内陆城市或非出口港装运的，除上述第 1、第 2 两联外，其余均随箱带至出口港装卸区分发。

⑩ 有些国家对动植物检疫特别严格，故在装箱单下尚印有卫生部门检疫申请联。

（6）集装箱交接签证。货运站验拼箱货，装卸区核收整箱货后，在场站收据上签收，交还发货人。

（7）换取提单。发货人凭场站收据向代理公司换取提单（如表 9-10、表 9-11 所示），再往银行结汇。如果信用证规定需要装船提单，则应在集装箱装船后，经船长或大副签证后，才能换取已装船提单。

集装箱运输提单与传统海运的提单有所不同，是一种收货待装提单。但在大多数情况下，根据发货人的要求，船公司在提单上填制"装船备忘录"即签发已装船提单。当发货人在仓库、工厂、装卸区堆场或集装箱货运站交货交箱时，取得场站收据后即可据以向船公司要求签发。

（8）装船。集装箱装卸区根据船舶性能和资料、订舱清单及场地积载计划等编制船舶积载图，候船到港后，经船方确认，即行装船。至此，集装箱出口货运程序结束。图 9-1 所示为集装箱运输出口货运程序简图。

2. 国际集装箱运输各业务单位的出口业务

这里介绍发货人、船公司及其代理公司、集装箱装卸区、集装箱货运站等业务单位的出口业务。

（1）发货人的出口业务。

① 成交。发货人首先须与外国买方签订出口合同。如系集装箱货运，必须注明。

② 申请出口许可证。发货人的出口申请书上经有关法定单位盖章签证后，即为

出口许可证。

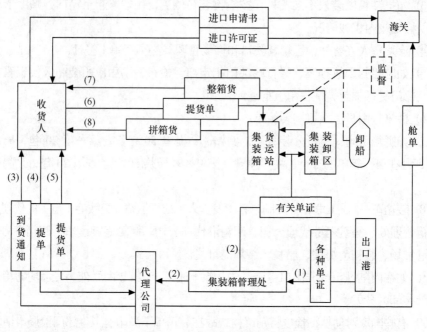

图 9-1 集装箱出口货运程序简图

③ 订舱托运。

④ 整箱货的交运。货物装箱完毕须加铅封再交运。发送整箱货至集装箱装卸区时，必须附送场站收据、装箱单、设备交接单（入门）、商检证书（如表 9-13、表 9-14 所示）、出口许可证、特种货清单及报关单（如表 9-15、表 9-16）等单证。

⑤ 拼箱货的装运。发送拼箱货至货运站时，须附场站收据、出口许可证、特种货清单等单证。货运站应逐项核对场站收据及订舱单所列各项，然后签发场站收据交发货人。货运站有权将同一票货分在两个集装箱内。

（2）船公司及其代理公司的出口业务。

① 集装箱的调配。集装箱运输的首要问题是掌握货源，提高集装箱的周转率。因此，针对集装箱数量的决定、货源的调配、全程跟踪、加快集装箱的周转等问题，须建立一个健全、科学的管理系统。联运的船公司除总公司设立专职机构外，在各个航区还设立了集装箱管理处，直接与各个装卸港的集装箱装卸区联系，掌握集装箱的动态。

② 接受托运。各港代理公司在集装箱经营点的分配额下接受托运、确认订舱单，并据以编制订舱清单。在船舶到港 10 天前，开始将订舱清单送装卸区及货运站。船到港 3 天前再汇总清单，分送海关及船长。交给货运站的那一份订舱清单作为装箱指示。货运站即可据以联系发货人送货装箱。

　　船方在确认订舱的同时，如系整箱货运，应即签发集装箱收发单（前文已讲述）或设备交接单交发货人，发货人凭以上单证向装卸区领取空箱装货。在确认订舱单后应编制订舱汇总清单（相当于传统的装货清单），供装卸区及船长编制配载图之用，并作为向集装箱管理处汇报订舱情况的书面材料。

　　（3）集装箱装卸区的出口业务。集装箱装卸区除负责保管、管理出借的集装箱和拖头车机械设备外，还兼管验收、堆码及装船等重要工作。

　　① 整箱货和拼箱货的验收。为做好积载装船工作，必须规定截止收箱收货时间。前方堆场应事先安排好集装箱的存放时间，且必须限制在规定的时间内。

　　② 堆场积载。堆场管理员及计划员应根据订舱清单和专用列车经后方堆场情况及货运站编送的有关报表，编制适合装船的前方堆场的堆场积载计划。

　　③ 船舶积载。这是具体装船的规划。根据订舱清单、装箱单和堆场积载计划编制计划积载草图，待船舶到港征得船方同意后即装船。如系中途挂港，船上已装有集装箱，应将订箱数量、规格、目的港等电告船方，以便配舱，等收到回电后再编制计划积载草图。

　　编好草图后，由理货员验查集装箱数及其外表状况，编制理货单证，等装船完毕应立即编制及分送实际积载图。

　　堆场管理员编制装箱清单，作为对内、对外确认货物的书面报告。理货员根据场站收据、设备交接单以及在装船时发现异状的有关批注，编制批注清单，以明确责任。装船完毕，装卸区应提供给船长相应单证，船长应在场站收据海关联上签字，以证实集装箱已装船。然后，装卸区将该联连同出口许可证和有关装箱单送请海关盖章，以完成监管手续。

　　（4）集装箱货运站（CFS）的出口业务。

　　① 收货装箱准备。货运站收到拼箱货物订舱单后，应立即估计所需集装箱规格种类和数量，通知船公司并联系堆场取空箱，再联系发货人按期送货。

　　货运站收到货物应对照订舱单验收，如有异状应立即批注，必要时由船方决定是否接受装箱，再查对出口许可证，全部无误后，即签发场站收据。

　　② 装箱。货物装箱前应先由公证行衡量，在装箱时应请海关监督理货、验货、点数。装箱时要充分注意按货的目的地或卸港装箱，要尽量不出现亏箱，更应特别注意货物的性质及包装的状况。装箱后，应编制相应的理货单证并编送装箱报告。这是集装箱管理处所需的基本资料。

　　③ 交箱。装卸完毕，应立即与堆场联系，将集装箱送交堆场。双方一同验对铅封，核对有关单证，办理交接手续。

3. 设备交接单与场站收据的使用业务

　　（1）集装箱设备交接单的使用业务。设备交接单的格式和内容如表 3-1、表 3-2

所示。

① 用箱人/运箱人栏，由船舶代理人填写，填写时应列明责任方，或委托方。

② 提箱地点栏，进口拆箱由船舶代理人填写，出口装箱由港区、场/站填写；因检验、修理、清洗、租赁、堆存、转运出口而提离有关港区、场/站的空箱，提箱地点由船舶代理人填写。

③ 发往地点栏，进口拆箱由船舶代理人填写，出口装箱由运箱人填写。

④ 来自地点栏，进口拆箱由船舶代理人填写，出口装箱由运箱人填写。

⑤ 返回/收箱地点栏，进出口全部由船舶代理人填写。

⑥ 船名/航次栏，进出口全部由船舶代理人填写。

⑦ 集装箱箱号栏，进口拆箱由船舶代理人填写，出口装箱除指定箱号外，由港区、场/站填写。

⑧ 尺寸/类型栏，进出口全部由船舶代理人填写。

⑨ 营运人栏进，出口全部由船舶代理人填写。

⑩ 提单号栏，进口拆箱由船舶代理人填写，出口装箱由运箱人要求装箱点填写。

⑪ 铅封号栏，进口拆箱由船舶代理人填写，出口装箱由运箱人要求装箱点填写。

⑫ 免费使用期栏，进出口全部由船舶代理人填写。

⑬ 运载工具牌号栏，进出口全部由运箱人填写。

⑭ 出场目的/状态栏，由船舶代理人填写。

⑮ 进场目的/状态栏，由船舶代理人填写。

⑯ 出场日期栏，由港区、场/站道口填写。

⑰ 进场日期栏，由港区、场/站道口填写。

⑱ 出场检查栏，由运箱人与港区、场/站道口工作人员联合检查，如有异状，由港区、场/站道口工作人员注明程度及尺寸。

⑲ 进场检查栏，由运箱人与港区、场/站道口工作人员联合检查，如有异状，由港区、场/站道口工作人员注明程度及尺寸。

⑳ 用箱人/运箱人签署栏，由运箱人签署。

㉑ 码头/堆场值班员签字栏，由港区、场/站道口工作人员签署。

㉒《集装箱设备交接单》一经签发不得更改。凡需更改者，必须到船舶代理人处办理更正手续，并于《集装箱设备交接单》更正处盖有船舶代理人箱管更正章，其他更正章一律无效。未经办理更正手续的《集装箱设备交接单》一律不得进入港区，违者按规定追究责任。

（2）集装箱场站收据的使用业务。场站收据的格式和内容见表 9-19～表 9-25 所示。

① "场站收据"用纸，应用无碳复印纸印刷。

② "场站收据"格式，系集装箱运输专用出口单证，标准格式一套共9联。

第1联：货主留底　　　　　　　　　　　白色

第2联：集装箱货物托运单（船代留底）　白色

第3联：运费通知（1）　　　　　　　　白色

第4联：运费通知（2）　　　　　　　　白色

第5联：装货单——场站收据副本　　　　白色

第6联：场站收据副本——大副联　　　　粉红色

第7联：场站收据　　　　　　　　　　　淡黄色

第8联：货代留底　　　　　　　　　　　白色

第9联：配舱回单　　　　　　　　　　　白色

③ "场站收据"填制。

第一，"场站收据"各栏目由托运人用打字机填制以求清晰。在托运过程中，任何项目更改，应由提出更改的责任方编制更正通知单，并及时送达有关单位主管部门。

第二，场站收据的收货方式和交货方式应根据运输条款如实填写，同一单不得出现两种收货方式或交货方式。

第三，冷藏货出运，应正确填报冷藏温度。

第四，危险品出运应正确填报类别、性能、危规页数和联合国编号（UN No.）。

第五，第2、3、4联和第8、9联右下角空白栏供托运人备注用。

④ "场站收据"流转程序。

第一，托运人制单后留下货主留存联，将其余8联送船代订舱签单。

第二，船代编号后，留下第2、3、4联，并在第5联装货单上签章确认订舱，将剩余第5~9联退给货代。第8联货代留底。第9联由货代退给托运人作配舱回单。

第三，第5~7联供报关用。

第四，海关审核认可后，在第5联装货单上加盖海关放行章，将5、6、7三联一并退回报办人。

第五，货代安排将箱号/封志号/件数填入5、6、7联，在集装箱进场站完毕24h前交场站签收。

第六，场站业务员在集装箱进场完毕时，在第5、6、7联上加批实收箱数并签收（场站业务员的签收仅属核对性质，集装箱内货物件数和货物状况仍由装箱单位负责），并在右上角日期填入进场完毕日期，由场站加盖公章。第5联由场站留底，第6联（大副联）由场站业务员在装船前24h分批送外轮理货员，最后一批不得迟于开装前4h，理货员于装船时交大副。第7联场站收据由场站业务员返回货代（托运人）。托运人凭场站收据向船代换取待装提单，或在装船后换取装船提单。

表 9-2 　　　　　　　　　集装箱货运订舱单（托运单）

公司

CHINA OCEAN SHIPPING AGENCY

留　　底

COUNTERFOIL 　　S/O No·············

船名　　　　　　　　航次　　　　　　　　目的港

Vessel Name··················..Voy·······························For························

托运人

Shipper··

收货人

Consignee··..

通知

Notify···

标记及号码 Marks&Nos.	件数 Quantity	货名 Description of Goods	毛重量 Gross Weight In 公斤 Kilos	尺码 Measurement 立方分尺 Cn.M.

共　计　件　数（大写）
Total Number of Packages in Writing

委托号		可否转船	
装船期		可否分批	
结汇期		存货地点	
总尺码			

表 9-3　　　　　　　　　　　集装箱货物托运单（订舱单）

▽

Shipper（发货人）	D/R No.（编号） 第一联
Consignee（收货人）	
Notify Party（通知人）	集装箱货物托运单 货主留底
Pre carriage by（前程运输）　Place of Receipt（收货地点）	
Ocean vessel（船名）　Voy. No.（航次）Port of Loading（装货港）	

Particulars Furnished by Merchants

Port of Discharge（卸货港）　　Place of Delivery（交货地点）				Final Destination for Merchant's Reference（目的地）

Container No.（集装箱号）	Seal No.（封志号）Marks & Nos.（标记与号码）	No.of containers or P'kgs.（箱数或件数）	Kind of Packages: Description of Goods（包装种类与货名）	Gross Weight 毛重（公斤）	Measure-ment 尺码（立方米）

TOTAL NUMBER OF CONTAINERS OR PACKAGES (IN WORDS)
集装箱数或件数合计（大写）

FREIGHT & CHARGES（运费与附加费）	Revenue Tons（运费吨）	Rate(运费率) Per（每）	Prepaid（运费预付）	Collect（判付）

Ex Rate:（兑换率）	Prepaid at（预付地点）	Payable at（到付地点）	Place of lssue（签发地点）
	Total Prepaid（预付总额）	No of Original B(s)/L（正本提单份数）	

Service Type on Receiving □-CY，□-CFS，□-DOOR		Service Type on Delivery □-CY，□-CFS，□-DOOR		Reefer Temperature Required.（冷藏温度）	℉	℃
TYPE OF GOODS（种类）	□Ordinary,（普通）　□Reefer,（冷藏）　□Dangerous, □Auto（危险品）（裸装车辆）□Liquid,（液体）　□Live Animal,（活动物）　□Bulk □_____（散货）			危险品	Class: Property: IMDG Code Page: UN NO.	

可否转船：	可否分批：	
装　　期：	效　　期：	
金　　额：		
制单日期：		

表 9-4　　　　　　　　　　　集装箱货运场站收据

▽

Shipper（发货人）	D/R No.（编号）

Consignee（收货人）

场站收据
DOCK RECEIPT

Notify Party（通知人）

Pre carriage by（前程运输）　　Place of Receipt（收货地点）	Received by the Carrier the Total number of containers or other packages or units stated below to be transported subject to the temrs and conditions of the Carrier's regular form of Bill of Lading （for Combined Transport or port to Port Shipment）which shall be deemed to be incorporated herein.
Ocean vessel（船名）　Voy. No.（航次）　Port of Loading（装货港）	Date　　（日期）:

场站章

Port of Discharge（卸货港）　　Place of Delivery（交货地点）	Final Destination for Merchant's Referencs （目的地）

C'ontainer No.（集装箱号）	Seal No.（封志号）Marks & Nos.（标记与号码）	No.of containers or P'kgs.（箱数或件数）	Kind of Packages: Description of Goods（包装种类与货名）	Gross Weight 毛重（公斤）	Measure-ment 尺码（立方米）

TOTAL NUMBER OF CONT AINERS OR PACKAGES (IN WORDS)
集装箱数或件数合计（大写）

Container No.（箱号）Seal No.（封志号）Pkgs.（件数）Container No.（箱号）Seal No.（封志号）Pkgs.（件数）

Particulars Furnished by Merchants

Received（实收）　By Terminal clerk（场站员签字）

FREIGHT & CHARGES	Prepaid at（预付地点）	Payable at（到付地点）	Place of Issue（签发地点）
	Total Prepaid（预付总额）	No. of Original B(s)/L（正本提单份数）	BOOKING（订舱确认）APPROVED BY

Service Type on Receiving □-CY，□-CFS，□-DOOR		Service Type on Delivery □-CY，□-CFS，□-DOOR		Reefer Temperature Required.（冷藏温度）	℉	℃
TYPE OF GOODS（种类）	□Ordinary，（普通） □Liquid，（液体）	□Reefer，（冷藏） □Live Animal，（活动物）	□Dangerous，（危险品） □Bulk（散货）	□Auto.（裸装车辆） □_____	危险品	Class: Property: IMDG Code Page: UN NO.

表9-5

集装箱装箱单

CONTAINER LOAD PLAN 装 箱 单

CONTAINER TRANSPORTATION CO.LTD
集装箱货运有限公司
Terminal's Copy 码头联

Reefer Temperature Required, 冷藏温度 ℃ ℉			
Class 等级	IMDG Page 危规页码	UN NO. 联合国编号	Flashpoint 闪点

Ship's Name/Voy No. 船名/航次	Port of Loading 装港	Port of Discharge 卸港	Place of Delivery 交货地

Container No. 箱号	Bill of Lading No. 提单号	Packages & Packing 件数与包装	Gross Weight 毛重	Measurements 尺码	Description of Goods 货名	Mark & Numbers 唛头

Seal No. 封号

Cont.Size 箱型 20' 40' 45'

Cont., type. 箱类
Gp=普通箱　TK=油罐箱
RF=冷藏箱　PF=平板箱
OT=开顶箱　HC=高箱
FR=框架箱　HT=挂衣箱

Front 前

Door 门

ISO Code For Container Size/Type. 箱型/箱类 ISO标准代码

SHIPPERS/PACKER'S DECLARATIONS:We hereby declare that the container has been thoroughly cleaned without any evidence of cargoes of previous shipment prior to vanning and cargoes has been properly stuffed and secured.

Packer's Name/Address 装箱人名称/地址

TEL No. 电话号码

Received By Drayman 驾驶员签收及车号	Total Packages 总件数	Total Cargo Wt 总货重	Total Meas. 总尺码	Remarks：备注
ReceivedBy Terminals/Date of Receipt 码头收箱签收和收箱日期		Cont Tare Wt 集装箱皮重	Cgo/Cont Total Wt 货/箱总重量	

Packing Date. 装箱日期

Packed BY. 装箱人签名

表 9-6　集装箱装箱单

CONTAINER LOAD PLAN
装　箱　单

CONTAINER TRANSPORTATION CO.LTD.
集装箱货运有限公司
Carrier's Copy
承运人联

Reefer Temperature Required. 冷藏温度 ℃ ℉						
Class 等级	IMDG Page 危规页码	UN NO. 联合国编号	Flashpoint 闪点			
Ship's Name/Voy No. 船名/航次				Port of Loading 装港	Port of Discharge 卸港	Place of Delivery 交货地
Container No. 箱号				Bill of Lading No. 提单号	Packages & Packing 件数与包装	Gross Weight 毛重
Seal No. 封号					Front 前	
ContSize 箱型 20' 40' 45'　　Cont, type. 箱类　GP=普通箱　TK=油罐箱　RF=冷藏箱　PF=平板箱　OT=开顶箱　HC=高箱　FR=框架箱　HT=挂衣箱						Measurements 尺码
ISO Code For Container Size/Type. 箱型/箱类 ISO 标准代码					Door 门	
Packer's Name/Address. 装箱人名称/地址				Received By Drayman 驾驶员签收及车号	Total Packages 总件数	Total Cargo Wt 总货重
TEL No. 电话号码						Total Meas. 总尺码
Packing Date. 装箱日期				Received By Terminals/Date Of Receipt 码头收箱签收和收箱日期	Cont Taer Wt 集装箱皮重	Cgo/Cont Total Wt 货/箱总重量
Packed BY. 装箱人签名						Description of Goods 货名

SHIPPER'S/PACKER'S DECLARATIONS:We hereby declare that the container has been thoroughly cleaned without any evidence of cargoes of previous shipment prior to vanning and cargoes has been proerly stuffed and secured.

Mark & Numbers 唛头

Remarks: 备注

集装箱装箱单

CONTAINER LOAD PLAN
装 箱 单

CONTAINER TRANSPORTATION CO.LTD.
集装箱货运有限公司
Shipper's/Packer's Copy
发货人装箱人联

表 9-7

Class 等级	IMDG Page 危规页码	UN NO. 联合国编号	Flashpoint 闪点	Reefer Temperature Required.冷藏温度 ℃ ℉

| Ship's Name/Voy No. 船名/航次 | | Port of Loading 装港 | Port of Discharge 卸港 | Place of Delivery 交货地 | SHIPPER'S/PACKER'S DECLARATIONS:We hereby declare that the container has been thoroughly cleaned without any evidence of cargoes of previous shipment prior to vanning and cargoes has been proerly stuffed and secured. |

Container No. 箱号		Bill of Lading No. 提单号	Packages & Packing 件数与包装	Gross Weight 毛重	Measurements 尺码	Description of Goods 货名	Marks & Numbers 唛头

Seal No. 封号

Cont Size 箱型 20' 40' 45'

Cont, type. 箱类
GP=普通箱　TK=油罐箱
RF=冷藏箱　PF=平板箱
OT=开顶箱　HC=高箱
FR=框架箱　HT=挂衣箱

Front 前

Door 门

ISO Code For Container Size/Type.
箱型/箱类 ISO 标准代码

Packer's Name/Address.
装箱人名称/地址

TEL No.
电话号码

Packing Date. 装箱日期	Received By Drayman 驾驶员签收及车号	Total Packages 总件数	Total Cargo Wt 总货重	Total Meas. 总尺码	Remarks：备注

| Packed BY. 装箱人签名 | Received By Terminals/Date Of Receipt 码头/收箱签收和收箱日期 | | Cont Tare Wt 集装箱皮重 | Cgo/Cont Total Wt 货/箱总重量 | |

表 9-8   集装箱装箱单

		发票编号	MW23DCY-02

SHIPPING MARKS：   Invoice No. _____

DURBAN   装　箱　单   销货确认书号数
J.H.B   PACKINGLILST   Sales Confirmation No
C/NO：MC1-UP   日　期   ~~MAY.09,2003~~
                                      Date _____

品名
Commodity：   HAT

编号 Nos	品名 Commodity	件数 Package	数量 Quantity	毛重 Gr.Wt.	净重 Net.Wt.	尺码 Measurement
	HAT	135CTNS	4050DOZS	4725.50KGS	4455.00KGS	25.92CBM
	TOTAL	135CTNS	4050DOZS	4725.50KGS	4455.00KGS	25.92CBM

表 9-9

集装箱装箱单

装　箱　单

CONTAINER LOAD PLAN

船　名 Ocean Vessel	航　次 Voy.No.	收货地点 Place of Receipt □—场 CY □—站 CFS □—门 Door			装货港 Port of Loading		卸货港 Port of Discharging	交货地点 Place of Delivery □—场 CY □—站 CFS □—门 Door	集装箱号 Container No.		集装箱规格 Type of Container：20　40
箱主 Owner	提单号码 B/L No.	1. 发货人 Shipper　2. 收货人 Consignee　3. 通知人 Notify	标志和号码 Marks & Numbers	件数及包装种类 No.& Kind of Pkgs.	货　名 Description of Goods			铅封号 Seal No. 冷藏温度 ℉ ℃ Reefer. temp.Required			
			底 Front					重量（公斤）Weight kg.		尺码（立方米）Measurement Cu. M.	
			门 Door								
					总件数 Total Number of Packages 重量及尺码总计 Total Weight & Measurement						

危险品要注明危险品标志分类及闪点 In case of dangerous goods, please enter the label classification and flash point of the goods.	重新铅封号 New Seal No.	开封原因 Reason for breaking seat	装箱日期 Date of wanning：………………… 装箱地点 at：……（地点及国名 Place & Country）	皮重 Tare Weight
	出口 Export	堆场签收 Received by CY	驾驶员签收 Received by Drayman	装箱人 Packed by： 发货人　货运站 （Shipper/CFS）	总毛重 Gross Weight
	进口 Import	货运站签收 Received by CFS	驾驶员签收 Received by Drayman		发货人或货运站留存 1. SHIPPER/CFS （签置）Signed （1）一式十份　此栏每份不同

表 9-10   海运提单

B/L No.

Shipper

中国对外贸易运输总公司
CHINA NATIONAL FOREIGN TRADE
TRANSPORTATION CORP.
直运或转船提单
BILL OF LADING
DIRECT OR WITH TRANSHIPMENT

Consignee or order

SHIPPED on board in apparent good order and condition (unless otherwise indicated) the goods or packages specified herein and to be discharged at the mentioned port of discharge or as near thereto as the vessel may safely get and be always afloat.

Notify address

The weight, measure, marks and numbers, quality, contents and value, being particulars furnished by the Shipper, are not checked by the carrier on loading.

The Shipper, Consignee and the Holder of this Bill of Lading hereby expressly accept and agree to all printed , written or stamped provisions exceptions and conditions of this Bill of Lading, including those on the back hereof.

IN WITNESS whereof the number of original Bills of Lading stated below have been signed, one of which being accomplished, the other(s)to be void.

Pre-carriage by	Port of loading
Vessel	Port of transhipment
Port of discharge	Final destination

PARTICULARS FURNISHED BY SHIPPER

Container seal No. or marks and Nos.	Number and Kind of packages	Description of goods	Gross weight (kgs.)	Measurement (m^3)

COPY

Freight and charges	REGARDING TRANSHIPMENT INFORMATION PLEASE CONTACT

Ex.rate	Prepaid at	Freight payable at	Place and date of issue
	Total Prepaid	Number of original Bs/L	Signed for or on behalf of the Master
			as Agent

(SINOTRANS STANDARD FORM 4)   TERMS AND CONDITIONS AS PER ORIGINAL BILL OF LADING

172

表 9-11　　　　　　　　　集装箱联运提单

托运人 Shipper		B/L No.

中国对外贸易运输总公司
CHINA NATIONAL FOREIGN TRADE TRANSPORTATION CORP.

GA

联 运 提 单
COMBINED TRANSPORT
BILL OF LADING

收货人或指示
Consignee or order

RECEIVED the goods in apparent good order and condition as specified below unless otherwise stated herern.

The Carrier, in accordance with the provisions contained in this document.

通知地址
Notify address

1) undertakes to perform or to procure the performance of the entire transport from the place at which the goods are taken in charge to the place designated for delivery in this document, and

| 前段运输
Pre-carriage by | 收货地点
Place of receipt |
| 海运船只
Ocean vessel | 装 货 港
Port of loading |

2) assumes liability as prescribed in this document for such transport. One of the Bills of Lading must be surrendered duly indorsed in exchange for the goods or delivery order.

173

卸货港 Port of discharge	交货地点 Place of delivery	运费支付地 Freight payable at	正本提单份数 Number of original Bs/L

标志和号码 Marks and Nos.	件数和包装种类 Number and kind of packages	货名 Description of goods	毛重（公斤） Gross weight (kgs.)	尺码（立方米） Measurement (m^3)

以上细目由托运人提供
ABOVE PARTICULARS FURNISHED BY SHIPPER

运费和费用 Freight and charges	IN WITNESS where of the number of original Bills of Lading stated above have been signed, one of which being accomplished, the other (s) to be void.
	签单地点和日期 Place and date of issue
	代表承运人签字 Signed for or on behalf of the Carrier
	代 理 as Agents

SUBJECT TO THE TERMS AND CONDITIONS ON BACK

表 9-12　　　　　　　中华人民共和国出口许可证

中华人民共和国出口许可证

EXPORT LICENCE OF THE PEOPLE'S REPUBLIC OF CHINA　　No.0077522

1. 出口商： Exporter	3. 出口许可证号： Export licence No.
2. 发货人： Consignor	4. 出口许可证有效截止日期： Export licence expiry date
5. 贸易方式： Terms of trade	8. 进口国（地区）： Country/Region of purchase
6. 合同号： Contract No.	9. 付款方式： PAYMENT
7. 报关口岸： Place of clearance	10. 运输方式： Mode of transport

11. 商品名称：　　　　　　　　　　　商品编码：
　　Description of goods　　　　　　　Code of goods

12. 规格、型号 Specification	13. 单位 Unit	14. 数量 Quantity	15. 单价（　） Unit price	16. 总值（　　） Amount	17. 总值折美元 Amount in USD
18. 总计 Total					

19. 备注 Supplementary details	20. 发证机关签章 Issuing authority's stamp & signature
	21. 发证日期 Licence date

第一联正本发货人办理海关手续

海关验放签注栏在背面

174

表 9-13　　　　中华人民共和国进出口商品检验证书（A）

中华人民共和国北京进出口商品检验局　　　副　本

BEIJING IMPORT & EXPORT COMMODITY　　COPY

INSPECTION BUREAU OF THE PEOPLE'S

REPUBLIC OF CHINA

编号:

No.

地址:　　　北京市永安东里 17 号楼

Address:　　Building No.17,
　　　　　　Yongandongli, Beijing

检验证书

电报:　　　北京 2914

INSPECTION CERTIFICATE　日期:

Cable:　　　2914 BEIJING　　　　　　　　　　　　Date

电话:

Tel:　　　59 · 4580

发 货 人:

Consignor…………………………………………………………………………………………

收 货 人:

Consignee…………………………………………………………………………………………

品 　 名:　　　　　　　　　　　　　　　标记及号码:

Commodity………………………………………Mark & No.

报验数量/重量:

Quantity/Weight

Declared………………………………………………

检 验 结 果:

RESULTS OF INSPECTION:

主任检验员

Chief Inspector

表 9-14　　　　　中华人民共和国进出口商品检验证书（B）

中华人民共和国北京进出口商品检验局　　副　本
BEIJING IMPORT & EXPORT COMMODITY　COPY
INSPECTION BUREAU OF THE PEOPLE'S
REPUBLIC OF CHINA

地址:	北京市永安东里 17 号楼	检验证书	编号: No.
Address:	Building No.17, Yongandongli, Beijing		
电报:	北京 2914		日期:
Cable:	2914 BEIJING	INSPECTION CERTIFICATE	Date
电话:			
Tel:	59 · 4580		

收 货 人:

Consignee:

发 货 人:

Consignor:

品　　名:

Commodity:

报验数量/重量:

Quantity/Weight

Declared:

运　　输:

Transportation:

进口日期:

Date of Arrival:

卸毕日期:

Date of Completion

of Discharge:

发 票 号:

Invoice No. :

合 同 号:

Contract No. :

标记及号码:

Mark & No. :

表 9-15　　　　　　　　　　出口货物报关单

中华人民共和国海关出口货物报关单

预录入编号：　　　　　　海关编号：

出口口岸		备案号		出口日期		申报日期	
经营单位		运输方式	运输工具名称			提运单号	
发货单位		贸易方式		征免性质		结汇方式	
许可证号	运抵国（地区）		指运港			境内货源地	
批准文号	成交方式	运费		保费		杂费	
合同协议号	件数		包装种类	毛重（公斤）		净重（公斤）	
集装箱号	随附单据				生产厂家		
标记唛码及备注							

项号	商品编号	商品名称、规格型号	数量及单位	最终目的国（地区）	单价	总价	币制	征免
....								
....								
....								
....								

税费征收情况

录入员　录入单位	兹声明以上申报无讹并承担法律责任	海关审单批注及放行日期（签章）	
报关员	申报单位（签章）	审单	审价
单位地址		征税	统计
邮编　　电话　　　　填制日期		查验	放行

表 9-16　　　　　　　　出口退税专用货物报送单

中华人民共和国海关出口货物报关单　出口退税专用

预录入编号：　　　　　　　海关编号：

出口口岸		备案号		出口日期		申报日期
经营单位		运输方式	运输工具名称		提运单号	
发货单位		贸易方式	征免性质		结汇方式	
许可证号	运抵国（地区）		指运港		境内货源地	
批准文号	成交方式	运费		保费	杂费	
合同协议号	件数		包装种类	毛重（公斤）		净重（公斤）
集装箱号	随附单据			生产厂家		

标记唛码及备注

项号	商品编号	商品名称、规格型号	数量及单位	最终目的国（地区）	单价	总价	币制	征免
......								
......								
......								
......								

税费征收情况

录入员　录入单位	兹声明以上申报无讹并承担法律责任	海关审单批注及放行日期（签章）	
报关员	申报单位（签章）	审单	审价
单位地址		征税	统计
邮编　电话　　　　填制日期		查验	放行

表 9-17　　　　　　　　　　集装箱货运场站收据

▽

Shipper　　　（发货人）	D/R No.（编号）
Consignee　　（收货人）	**集装箱托运单（订舱单）**
Notify Party　（通知人）	**货主留底**

第一联

Pre carriage by（前程运输）　　Place of Receipt（收货地点）

Ocean vessel　（船名）　Voy. No.（航次）　Port of Loading（装货港）

Port of Discharge（卸货港）　　Place of Delivery（交货地点）	Final Destination for Merchant's Reference（目的地）

Particulars Furnished by Merchants

Container No.（集装箱号）	Seal No.（封志号）Marks & Nos.（标记与号码）	No.of containers or P'kgs.（箱数或件数）	Kind of Packages: Description of Goods（包装种类与货名）	Gross Weight 毛重（公斤）	Measurement 尺码（立方米）
TOTAL NUMBER OF CONTAINERS OR PACKAGES (IN WORDS)集装箱数或件数合计（大写）					

FREIGHT & CHARGES（运费与附加费）	Revenue Tons（运费吨）	Rate（运费率）Per（每）	Prepaid（运费预付）	Collect（到付）

Ex Rate：（兑换率）	Prepaid at（预付地点）	Payable at（到付地点）	Place of Issue（签发地点）
	Total Prepaid（预付总额）	No of Original B(s)/L（正本提单份数）	

Service Type on Receiving □-CY，□-CFS，□-DOOR	Service Type on Delivery □-CY，□-CFS，□-DOOR	Reefer Temperature Required.（冷藏温度）	℉	℃
TYPE OF GOODS（种类）	□Ordinary,（普通）　□Reefer,（冷藏）　□Dangerous,（危险品）　□Auto、（裸装车辆） □Liquid,（液体）　□Live Animal,（活动物）　□Bulk（散货）　□_____	危险品	Class: Property: IMDG Code Page: UN NO.	

可否转船：	可否分批：
装　　期：	效　　期：
金　　额：	
制单日期：	

表 9-18 集装箱货运场站收据

▽

Shipper （发货人）	D/R No. （编号）

集装箱托运单（订舱单）

船代留底

Consignee （收货人）
Notify Party （通知人）
Pre carriage by （前程运输）　Place of Receipt （收货地点）
Ocean vessel （船名）　Voy. No. （航次）　Port of Loading （装货港）
Port of Discharge （卸货港）　Place of Delivery （交货地点）　Final Destination for Merchant's Reference （目的地）

Particulars Furnished by Merchants

Container No. （集装箱号）	Seal No. （封志号）Marks & Nos. （标记与号码）	No.of containers or P'kgs. （箱数或件数）	Kind of Packages: Description of Goods （包装种类与货名）	Gross Weight 毛重（公斤）	Measurement 尺码（立方米）
TOTAL NUMBER OF CONTAINERS OR PACKAGES (IN WORDS) 集装箱数或件数合计（大写）					

FREIGHT & CHARGES （运费与附加费）	Revenue Tons （运费吨）	Rate （运费率） Per （每）	Prepaid （运费预付）	Collect （到付）

Ex Rate：（兑换率）	Prepaid at （预付地点）	Payable at（到付地点）	Place of Issue （签发地点）
	Total Prepaid （预付总额）	No of Original B(s)/L （正本提单份数）	

Service Type on Receiving ☐-CY, ☐-CFS, ☐-DOOR	Service Type on Delivery ☐-CY, ☐-CFS, ☐-DOOR	Reefer Temperature Required. （冷藏温度）	℉	℃
TYPE OF GOODS （种类）	☐Ordinary,（普通）　☐Reefer,（冷藏）　☐Dangerous,（危险品）　☐Auto、（裸装车辆）	危险品	Class: Property: IMDG Code Page: UN NO.	
	☐Liquid,（液体）　☐Live Animal,（活动物）　☐Bulk（散货）　☐____			

可否转船：	可否分批：	
装　期：	效　期：	
金　额：		
制单日期：		

表9-19　　　　　　　　　　　　集装箱货运场站收据

▽

Shipper （发货人）			D/R No.（编号）	第
Consignee （收货人）				三
Notify Party （通知人）			运费通知（1）	联
Pre carriage by （前程运输）　Place of Receipt（收货地点）				
Ocean vessel （船名）Voy. No. （航次）Port of Loading（装货港）				
Port of Discharge （卸货港）Place of Delivery（交货地点）			Final Destination for Merchant's Reference （目的地）	

Particulars Furnished by Merchants

Container No. （集装箱号）	Seal No. （封志号） Marks & Nos. （标记与号码）	No.of containers or P'kgs. （箱数或件数）	Kind of Packages: Description of Goods （包装种类与货名）	Gross Weight 毛重（公斤）	Measurement 尺码（立方米）
TOTAL NUMBER OF CONTAINERS OR PACKAGES (IN WORDS) 集装箱数或件数合计（大写）					

FREIGHT & CHARGES （运费与附加费）	Revenue Tons （运费吨）	Rate（运费率） Per（每）	Prepaid（运费 预付）	Collect （到付）

Ex Rate： （兑换率）	Prepaid at（预付地点）	Payable at（到付地点）	Place of Issue（签发地点）
	Total Prepaid（预付总额）	No of Original B(s)/L（正本提单 份数）	

Service Type on Receiving □-CY，□-CFS，□-DOOR	Service Type on Delivery □-CY，□-CFS，□-DOOR	Reefer Temperature Required. （冷藏温度）		℉	℃
TYPE OF GOODS （种类）	□Ordinary, （普通）　□Reefer, （冷藏）　□Dangerous, （危险品）　□Auto. （裸装车辆）	危 险 品	Class: Property: IMDG Code Page: UN NO.		
	□Liquid, （液体）　□Live Animal, （活动物）　□Bulk （散货）　□_____				

可否转船：	可否分批：
装　　期：	效　　期：
金　　额：	
制单日期：	

表 9-20   集装箱货运场站收据

▽

Shipper　　　（发货人）	D/R No.（编号）
Consignee　　（收货人）	运费通知（2）
Notify Party　（通知人）	
Pre carriage by　（前程运输）　Place of Receipt（收货地点）	
Ocean vessel（船名）　Voy. No.　（航次）　Port of Loading（装货港）	

第四联

Port of Discharge　（卸货港）　Place of Delivery（交货地点）	Final Destination for Merchant's Reference（目的地）	

Particulars Furnished by Merchants

Container No.（集装箱号）	Seal No.（封志号）Marks & Nos.（标记与号码）	No.of containers or P'kgs.（箱数或件数）	Kind of Packages: Description of Goods（包装种类与货名）	Gross Weight 毛重（公斤）	Measurement 尺码（立方米）
TOTAL NUMBER OF CONTAINERS OR PACKAGES (IN WORDS) 集装箱数或件数合计（大写）					

FREIGHT & CHARGES（运费与附加费）	Revenue Tons（运费吨）	Rate（运费率）Per（每）	Prepaid（运费预付）	Collect（到付）

Ex Rate:（兑换率）	Prepaid at（预付地点）	Payable at(到付地点)	Place of lssue（签发地点）
	Total Prepaid（预付总额）	No of Original B(s)/L（正本提单份数）	

Service Type on Receiving □-CY，□-CFS，□-DOOR	Service Type on Delivery □-CY，□-CFS，□-DOOR	Reefer Temperature Required.（冷藏温度）	℉	℃
TYPE OF GOODS（种类）	□Ordinary,（普通）　□Reefer,（冷藏）　□Dangerous,（危险品）　□Auto（裸装车辆）	危险品	Class:Property:IMDG Code Page:UN NO.	
	□Liquid,（液体）　□Live Animal,（活动物）　□Bulk,（散货）　□_____			

可否转船：	可否分批：	
装　　期：	效　　期：	
金　　额：		
制单日期：		

表 9-21　　　　　　　　　　　　集装箱货运场站收据

▽

Shipper　　　（发货人）	D/R No.（编号）

第五联

装货单
场站收据副本
COPY OF DOCK RECEIPT

Consignee　　　（收货人）

Received by the Carrier the Total number of containers or other packages or units stated below to betransported subject to the temrs and conditions of the Carrier's regular form of Bill of Lading (for Combined Transport or port to Port Shipment) which shall be deemed to be incorporated herein.

Date　　（日期）:

Notify Party　　　（通知人）

Pre carriage by　（前程运输）　　Place of Receipt（收货地点）

Ocean vessel　（船名）Voy. No.（航次）　Port of Loading（装货港）

场站章

Port of Discharge　（卸货港）　　Place of Delivery（交货地点）	Final Destination for Merchant's Reference（目的地）

183

Particulars Furnished by Merchants

Container No.（集装箱号）	Seal No.（封志号）Marks & Nos.（标记与号码）	No.of containers or P'kgs.（箱数或件数）	Kind of Packages: Description of Goods（包装种类与货名）	Gross Weight 毛重（公斤）	Measurement 尺码（立方米）
TOTAL NUMBER OF CONTAINERS OR PACKAGES (IN WORDS) 集装箱数或件数合计（大写）					

Container No.（箱号）Seal No.（封志号）Pkgs.（件数）Container No.（箱号）Seal No.（封志号）Pkgs.（件数）

Received（实收）　By Terminal clerk（场站员签字）

FREIGHT & CHARGES	Prepaid at（预付地点）	Payable at（到付地点）	Place of Issue（签发地点）
	Total Prepaid（预付总额）	No.of Original B(s)/L（正本提单份数）	BOOKING（订舱确认）APPROVED BY

Service Type on Receiving □-CY, □-CFS, □-DOOR	Service Type on Delivery □-CY, □-CFS, □-DOOR	Reefer Temperature Required.（冷藏温度）	℉	℃
TYPE OF GOODS（种类）	□Ordinary,（普通）　□Reefer,（冷藏）　□Dangerous,（危险品）　□Auto.（裸装车辆）	危险品	Class: Property: IMDG Code Page: UN NO.	
	□Liquid,（液体）　□Live Animal,（活动物）　□Bulk（散货）　□_____			

表 9-22   集装箱货运场站收据

Shipper （发货人）		D/R No.（编号）	第六联

场站收据副本
（大副联）
COPY OF DOCK RECEIPT
(FOR CHIEF OFFICER)

Consignee （收货人）

Notify Party （通知人）

Received by the Carrier the Total number of containers or other packages or units stated below to the transported subject to the temrs and conditions of the Carrier's regular form of Bill of Lading (for Combined Transport or port to port Shipment) which shall be deemed to be incorporated herein.

Pre carriage by （前程运输）   Place of Receipt （收货地点）

Date   （日期）：

Ocean vessel（船名） Voy. No.（航次）   Port of Loading （装货港）

场站章

Port of Discharge （卸货港）   Place of Delivery （交货地点）   Final Destination for Merchant's Reference （目的地）

Particulars Furnished by Merchants

Container No.（集装箱号）	Seal No.（封志号） Marks & Nos.（标记与号码）	No.of containers or P'kgs.（箱数或件数）	Kind of Packages: Description of Goods （包装种类与货名）	Gross Weight 毛重（公斤）	Measurement 尺码（立方米）
TOTAL NUMBER OF CONTAINERS OR PACKAGES (IN WORDS) 集装箱数或件数合计（大写）					

Container No.（箱号）Seal No.（封志号）Pkgs.（件数）Container No.（箱号）Seal No.（封志号）Pkgs.（件数）

Received （实收）   By Terminal clerk （场站员签字）

FREIGHT & CHARGES	Prepaid at （预付地点）	Payable at （到付地点）	Place of lssue （签发地点）
	Total Prepaid （预付总额）	No.of Original B(s)/L （正本提单份数）	BOOKING （订舱确认） APPROVED BY

Service Type on Receiving □-CY, □-CFS, □-DOOR	Service Type on Delivery □-CY, □-CFS, □-DOOR	Reeter Temperature Required. （冷藏温度）		℉	℃
TYPE OF GOODS （种类）	□Ordinary,（普通） □Reefer,（冷藏）	□Dangerous,（危险品） □Auto.（裸装车辆）	危险品	Class: Property: IMDG Code Page: UN NO.	
	□Liquid,（液体） □Live Animal,（活动物）	□Bulk（散货） □_____			

表 9-23 集装箱货运场站收据

▽

Shipper （发货人）	D/R No.（编号）

第七联

场站收据
DOCK RECEIPT

Consignee （收货人）

Notify Party （通知人）

Received by the Carrier the Total number of containers or other packages or units stated below to betransported subject to the temrs and conditions of the Carrier's regular form of Bill of Lading (for Combined Transport or port to Port Shipment) which shall be deemed to be incorporated herein.

Pre carriage by （前程运输） Place of Receipt （收货地点）

Date （日期）:

Ocean vessel （船名） Voy. No.（航次） Port of Loading （装货港）

场站章

Port of Discharge （卸货港） Place of Delivery （交货地点）	Final Destination for Merchant's Reference （目的地）

Particulars Furnished by Merchants

Container No. （集装箱号）	Seal No. （封志号） Marks & Nos. （标记与号码）	No.of containers or P'kgs.（箱数或件数）	Kind of Packages: Description of Goods （包装种类与货名）	Gross Weight 毛重（公斤）	Measurement 尺码（立方米）
TOTAL NUMBER OF CONTAINERS OR PACKAGES (IN WORDS) 集装箱数或件数合计（大写）					

Container No.（箱号）Seal No.（封志号）Pkgs.（件数）Container No.（箱号）Seal No.（封志号）Pkgs.（件数）

Received （实收） By Terminal clerk （场站员签字）

FREIGHT & CHARGES	Prepaid at （预付地点）	Payable at （到付地点）	Place of lssue （签发地点）
	Total Prepaid （预付总额）	No.of Original B(s)/L （正本提单份数）	BOOKING （订舱确认） APPROVED BY

Service Type on Receiving ☐-CY, ☐-CFS, ☐-DOOR		Service Type on Delivery ☐-CY, ☐-CFS, ☐-DOOR		Reeter Temperature Required. （冷藏温度）		℉	℃
TYPE OF GOODS （种类）	☐Ordinary, （普通）	☐Reefer, （冷藏）	☐Dangerous, （危险品）	☐Auto. （裸装车辆）	危险品	Class: Property: IMDG Code Page: UN NO.	
	☐Liquid, （液体）	☐Live Animal, （活动物）	☐Bulk （散货）	☐_____			

185

表 9-24　　　　　　　　集装箱货运场站收据

▽

Shipper　（发货人）	D/R No.（编号）

Consignee　（收货人）　　　　　　货代留底　第八联

Notify Party　（通知人）

Pre carriage by　（前程运输）　　Place of Receipt（收货地点）

Ocean vessel　（船名）　Voy. No.（航次）　Port of Loading（装货港）

Port of Discharge（卸货港）　Place of Delivery（交货地点）	Final Destination for Merchant's Reference（目的地）

Particulars Furnished by Merchants

Container No.（集装箱号）	Seal No.（封志号）Marks & Nos.（标记与号码）	No.of containers or p'kgs.（箱数或件数）	Kind of Packages: Description of Goods（包装种类与货名）	Gross Weight 毛重（公斤）	Measuremetnt 尺码（立方米）

TOTAL NUMBER OF CONTAINERS OR PACKAGES (IN WORDS) 集装箱数或件数合计（大写）

FREIGHT & CHARGES（运费与附加费）	Revenue Tons（运费吨）	Rate（运费率）Per（每）	Prepaid（运费预付）	Collect（到付）

Ex Rate:（兑换率）	Prepaid at（预付地点）	Payable at（到付地点）	Place of Issue（签发地点）
	Total Prepaid（预付总额）	No of Original B(s)/L（正本提单份数）	

Service Type on Receiving ☐-CY, ☐-CFS, ☐-DOOR	Service Type on Delivery ☐-CY, ☐-CFS, ☐-DOOR	Reefer Temperature Required.（冷藏温度）　℉　℃
TYPE OF GOODS（种类）	☐Ordinary（普通）　☐Reefer（冷藏）　☐Dangerous（危险品）　☐Auto、（裸装车辆） ☐Liquid（液体）　☐Live Animal（活动物）　☐Bulk（散货）　☐____	危险品　Class: Property: IMDG Code Page: UN NO.

可否转船：	可否分批：
装　期：	效　期：
金　额：	
制单日期：	

186

表 9-25　　　　　　　　　　　　集装箱货运场站收据

▽

Shipper　　　（发货人）	D/R No.（编号）	
Consignee　　（收货人）	**配舱回单**	第九联
Notify Party　　（通知人）		

Pre carriage by　（前程运输）　Place of Receipt（收货地点）

Ocean vessel　（船名）　Voy. No.（航次）　Pore of Loading（装货港）

Port of Discharge　（卸货港）　Place of Delivery（交货地点）		Final Destination for Merchant's Reference（目的地）

<table>
<tr><td rowspan="15" style="writing-mode:vertical">Particulars Furnished by Merchants</td><td>Container No.
（集装箱号）</td><td>Seal No.
（封志号）

Marks & Nos.
（标记与号码）</td><td>No.of containers or
P'kgs.（箱数或件数）</td><td>Kind of Packages:
Description of Goods
（包装种类与货名）</td><td>Gross Weight
毛重（公斤）</td><td>Measuremetnt
尺码（立方米）</td></tr>
<tr><td></td><td></td><td></td><td></td><td></td><td></td></tr>
</table>

TOTAL NUMBER OF CONTAINERS OR PACKAGES (IN WORDS) 集装箱数或件数合计（大写）	

FREIGHT & CHARGES （运费与附加费）	Revenue Tons （运费吨）	Rate（运费率） Per（每）	Prepaid （运费预付）	Collect （到付）

Ex Rate： （兑换率）	Prepaid at（预付地点）	Payable at（到付地点）	Place of lssue（签发地点）
	Total Prepaid（预付总额）	No of Original B(s)/L （正本提单份数）	

Service Type on Receiving □-CY，□-CFS，□-DOOR	Service Type on Delivery □-CY，□-CFS，□-DOOR	Reefer Temperature Required. （冷藏温度）	℉	℃
TYPE OF GOODS （种类）	□Ordinary，（普通）　□Reefer，（冷藏）　□Dangerous，（危险品）　□Auto、（裸装车辆） □Liquid，（液体）　□Live Animal，（活动物）　□Bulk，（散货）　□____	危险品	Class: Property: IMDG Code Page: UN NO.	

可否转船：	可否分批：	
装　　期：	效　　期：	
金　　额：		
制单日期：		

187

三、集装箱货物进口运输业务

1. 国际集装箱运输进口货运程序

（1）集装箱运输在目的地（进口国）交接责任的特点。

① 交货地点不同。普通海运的交接点在船舷或船边，而集装箱货运则延伸到陆地，如站、场、门等。

② 交货条件也有所不同。拼箱货船方的责任虽与传统海运一样，即负责货物的件数和包装的完整，但整箱货船方只负交箱责任，只要铅封完好，箱的外表与接运时相似，责任即告终止。

③ 经济利益不同。在传统海运中，船舶等运输设备只与承运方有关，不涉及货方的经济利益。但在集装箱运输中，集装箱作为运输设备，当整箱货在门场交接后即由货方控制，直至空箱送回。这期间集装箱当然由货方负责。

（2）进口货运程序。

① 出口港在船舶开航后，应将有关箱运单证航空邮寄进口港区船公司的集装箱管理处。

② 集装箱管理处收到出口港寄来的各种货运单证后，即分别发给进口港代理公司和集装箱装卸区。

③ 进口港代理公司在接到船舶到港时间及有关箱运资料后，即分别向收货人发到货通知。

④ 收货人接到到货通知，即向银行付款购单，并以正本提单向代理公司换取提货单。

⑤ 代理公司根据收货人提供的正本提单，经与货运或箱运舱单核对无误后，即签发提货单。提货单（如表 9-26 和表 9-27 所示）是收货人向装卸区或货运站提货的凭证，也是船公司对装卸区或货运站交箱交货的通知。

船公司的代理公司签发提货单时，除了收回正本提单并查对进口许可证外，还须货方付清运费及一切有关费用。如果 D/R 场站收据对集装箱有批注，原注也应列入提货单备注栏内。

⑥ 收货人凭进口许可证及提货单到集装箱装卸区办理提箱提货手续。

⑦ 就整箱货而言，装卸区堆场根据正本提货单交箱，并与货方代表在船公司签发的设备交接单上签字，以示办妥交接手续。

⑧ 拼箱货在货运站办理提货手续，由货运站向收货人收回正本提货单，将货交由收货人提取。至此进口货运程序结束。

图 9-32 所示为集装箱进口货运程序简图。

表 9-26　　　　　　　　　　　提货单 A

中国外运天津集团船务代理公司

STNOTRANS TIANJIN MARINE SHIPPING AGENCY

提　货　单

（DELIVERY ORDER）

No.

收货人 通知人				下列货物已办妥手续，运费结清请准许交付收货人。		
船名：	航次：	起运港：		唛头：		
提单号：	交付条款：	目的港：				
卸货地点：	进场日期：	箱进口状态：				
抵港日期		到付海运费				
一程船：		提单号：				
集装箱/铅封号	货物名称		件数与包装	重量（kg）	体积（m³）	

请核对放货：

中国外运天津集团船务代理公司

提货专用章

凡属法定检验、检疫的进口商品，必须向有关监督机关申报

海 关 章			

189

表 9-27   提货单 B

中国外轮代理公司上海分公司

CHINA OCEAN SHIPPING AGENCY SHANGHAI BRANCH

提 货 单

DELIVERY ORDER   No.

致：_____ 港区、场、站

收货人：_____

下列货物已办妥手续，运费结清，准予交付收货人

船名	航次		起运港		目的地	
提单号	交付条款			到付海运费		
卸货地点	到达日期	进库场日期			第一程运输	
标记与集装箱号	货　名	集装箱数	件　数		重量（kg）	体积（m³）

请核对放货。

中国外轮代理公司上海分公司

年　月　日

凡属法定检验、检疫的进口商品，必须向有关监督机构申报。

收货人章	海关章		
1	2	3	4
5	6	7	8

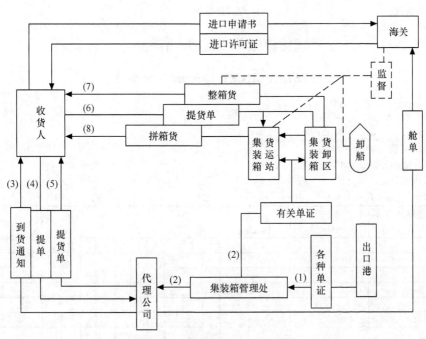

图 9-32 集装箱进口货运程序简图

（3）几种主要进口单证。在进口货运中，涉及的单证除了提货单外，还有卸箱清单、理货计数单、溢短残损单、催提单、拆箱单等。

① 卸箱清单。船舶在卸箱过程中，装卸区理货人员应编制卸箱清单，以证实船舶实际卸下集装箱的数量情况。卸箱清单也是供集装箱管理处编制"编目控制"的基本资料之一，如有集装箱异状，应即列入批注栏内。

② 理货单证。

货运站拆箱时，理货人员对照装箱单及货物舱单点验件数，要编制理货计数单（如表 9-28 所示）。

如发现货物的溢短残损时，要根据卸货时所编的卸箱清单所列批注，并参照出口港的批注清单编制溢短残损单（如图 9-29、图 9-30 所示）。如无溢短残损也应在单内填"无"。如果在填单后再发现集装箱有新的损坏或其他需要批注的事项，则应由装卸区负责。拼箱货拆箱时，如发现异状或件数不符，理货人员也应填列溢短残损单。

③ 集装箱催提单和催提进口货清单。在卸箱完毕后一定时期内（一般是 7 天）收货人尚未提取时，装卸区应编制集装箱催提单和催提进口货清单送代理公司，向有关收货人催提。

④ 拆箱单。货运站每天根据理货计数单编制拆箱单，分送代理公司和集装箱管理处。该单包括船公司、船名、航次、箱号、拆箱日期及起讫时间和提单号等。

191

表 9-28   理货计数单

理货计数单（进港/出港）

TALLY SHEET（Inward/outward）   编号：
                                                    No.

船名：   泊位：   舱口号：
Vessel: Berth: Hatch No.
仓库/堆场/车辆/驳船号：
Warehouse/Stake yard/Wagon/Lighter No.:
工作时间从   时至   时   年   月   日
Working time from Hrs, to   Hrs   ,20.

提单或装货单号 B/L of S/O No.	标志 Mark	件数 Packing	理货 Tally											总计 Total
			1	2	3	4	5	6	7	8	9	10		

批注   总计件数：_____
Remarks   Total P'kgs.
星期日或节假日
Sunday or Holiday
夜班
Night Shift
无货舱
Noncargo Hold
靠泊
Anchorage
熔化、冻结、凝固或粘连货物
Multed，frozen，Solidified or Stuck Eargo
打捞的货物
Salvaged Eargo
翻舱/出舱
Shifting Within/Outside the Hold
分标志
Marks-assorting
待时
Stand-by Time

理货员：   复核：
Tally Clerk：   Counterpart：

表 9-29　　　　　　　　　　货物残损单

货物残损单

DAMAGE CARGO LIST

编号：
No.

船名：　　　　　　航次：　　　　泊位：　　　　国籍：
Vessel：　　　　　Voy.　　　　　Berth：　　　　Nationality：

开工日期：　　　年　月　日　　　　　　制单日期：　　年　月　日
Tally Commenced on：　　　　, 20　　　　　　Date of List　　　, 20

提单号 B/L No.	标志 Marks	货名 Description	货损件数和包装 P'kgs.& Packing Damaged	货损情况 Condition ofdamage

理货组长：　　　　　　　　　　　　　　　　　　船长/大副：

Chief Tally：　　　　　　　　　　　　　　　　　Master/Chief Officer

表 9-30　　　　　　　　　　货物溢短单

货物溢短单

OVERLANDED/SHORTLANDED CARGO LIST

编号：
No.

船名：　　　　　　航次：　　　　泊位：　　　　国籍：
Vessel：　　　　　Voy.　　　　　Berth：　　　　Nationality：

开工日期：　　　年　月　日　　　　　　制单日期：　　年　月　日
Tally Commenced on：　　　　, 20　　　　　　Date of List　　　, 20

提单号 B/L No.	标志 Marks	货名 Description	舱单记载数和包装 P'kgs.& Packing on Manifest	溢卸件数和包装 P'kgs.& Packing overlanded	短卸件数和包装 P'kgs.& Packing on shortlanded

理货组长：　　　　　　　　　　　　　　　　　　船长/大副：

Chief Tally：　　　　　　　　　　　　　　　　　Master/Chief Officer

2．国际集装箱运输各业务单位的进口业务

（1）收货人的进口业务。

① 成交开证。在进口商品前，作为买方的收货人必须与卖方（发货人）签订买卖合同（进口合同），然后委托银行开出信用证（在采用信用证支付方式下）。其中，买卖合同的运输条款中必须注明采用集装箱装运。

② 申请进口许可证。收货人事先向海关或有关部门申请进口许可证（如表9-31所示），否则装卸区可拒绝交货。

表 9-31　　　　　　　　　　中华人民共和国进口许可证

中华人民共和国进口许可证

IMPORT LICENCE OF THE PEOPLE'S REPUBLIC OF CHINA

编号：
No.

1. 进口商： Importer			3. 进口许可证号： Import licence No.		
2. 收货人： Consignee			4. 进口许可证有效截止日期： Importer licence expiry date		
5. 贸易方式： Terms of trade			8. 出口国（地区）： Country/Region of exportation		
6. 外汇来源： Terms of foreign exchange			9. 原产地国（地区）： Country/Region of origin		
7. 报关口岸： Place of clearance			10. 商品用途： Use of goods		
11. 商品名称： Description of goods			商品编码： Code of goods		
12. 规格、型号 Specification	13. 单位 Unit	14. 数量 Quantity	15. 单价（）Unit price	16. 总值（） Amount	17. 总值折美元 Amount in USD
18. 总计 Total					
19. 备　注： Supplementary derails			20. 发证机关签章： Issuing authority's stamp & signature		
			21. 发证日期 Licence date		

对外贸易经济合作部监制（99）　　　　　　　　　　　　　　　　TZ-101241

(右侧竖排文字：第一联正本提货人办理海关手续海关验放签注栏在背后)

③ 换取提货单。在收货人委托的开证银行收到起运地银行寄来的全套运输单证后，收货人即应向开证银行结付货款，方取得全套运输单证；然后以其中的正本提单连同进口许可证向进口港代理公司换取提货单，并付清一切费用，再向装卸区提货。

④ 报关放行。收货人应持进口许可证及运输单证和贸易证向海关及有关单位办理报送放行手续，进口货物提货单（如表 9-32 所示），某些货物，如植物、动物、食品、危险货物等还须申请检验。

表 9-32　　　　　　　　　　　进口货物报关单

中华人民共和国海关出口货物报关单

预录入编号：　　　　　　　海关编号：

进口口岸		备案号		进口日期		申报日期	
经营单位		运输方式	运输工具名称			提运单号	
收货单位		贸易方式		征免性质		征税比例	
许可证号		起运国（地区）		装运港		境内目的地	
批准文号		成交方式	运费		保费		杂费
合同协议号		件数		包装种类	毛重（kg）		净重（kg）
集装箱号		随附单据			用途		
标记唛码及备注							

项号	商品编号	商品名称	规格型号	数量及单位	原产国（地区）	单价	总价	币制	征免
......									
......									
......									
......									

税费征收情况

录入员　录入单位	兹声明以上申报无讹并承担法律责任	海关审单批注及放行日期（签章）	
报关员		审单	审价
单位地址	申报单位（签章）		
邮编　　电话　　填制日期		征税	统计
		查验	放行

⑤ 提货及运回空箱。上述手续办妥即可凭提货单提货。整箱货在送达收货人单位后，应立即进行拆箱卸货，并将空箱在规定时间内（一般是 48h）送回，否则须支

付滞期费。

⑥ 索赔。收货人实际收到的集装箱或货物和持有的提单记载不符，如有短少、损坏、灭失等，经查证应由承运人负责，收货人通过代理公司向承运人提出索赔，或委托保险公司办理索赔。

（2）船公司及其代理公司的进口业务。

① 集装箱管理处向集装箱装卸区下达任务。在船舶到达卸货港 5 天前，由船公司航区的集装箱管理处对卸货港的装卸区下达卸货指示。其内容是卸箱总数以及特殊要求，如变更目的港等。

② 发进口提货通知。船舶到港前发到达通知，通知收货人作好准备，并强调船到即须提货。船舶抵港时再发出提箱或提货通知，强调如逾期提货将征收堆存费及转场费。

③ 分发进口单证。卸箱港代理公司要分发下列进口单证。

一是进口货运舱单：即出口港的货运舱单。由于某些国家要求必须按海关规定格式，所以有时必须由进口港重新编制。

二是特种货进口舱单：为有关机关检验特种货运之用。

三是进口集装箱清单：即装箱清单，与货运舱单一样，作报关卸货之用。

四是装箱单：供收货人或货运站拆箱点验货物之用。

五是副本提单：签发提货单时，与正本提单核对。在交箱或交货时，供核对提货单之用。

六是积载图：为装卸区编制卸箱作业计划及堆场计划之用。

七是批注清单：供划分船舶与装卸区及船方与货方责任之用。

④ 签发提货单。

⑤ 签发设备交接单。签发本交接单手续与出口港发货人手续相同。

⑥ 货损货差理赔。在集装箱货运中，承运人与货物所有人之间，委托方与代理公司之间，船方与装卸区或其他业务服务单位之间，由于其中一方违反合约或其他约定，或是未按提单条款履行和未按设备交接单背面条款履行，或是工作中的疏忽和过失，造成另一方面的损害等，受损方可以就遭受的直接损失向责任方取得补偿。

（3）集装箱装卸区的进口业务。

① 进口卸箱准备。装卸区应根据集装箱管理处下达的卸箱指示以及出口港所编的船舶积载图和中途港可能编送的翻舱清单编制卸箱作业计划、堆场计划、交箱计划。这些计划首先应考虑 3 种交接方式（即站、场、门交接）分别堆装，同时还应考虑集装箱是继续转运还是直接交给收货人。在集装箱运输中，从船上卸下和把箱子交给收货人如能同时进行是最理想的管理方法，可以避免集装箱积压在堆场，因此必须有严密的计划。

② 向港口有关当局申报。装卸区收到集装箱管理处转出的出口港所编的单证后，应分别向海关和有关防疫所申报。

③ 卸箱进场。卸箱进场时应注意以下几点。

一是根据管理处的卸箱指示、出口港所编的货运舱单、船舶积载图、装箱清单等编制卸箱计划后，应立即进行卸船作业。

二是在卸箱时如发现异状，应在卸箱清单上注明。对照出口港所编批注清单，如发现损坏有所扩大，亦应在单中注明。

三是卸箱完毕，应根据卸箱清单批注汇编及分送溢短残损单，并对照出口港所编装箱清单核对箱数，如有不符也应在溢短单中注明。

④ 整箱货运交箱。代理公司签发的提货单和设备交接单是整箱货交箱的依据，并应对照是否与出口港所寄装箱单、提单副本一致。如有不符应及时向代理公司联系。

交箱时先查对进口许可证，然后根据提货单交箱。双方应一同查验铅封及集装箱外表情况。交箱完毕，装卸区还应根据交箱记录汇编另一份残损单，分送代理公司及集装箱管理处，作为区分责任及办理理赔的参考。

装卸区应逐日查对代理公司给收货人所发的提箱通知，船舶卸箱完毕后7天应编制清算，分送代理公司及管理处，再次向收货人催提。

⑤ 船上翻舱。船舶因故必须翻舱时，应由翻舱港装卸区编制翻舱清单，作为船舶积载图的辅助单据。

⑥ 内陆货运站或非卸箱港集散点交箱。

⑦ 空箱管理。

（4）集装箱货运站的进口业务。

① 拆箱计划安排。

装卸区应将下列单证交货运站：货运舱单、集装箱清单、特种货清单（为船公司的交货通知）、装箱单（为船公司的拆箱指示）、提单副本（为交货时核对提货单的依据）、批注清单（为交货时划分责任的依据）。

货运站根据货运及装箱情况，编制拆箱计划，并及时联系收货人，确定提货时间，据以安排拆箱卸货计划。

② 箱货交接。根据拆箱计划向堆场领取拼箱货集装箱。

拆箱前，应联系海关派员监督，会同检验开箱铅封，如有异状，在残损单上批注。启封后，即行卸货，由理货员对照货运舱单或提单副本及装箱单核对货运资料，即货名、标志、件数以及外表情况，如有异状，也应在溢短残损单上批注。

货运站根据代理公司签发的提货单，并对照出口港所寄的装箱单、提单副本审核是否一致，如有不符，应及时联系代理公司解决。此外，尚须查对收货人是否持有有效的进口许可证或内陆运输证。然后双方一同验点货物，在提货单上签字，完成交货手续，如有异状，也应在交货记录上批注。如货物有溢短，则理货员尚应编制溢短残损单，分送船公司及集装箱管理处。

货运站应逐日查对代理公司对收货人所发的提货通知以及和收货人约定的提货时间进行催提；于船舶卸箱完毕 8 天后，应编制催提进口货清单，分送代理公司及集装箱管理处，以便再次催提。

③ 空箱管理。拼箱货在拆箱卸货完毕，将空箱交回堆场前，必须检查下列事项。

一是集装箱必须清洁，如有防水布或其他设备，都应处于完好状态。

二是加固用的钉子、木板，捆扎的索具或其他设备等材料，应全部清除出箱。

三是发现集装箱损坏，应立即通知箱子所有人及时进行修补。

 项目实施

1. 收货人向发货人提出赔偿要求

由于出口提单记载"由货主装载并计数"，收货人根据提单记载向发货人索赔，但发货人拒赔，其理由：尽管提单记载由货主装载并计数，但事实上皮鞋并非由货主自行装载，在皮鞋送货运站后，货运站不仅在卸车记录上签收，而且又出具了仓库收据。仓库收据的出具表明货运站已收到皮鞋，对皮鞋的责任已开始，同时也表明货主责任即告终止。因此，提单记载是没有任何意义的，不具有任何法律效力。此外，提单记载 CY-CY 运输条款并不能说明整箱交接，因为该批皮鞋由货运站装箱。而且，装载皮鞋的集装箱装船后，船公司已出具提单，更为主要的是集装箱货物交接下买卖双方风险以货交第一承运人前后划分，由于集装箱运输下承运人的责任是从"接受货开始"，因而随着货交承运人，其贸易风险也转移给了买方。

2. 收货人向承运人提出赔偿要求

当收货人向承运人提出赔偿时，承运人认为："提单记载的运输条款是 CY-CY"，即整箱交接，提单的反面条款也规定："整箱货交接下，承运人在箱子外表状况良好下，关封完整下接货、交货"。既然收货人在提箱时没有提出异议，则表明承运人已完整交货。承运人进一步说："至于提单上记载由货主装载并计数，因为对承运人来说是货运站接受的已装载皮鞋的整箱货，事实上并非知道箱内是否装载皮鞋"。提单正面条款内容对提单签发人、提单持有人具有法律效力。

3. 收货人向保险人提赔

当收货人向保险人索赔时，保险人也拒赔，并提出："此种赔偿归属于集装箱整箱货运输下的'隐藏损害'，即无法确定皮鞋灭失区段和责任方"。如收货人向保险人提赔，收货人应向保险人举证说明皮鞋灭失区段、责任方，这样才可保证在保险人赔付后可行使追赔权，即进行"背对背"赔偿。

综上，收货人应当向货运站提赔，要求货运站赔偿其损失。其理由："是装箱过失所致"。①仓库收据的出具表明货运站已收到货主的货物；②仓库收据的出具表明货运站对收到的货开始承担责任；③货运站在卸车记录上签收，表明双方交接责任已明确转移；④装箱单出具则表明皮鞋已装箱。

 **项目小结**

本项目针对集装箱货物运输进出口业务操作，主要介绍了进出口过程中常用的国际贸易术语知识、集装箱货物运输进出口业务流程，并详细介绍了各业务单位在进出口过程中承担的主要业务工作。在引入项目的引导下，通过学习相关基础知识，学会填写进出口业务中各种单证并能处理相关贸易纠纷，最终达到熟练掌握集装箱货物运输进出口业务。

综合练习与实训

一、填空题

1. 整箱货运的空箱由_____领取，拼箱货运的空箱由_____领取，整箱货由_____装箱，拼箱货由_____装箱。整箱货的装箱单由_____填制，拼箱货的装箱单由_____填制。

2. 整箱货运的场站收据由_____签发，拼箱货运的场站收据由_____签发。

3. 发货人凭_____向代理公司换取提单，集装箱运输提单是_____提单，船公司或其代理人在该提单上填_____即为已装船提单。

4. 整箱货由_____加铅封，拼箱货由_____加铅封。

5. 提货单是根据_____签发的，提货单由_____签发。

二、选择题

1. 集装箱进口货运业务中，如果贸易价格条件为FOB，负责租船订舱的是（　　）。

　　A. 发货人　　B. 收货人　　　　C. 船公司　　　　D. 船公司代理

2. 收货人收到"到货通知书"时，还未拿到"正本提单"，而货物交付期已到，这种情况下，可以使用（　　）换取提货单。

　　A. 到货通知书　　　　　　　　B. 贸易合同

　　C. 担保函　　　　　　　　　　D. 副本提单

3. 收货人到集装箱堆场提货时,堆场与收货人在（　　）上签字办理交接。

　　A. 正本提单　　B. 提货单　　　C. 交货记录　　　D. 集装箱装箱单

4. 集装箱装船计划是由（　　）编制的。

　　A. 集装箱货运站　　　　　　　B. 集装箱船公司

　　C. 集装箱码头堆场

5. 集装箱提单的英文缩写代码是（　　　）。

    A. B/L   B. D/R   C. E/R   D. D/O

6. （　　　）是集装箱进出口货物向海关办理报关手续时用到的主要商务单证。

    A. 集装箱提单   B. 进出口许可证

    C. 设备交接单   D. 场站收据

三、判断题

1. 如果进口货物是以 CFR 价格成交的，发货人必须支付海上货运保险费。（　　　）

2. 近洋航线在船舶抵港前 24h，向卸货港船代传递有关随船资料。（　　　）

3. 集装箱货运站在拆箱取货时，一般按照"装箱单"的记载，以从前向后的顺序将货物从集装箱中取出。（　　　）

4. 设备交接单是集装箱船公司与托运人之间交接货物的凭证。（　　　）

5. 集装箱提单与传统的海运提单没有区别。（　　　）。

6. 如果场站收据对集装箱有备注，原注也应列入提货单备注栏内。（　　　）

四、简答题

1. 集装箱货运站在进口货运中的主要业务有哪些？

2. 集装箱运输与普通海运相比，船货双方在目的地的交接责任有什么不同？

3. 场站收据、设备交接单和交货记录的主要作用是什么？

4. 简述集装箱进口货物运输程序与单证流转。

5. 简述集装箱出口货物运输程序及相关单证。

项目十

集装箱运输费用计算

【知识目标】

- 了解集装箱运费的基本结构
- 掌握不同交接方式下集装箱运费的组成
- 掌握集装箱运费计算的基本方法
- 掌握集装箱运费的计收

【能力目标】

- 能够根据实际业务判断所属费用类型
- 能够熟练运用不同运输方式下的运费计算方法
- 能根据实际业务计算集装箱运输费用

 项目引入

现有某公司委托中远集团出口一批玻璃制品，以整箱运输，需装于 3 个 20′GP 和 1 个 40′GP 的集装箱内。装货港为上海港，卸货港为安特卫普，航线集装箱费率如表 10-1 所示。

表 10-1 　　　　　　　　　　　　航线集装箱费率表

中远集团第一号运价表 COSCO GROUP TARIFF NO.1	Page：	126
	Rav：	4
	Efft.Date：	2009.7.1
	Corr.No：	107

中国——欧洲航线集装箱费率表
CHINA——EUROPE CONTAINER SERVICE

基本港：上海、张家港、南京、镇江、南通、连云港、青岛、烟台、秦皇岛、大连—鹿特丹、汉堡、费力克斯托、安特卫普、勒哈弗

BASE PORTS: SHANGHAI, ZHANGJIAGANG, NANJING, ZHENJIANG, NANTONG, LIANYUNGANG, QINGDAO, YANTAI, QINHUANGDAO, DALIAN—ROTTERDAM, HAMBURG, FELIXSTOWE, ANTWERP, LEHAVRE

等级 CLASS	LCL W/M	CY/CY	
		20ft	40ft
GENERAL CARGO		1 850.00	3 500.00
CHEMICALS，N.H	120.00	1 950.00	3 700.00
ESMI—HAZARDOUS	130.00	2 450.00	4 600.00
HAZARDOUS	148.00	3 300.00	6 000.00
REEFER		3 800.00	6 000.00

注：凡装直达船出运的货物运费费率在上述基础上下调 USD50/20ft，USD100/40ft

任务：请依据表 10-1 计算该批货物的基本运费。

 相关知识

一、集装箱运费的构成

集装箱运价是集装箱单位货物运输费用，而集装箱运费是集装箱运价的总和。集装箱货物在国际多式联运下，由于承运人对货物的风险和责任有所扩大，因此，集装箱的运价一般包括装船港承运人码头堆场或货运站至卸船港承运人码头堆场或货运站的全过程费用，如由承运人负责安排全程运输所收取的运费中还应包括内陆运输的费用。但从总的方面来说，集装箱运费仍是海运运费加上各种集装箱运输有关的费用而形成，这是集装箱运价构成的基本概念。

1. 国际集装箱运输费用的基本结构

（1）国际集装箱海上运费。国际集装箱海上运费是指海上运输区段的国际集装箱运输费用，一般为远洋干线集装箱运输，主要采取大型和超大型集装箱船舶装运，集装箱货运量大（对集散运输而言），运输距离长，风险责任大，是国际集装箱运费收入最主要部分，根据班轮公会或班轮公司运价本的规定，国际集装箱海上运费向托运人或收货人计收。

（2）国际集装箱港区服务费。港口既为船方服务又为货方服务，主要是为船舶服

务，所以码头经营人收取的是为集装箱运输提供服务的费用。集装箱港区服务费包括集装箱堆场服务费和集装箱货运站拼、装箱服务费。

① 集装箱堆场服务费。集装箱堆场服务费也叫码头服务费。装货港集装箱堆场服务费包括：接收出口的集装箱→在堆场按规定分类堆存→搬运至码头前沿装船的费用。卸货港集装箱堆场服务费包括：从船上卸下进口集装箱→搬运→在堆场按规定分类堆存→交付进口集装箱的费用。

集装箱堆场服务费一般按集装箱装卸包干费向船方计收。重箱堆存费分别向收、发货人计收。空箱堆存费向船方计收。

② 拼箱服务费。拼箱服务费包括为完成下列服务项目而收取的费用。

一是将空箱从堆场运至货运站。

二是将装好货的实箱从货运站运至堆场（装船港）。

三是将实箱从堆场运至货运站（卸船港）。

四是理货。

五是签发场站收据、装箱单。

六是在货运站货物地正常搬运。

七是装箱、拆箱、封箱、做标记。

八是一定期限内的堆存。

九是必要的分票与积载。

十是提供箱子内部货物的积载图。

③ 集装箱货运站服务费。集装箱货运站以完成下列服务项目计收服务费。

第一，出口装箱方面。将空箱从堆场运至货运站并办理集装箱设备交接手续；将货物从货方车上卸到集装箱货运站并办理货运交接手续；将出口集装箱货物分类归垛；联系海关、商检和理货等业务；货物在货运站正常搬运；对货物进行装箱并对箱内货物进行一般加固；编制"集装箱装箱单"并签发"场站收据"和"集装箱装箱单"等单证；对装好的集装箱进行封箱、做标记；把实箱运往集装箱码头堆场并办理集装箱进场交接手续等。

第二，进口拆箱方面。办理集装箱进站的货运交接手续；将集装箱从车上卸到集装箱货运站；联系海关、商检和理货等业务；将进口箱进行拆箱，做好拆箱记录并分类归垛；将货物在货运站正常搬运；联系收货人交付进口货物，并收回"正本提单"，签署"提货单"；把空箱送回海上承运人或其代理人指定的集装箱堆场，并办理空箱进场设备交接手续等。

对集装箱货运站的拆、装箱服务费一般采用拆装箱包干费计收。对"提单"列明集装箱货运站交付的，拆装箱包干费向船方计收；应货方要求进行拆装箱的，拆装箱包干费向货方计收。

（3）国际集装箱集散运费。集装箱集散运输又叫支线运输，是对远洋干线集装箱而言，是国际集装箱运输的一种运输组织方式。干线集装箱船舶停靠集装箱枢纽港，通过沿海和内河支线以及公路、铁路支线网络系统向集装箱枢纽港的干线集装箱船舶集中集装箱货物，以及通过这个支线网络系统向集装箱枢纽港疏散干线集装箱船的集装箱货物。

① 水路支线运费。水运支线集装箱班轮运输包括沿海支线集装箱班轮运输和河内支线集装箱班轮运输。它是采用固定船舶在国内港口之间按照公布的船期表或有规则地与干线船舶衔接的固定航线上从事国际集装箱集散运输。水路支线船公司根据支线运价表向托运人或收货人计收支线运费。

如水路支线由干线船公司统一经营，可由干线船公司向托运人或收货人连同干支线运费一起计收，进行内部核算和统一结算，也可以由支线船公司单独向托运人或收货人计收支线运费，进行独立核算。如果水路支线运输由支线船公司单独经营，按该支线船公司运价本计收运费，并应与干线船公司签有支线运输协议。在开展集装箱联运条件下，水路支线作为干线船公司的分包承运人，则由干线船公司向托运人或收货人收取全程运输费用，然后再由干线船公司根据包转运输合同或协议支付给水路支线承运人运费。

② 公路支线运费。公路支线运费的支付主要有以下 4 种情况。

第一，由干线船公司负责运输，如中国远洋运输（集团）总公司集装箱由本集团的中国汽车运输总公司承运，根据《汽车运价规则》和《中华人民共和国交通部国际集装箱运输费收取规则》等规定向货方计收公路支线运费。

第二，由干线船公司委托地方汽车运输企业承运，他们则按照各省、自治区、直辖市根据上述两个部颁文件的《实施细则》的规定向货方计收公路支线运费。

第三，干线船公司作为多式联运经营人，公路汽车运输企业作为分包承运人，则由干线船公司向托运人或收货人一次收取全程运输费用，然后按分包运输协议支付给公路汽车运输企业。

第四，由货主自己负责运输，干线船公司可根据事先商定的协议和有关规定，在指定的场站将集装箱及其设备出租给货主，并按规定计收费用。

公路支线运费主要包括以下几方面。

一是区域运费，承运人按货主的要求，在所指定的地点间进行实箱或空箱运输所收取的费用。

二是无效托运费，在承运人将集装箱空箱按货主要求运至指定地点，而货主却没有发货，且要求将箱子运回的情况，承运人将收取全区域费用以及货主宣布运输无效后可能产生的任何延迟费用。

三是变更装箱地点的费用，如承运人应货主的要求同意改变原集装箱交付地点，货主要对承运人由此引起的全部费用给予补偿。

四是装箱时间与延迟费，装箱时间的长短与延迟费的大小主要视港口的条件、习惯、费用支付情况而定，差别甚大。如在发货人工厂、仓库装箱时，免费允许时限为：20ft 箱——2h，40ft 箱——3h。上述时间均从驾驶员将箱子交货主时起算，即使是阴天、雨天或恶劣气候也不能超出规定的时限。如超出规定的时限，则对超出时间计收延迟费。

五是清扫费，使用集装箱结束后，货主有责任清扫集装箱，将清洁无味的集装箱归还给承运人。如此项工作由承运人负责，货主仍应负责其费用。如果内陆运输由货主自己负责，承运人则可根据自己的选择和事先商定的协议，在他所指定的场所将集装箱或有关机械设备出借给货主，并按有关规定计收费用。在货主自己负责内陆运输时，其费用主要包括集装箱装卸费、超期使用费、内陆运输费。

整个运输全程费用包括以下几方面。

一是发货地国家内陆运输费及其有关费用。

二是发货地国家港区（码头堆场）费用。

三是海上运费。

四是收货地国家港区（码头堆场）费用。

五是收货地国家内陆运输及其有关费用。

③ 铁路支线运费。根据铁道部有关规定计收运费。其情况与公路支线大致相同。

2. 不同集装箱货物交接方式下的运费组成

在国际集装箱运输实际运作过程中，国际集装箱班轮公司应按集装箱货物交接方式，与托运人、收货人商定的码头堆场、集装箱货运站、托运人或收货人的工厂、仓库或其他地点交接集装箱和集装箱货物。托运人、收货人在向船公司订舱托运时，除合同另有约定外，可选择集装箱货物不同的交接方式。经商定的集装箱货物交接方式必须列入"提单"、"舱单"和"场站收据"，以便作为办理交接、划分责任和计收运费的依据。以下按集装箱货物交接方式介绍运费结构。

（1）整箱货物—整箱货物（FCL-FCL）"门到门"交接方式的全程运费结构。

集装箱货物"门到门"交接方式全过程运费包括：发货地集散运费 + 装货港集装箱码头堆场服务费 + 海运运费 + 卸货港集装箱码头堆场服务费 + 收货地集散运费。

（2）整箱货物—整箱货物（FCL-FCL）"门到场"交接方式的全程运费结构。

集装箱货物"门到场"交接方式全过程运费包括：发货地集散运费 + 装货港集装箱码头堆场服务费 + 海运运费 + 卸货港集装箱码头堆场服务费。

（3）整箱货物—整箱货物（FCL-FCL）"场到场"交接方式的全程运费结构。

集装箱货物"场到场"交接方式全过程运费包括：装货港集装箱码头堆场服务费 +

海运运费 + 卸货港集装箱码头堆场服务费。

（4）整箱货物—整箱货物（FCL-FCL）"场到门"交接方式的全程运费结构。

集装箱货物"场到门"交接方式全过程运费包括：装货港集装箱码头堆场服务费 + 海运运费 + 卸货港集装箱码头堆场服务费 + 收货地集散运费。

（5）拼箱货物—整箱货物（LCL-FCL）"站到门"交接方式的全程运费结构。

集装箱货物"站到门"交接方式全过程运费包括：装货港集装箱货运站服务费 + 装货港集装箱码头堆场服务费 + 海运运费 + 卸货港集装箱码头堆场服务费 + 收货地集散运费。

（6）拼箱货物—整箱货物（LCL-FCL）"站到场"交接方式的全程运费结构。

集装箱货物"站到场"交接方式全过程运费包括：装货港集装箱货运站服务费 + 装货港集装箱码头堆场服务费 + 海运运费 + 卸货港集装箱码头堆场服务费。

（7）整箱货物—拼箱货物（FCL-LCL）"门到站"交接方式的全程运费结构。

集装箱货物"门到站"交接方式全过程运费包括：发货地集散运费 + 装货港集装箱码头堆场服务费 + 海运运费 + 卸货港集装箱堆场服务费 + 卸货港集装箱货运站服务费。

（8）整箱货物—拼箱货物（FCL-LCL）"场到站"交接方式的全程运费结构。

集装箱货物"场到站"交接方式全过程运费包括：装货港集装箱码头堆场服务费 + 海运运费 + 卸货港集装箱码头堆场服务费 + 卸货港集装箱货运站服务费。

（9）拼箱货物—拼箱货物（LCL-LCL）"站到站"交接方式的全程运费结构。

集装箱货物"站到站"交接方式全过程运费包括：装货港集装箱货运站服务费 + 装货港集装箱码头堆场服务费 + 海运运费 + 卸货港集装箱码头堆场服务费 + 卸货港集装箱货运站服务费。

二、集装箱运费的计算

1. 国际集装箱运费的计算方法

国际集装箱运费的构成，一般是由海运运价加上与集装箱运输有关的费用。在集装箱班轮公司的运价本上，对运费、费用的计算以及收费的办法与条款都有明确的规定。同时，要求集装箱班轮公司与托运人或收货人商定的集装箱货物交接方式应载入"提单"、"舱单"和"场站收据"以作为划分集装箱班轮公司承担的风险责任和收取运费的依据。

（1）按交接方式承担的风险责任运费的计收方法。

① 门到门交接方式运费的计收方法。在"门到门"交接方式情况下，集装箱班轮公司在托运人的工厂或仓库整箱交接，负责运抵收费人的工厂或仓库整箱交货。因此，集装箱班轮公司收取的运费和有关费用也包括"门到门"运输范围内的费用，接

货前和交货后的费用由货主负担。

②　门到场交接方式运费的计收方法。在"门到场"交接方式的情况下，集装箱班轮公司在托运人的工厂或仓库整箱接货，负责运抵卸货港集装箱堆场整箱交货。因此，集装箱班轮公司收取的运费和有关费用包括"门到场"范围内的费用，对接货前和交货后的费用由货主负担。

③　门到站交接方式运费的计收方法。在"门到站"交接方式的情况下，集装箱班轮公司在托运人工厂或仓库整箱接货，负责运抵卸货港集装箱货运站拆箱按件交货。因此，集装箱班轮公司收取的运费和有关费用包括"门到站"运输范围内的费用，在接货前和交货后的费用由货主负担。

④　场到门交接方式运费的计收方法。在"场到门"交接方式的情况下，集装箱班轮公司在装货港集装箱堆场接货，负责运抵收货人工厂或仓库整箱交货。因此，集装箱班轮公司收取的运费和有关费用包括"场到门"运输范围内的费用，对接货前和交货后的费用均由货主负担。

⑤　场到场交接方式运费的计收方法。在"场到场"交接方式的情况下，集装箱班轮公司在装货港集装箱堆场整箱接货，负责运抵卸货港集装箱堆场整箱交货。因此，集装箱班轮公司收取的运费和有关费用包括"场到场"运输范围内的费用，接货前和交货后的费用均由货主负担。

⑥　场到站交接方式运费的计收方法。在"场到站"交接方式的情况下，集装箱班轮公司在装货港集装箱堆场整箱接货，负责运抵卸货港集装箱货运站拆箱按件交货。因此，集装箱班轮公司收取的运费和有关费用包括"场到站"运输范围内的费用，对接货前和交货后所发生的一切费用，均由货主负担。

⑦　站到门交接方式运费的计收方法。在"站到门"交接方式的条件下，集装箱班轮公司在装货港集装箱货运站接货并装箱，负责运抵收货人的工厂或仓库整箱交货。因此，集装箱班轮公司收取的运费和有关费用，包括"站到门"运输范围内的费用，至于对接货前和交货后所发生的一切费用，均由货主自己负担。

⑧　站到场交接方式运费的计收方法。在"站到场"交接方式的条件下，集装箱班轮公司在装货港集装箱货运站按件接货并装箱，负责运抵卸货港集装箱堆场整箱交货。因此，集装箱班轮公司收取的运费和有关费用包括"站到场"运输范围内的费用，对交货前和交货后所发生的一切费用，均由货主自己负担。

⑨　站到站交接方式运费的计收方法。在"站到站"交接方式的条件下，集装箱班轮公司在装货港集装箱货运站按件接货并装箱，负责运抵卸货港集装箱货运站拆箱按件交货。因此，集装箱班轮公司收取的运费和有关费用包括"站到站"运输范围内的费用，对交货前和交货后所发生的一切费用，均由货主负担。

（2）整箱货和拼箱货运费的计收方法。在集装箱货物交接方式船公司承担的风险责任计收的运费中，对整箱货和拼箱货运费的计算也有所区别。

① 对整箱货物运费的计收方法。对整箱货物运费的计收，除包箱费率外，当装箱积载达到或超过起码运费最低限额时，则根据集装箱班轮公司运价本运价表的费率和规定，按箱内实装货物的重量或尺码计收；当装箱积载达不到最低限额时，按装箱积载最低限额计收或加收亏箱运费。

② 对拼箱货物运费的计收方法。对拼箱货物海运运费的计收，与班轮杂货运费的计收办法基本相同，不同的是加收了同集装箱有关的费用，如拼装箱服务费等，但码头不再收取杂货费。拼箱货运费和有关费用都是根据集装箱班轮公司运价本上的运价表的规定，按每件货物的实际毛重或尺码计收。不过，在对拼箱货物计算拼装箱服务费时，是根据货物的重量或尺码按其中计费高者计收。由于拼装箱货物是一箱多票，不能选港分卸。因此，集装箱班轮公司也不会接受货方提出选港和变更目的港卸货要求，所以也没有拼箱货物选卸货港附加费和变更卸货港附加费的规定。此外，对拼箱货物的起码运费是按每张"提单"规定计收的。

（3）集装箱装载特殊货物运费及有关费用的计收方法。集装箱装载的特殊货物是指超重、超长、超宽、超高的货物，成组货物，搬家货物，箱内挂衣货物等。

① 集装箱超重、超长、超宽和超高货物运费及有关费用的计收。根据运输集装箱货物风险责任和交接方式，对集装箱装载超重、超长、超宽和超高货物的运费及附加费一般有以下规定。

第一，对整箱接货和整箱交货的，只计收运费，不再计收超重、超长、超大件货物的附加费。

第二，对按件接货并装箱和拆箱按件交货的，按集装箱班轮公司运价本的规定，除收取运费外，还计收超重、超长和超大件货物的附加费。

第三，对整箱接货拆箱按件交货的或按件接货并装箱、整箱交货的，根据集装箱班轮公司运价本的规定，除收取运费外，还对超重、超长和超大件货物加收50%的附加费。

第四，装载超重、超长和超大件的集装箱，一般为非标准集装箱。因此，托运人或集装箱班轮公司在货物订舱前应向港口提出申请，经确认后方能装运。

② 集装箱的成组货物运费及有关费用的计算方法。

第一，按件接货再按件交货的交接方式，或按件接货再整箱交货的交接方式，或按整箱接货再按件交货的交接方式，均需海上承运人装拆箱，或装箱，或拆箱。而成组货物会加快装拆箱速度和减轻装拆箱劳动强度。因此，对符合集装箱班轮公司运价本和承运成组货物的规定及要求的，对按拼箱货托运的成组货物，均给予运费的优惠。

第二，居于上述原因，对按整箱托运的成组货物，不给予运输的优惠。

第三，凡按成组托运的集装箱货物，不论是按整箱货还是按拼箱货托运的成组货物，在计算运费时，一般都扣除货盘本身的重量或尺码，但这种扣除在习惯上不应超过货物加货盘重量或尺码的 10%，对超过部分仍按货盘上货物的费率计收运费。

第四，有些集装箱班轮公司运价本规定，在某些航线上，对按整箱货托运的成组货物，在计算运费时不扣除货盘的重量或尺码。

③ 挂衣集装箱运费的计收方法。集装箱装运挂在箱内的服装时，一般按以下规定计收运费。

第一，集装箱班轮公司可承接"门到门"、"门到场"、"场到门"和"场到场"交接方式的整箱货物运输。

第二，挂衣箱的运费一般按集装箱内容积的 85%计收。但托运人必须提供衣架或其他必要的挂衣装箱的物料。

第三，托运人可在同一挂衣箱内运载其他的集装箱货物。在这种情况下，其运费按集装箱内容积的 85%，再加上其他货物的实际尺码计收，但总的收费尺码不得超过集装箱内容积的 100%。对此，托运人应提供经集装箱班轮公司同意的公证单位出具的货物衡量证书。

④ 搬家货物运费的计收方法。对搬家货物、家具和行李装运集装箱，除把他们组装或包装再装入集装箱按实际运费吨计收运费和有关费用外，其余均按集装箱内容积的 100%计收运费及集装箱有关费用。

（4）集装箱超期使用费和滞期堆存费的计收方法。

① 集装箱超期使用费的计收方法。为了提高对集装箱的使用效率，加快集装箱的周转，降低运输成本，国际集装箱班轮公司给集装箱使用单位规定了对集装箱可以享受的免费的使用期限，如果集装箱的使用单位不能在规定的免费使用期内将装好货的重箱或拆箱后的空箱运回船公司指定的堆场，国际集装箱班轮公司则按集装箱超期使用的天数向集装箱使用单位计收集装箱超期使用费。

计收集装箱超期使用费的单位：一是从集装箱码头堆场提离进口重箱超过免费使用期后归还空箱的收货人；二是从空箱堆场提取空箱后超过免费使用期将重箱运至集装箱码头堆场的发货人；三是国际集装箱班轮公司指定的集装箱货运站超期装拆箱的经营人。

国际集装箱班轮公司制定集装箱超期使用费一般采用以下原则和标准。

第一，不同种类的集装箱免费使用周期标准不同，一般来说，冷藏集装箱和罐式集装箱等特殊用途集装箱造价高，免费使用期比较短，一般为 4 天；而干货集装箱和开顶集装箱等免费使用期较长，一般为 10 天，这个标准不是绝对的，须根据港口腹地范围大小和内地运输系统完善程度等因素来确定。

第二，不同种类集装箱和不同规格标准集装箱超期使用费标准也不一样，如 12.2m

209

（40ft）集装箱高于 6.1m（20ft）集装箱，冷藏集装箱等特种用途集装箱高于普通干货集装箱等。

第三，集装箱超期使用费计算的时间可以按天数单位计算，如免费使用期为 4 天，则从第 5 天开始计算超期使用费，每天一个收费标准及 5、6、7、8、9 天……并采取累进计收办法；也可以按时间段作为计算单位，如果免费使用期为 4 天，则从第 5 天开始计算超期使用费，及每个时间段为 5~10 天、11~20 天等或规定的其他时间段作为计费时间单位，同样也采取累进的计收办法，星期天和节假日也包括在内。

第四，必须规定集装箱免费使用期起算时间，一般是在"提单"上列明交货地点，集装箱班轮公司将集装箱运至交货地点的次日零时起算。例如，"提单"列明班轮公司指定的集装箱中转站、货运站拆箱交货（包括门—站、场—站、站—站）的进口集装箱，其免费使用期是自集装箱卸至集装箱中转站、货运站的次日零时起算。

第五，由于国际集装箱运输的国际性，对集装箱超期使用费一般都收取国际通行的货币，如美元等。

② 集装箱货物滞期保管费的计收方法。在国际集装箱货物运输中，如货方未能在规定的免费期限内前往国际集装箱班轮公司经营的堆场提取重箱或中转站、货运站提货，集装箱班轮公司则按超期的天数向货方收取集装箱或集装箱货物的滞期堆存保管费。集装箱、集装箱货物免费堆存保管期及滞期堆存保管费计收的指导思想和计收方法，与上述集装箱超期使用费的有关规定基本相同。

如果集装箱码头堆场和货运站不是由集装箱班轮公司经营，而是公共集装箱码头堆场经营，进、出口重箱滞期保管费，应根据交货条款或合同的规定向货方计收或者向船方计收，进、出口空箱的滞期保管费一般是向船方计收。

2. 铁路集装箱运费的计算

（1）铁路集装箱运费的计算方法。铁道部为增加价格透明度，规范收费行为，满足货主需要，开拓铁路集装箱运输市场，制定了《集装箱运输一口价实施办法》。

① 集装箱运输"一口价"是指集装箱自进发站货场至到出站货场，铁路运输全过程各项价格的总和，包括门到门运输取空箱、还空箱的站内装卸作业，专用线取送车作业，港站作业的费用和经铁道部确认的转场费用；集装箱运输"一口价"按发、到站分箱型列明于集装箱运输一口价中。车站应在集装箱营业场所公布《集装箱运输一口价实施办法》和本站的《集装箱运输一口价表》。

② 集装箱运输一口价中包括铁路基本运价、建设基金运费、电气化附加费、特殊运价、杂费等符合国家规定的运价和收费。但它不包括以下费用：要求保价运输的保价费用；快运费；委托铁路装掏箱的装掏箱综合作业费；专用线装卸作业的费用；

集装箱在到站超过免费暂存期间产生的费用；托运人或收货人责任发生的费用。

③ 下列运输不适用集装箱一口价，仍按一般计费规定计费：集装箱国际铁路联运；集装箱危险运输（可按普通货物条件运输的除外）；冷藏、罐式、板架等专用集装箱运输。

④ 实行一口价运输的集装箱，不办理在货物中途站或到站提出的运输变更。

⑤ 集装箱运输一口价由发站费用、到站费用和铁路运输收入3部分组成。

第一，铁路运输收入，包含国铁运费、国铁监管费、铁路建设基金、特殊加价、电气化附加费；铁道部规定核收的代收款；铁路集装箱使用费或自备集装箱管理费，印花税等。

第二，发站其他费用，包括组织服务费、集装箱装卸综合作业费、护路联防费、运单表格费、货签表格费、施封材料费等。

第三，到站其他费用，包括到站集装箱装卸综合作业费、铁路集装箱清扫费、护路联防费。

（2）铁路集装箱运费的计收。

① 铁路集装箱运价费率。

集装箱按箱型《铁路货物运价率表》（如表10-2所示）确定适用的运价率。

表10-2　　　　　　　　　　　　铁路货物运价率表

种　　类		发 到 基 价		运 行 基 价	
		单位	费率	单位	费率
重箱	1t箱	元/箱	7.20	元/箱 km	0.031 8
	5t，6t箱	元/箱	55.20	元/箱 km	0.243 8
	10t箱	元/箱	85.30	元/箱 km	0.376 8
	6.1m（20ft）箱	元/箱	149.50	元/箱 km	0.660 3
	12.2m（40ft）箱	元/箱	292.30	元/箱 km	1.290 9

第一，货物运费按照承运货物当日实行的运价率计算，杂费按照当日实行的费率核收。

第二，集装箱运输的货物，由发站接收完毕，发站在货物运单上加盖车站日期戳时，即为"承运"。"承运"表示运输合同开始履行，因此，货物运费应按当日实行的运价率计算。

第三，铁路货运营业中所说的"当日"按"公历日"，即当日零时至24时之间承运的货物，在货物运单、货票上注明"翌"字。仍按承运当日实行的费率计算，但允许在次日收款。

第四，集装箱货物的运费按照使用的箱数及集装箱货物运价率表规定的运价率收费。

第五，按里程计算核收的货物运输费用，国家铁路（含国铁临管线、路局临管线和工程临管线）按国铁运价率以及合计的运价里程计算，通过地方铁路（合资铁路）的按铁道部规定的通过运价率和通过的地方铁路运价里程计算，其运价里程按地方铁路发（站）到（站）到地方铁路的分界站。

第六，进出口危险货物集装箱运费按"集装箱货物运价费率表"规定的运价率加30%计算。

第七，自备集装箱空箱运价率按其适用重箱货物运价率的50%计算。

第八，承运人利用自备集装箱回空捎运货物，在货物运单铁路记载事项栏内注明，免收回空运费。

第九，货物快运费按该批货物适用运价率的30%计算。

② 两线分流运价。目前，京九线、京广线实行的是两线分流运价，规定如下：凡经京广线运输的货物，发站按经京广线里程加收京九分流运价，在货票上另行填记，一次核收，按代收款单列报。京九分流运价率为 1t 箱每箱每公里 0.003 6 元，5t、6t 箱每箱每公里 0.003 元，10t 箱每箱每公里 0.050 4 元，6.1m（20ft）箱每箱每公里 0.096 元，12.2m（40ft）箱每箱每公里 0.204 元。空自备箱按重箱 50%计算。

③ 集装箱杂费。铁路货物运输杂费应按实际发生的项目和铁路货运运杂费费率表（如表 10-3 所示）的规定执行，并按照当日实行的费率核收。在杂费价格变动期间，如一项作业跨及 2 日，一项杂费涉及新旧费率时，应按不同期间适用的费率分别计算。

表 10-3　　　　　　　　　铁路集装箱货运杂费费率

项　目		单　位	费　率
表格费	运单	元/张	0.10
	货签（纸制）	元/个	0.10
	货签（其他材料制）	元/个	0.20
	运输服务订单	元/张	0.10
	月度要车计划表	元/张	0.10
	危险货物包装标志	元/个	0.20
	物品清单	元/个	0.10
取送车费		元/车 km	6.00
机车作业费		元/0.5h	60.00
变更费	变更到站（含同时变更收货人）	6.1m、12.2m（20ft、40ft）箱	元/批	200.00
		其他集装箱	元/批	10.00
	变更收货人或发送前取消托运	6.1m、12.2m（20ft、40ft）箱	元/批	50.00
		其他集装箱	元/批	10.00
货物装卸作业费		按《铁路货物装卸作业计费办法》、《铁路货物装卸作业费率》的规定核收	

续表

项　目						单　位	费　率
				费　率			
	单位	1t 箱	5t、6t 箱	10t 箱	6.1m（20ft）箱	12.2m（40ft）箱	
过秤费	元/箱	1.5	7.50	15.00	30.00	60.00	
货物暂存费	元/箱日	1.5	5.00	7.50	15.00	30.00	
集装箱清扫费	元/箱	0.20	1.00	1.50	2.50	5.00	
集装箱延期使用费	元/箱日	2.00	10.00	20.00	40.00	80.00	
自备集装箱管理费	元/箱	3.00	15.00	25.00	100.00	200.00	
地方铁路集装箱使用	元/箱日	2.00	10.00	20.00	40.00	80.00	
使用箱	500km 以内	5.00	30.00	50.00	100.00	200.00	
	501～2 000km 每增加 100km 加收	0.40	3.00	5.00	10.00	20.00	
	2 001～3 000km 每增加 100km 加收	0.20	1.50	2.50	5.00	10.00	
	3 000km 以上计收	13.00	90.00	150.00	300.00	600.00	
一箱多批（铁路拼箱）	元/10kg	0.20					

213

3. 公路集装箱运费的计算

（1）公路集装箱运费的计算方法。集装箱汽车运输收费是根据价值规律制定的，基本上与集装箱汽车运输的社会平均成本相适应。集装箱运输已经成为独立的运输形式，不仅有国际通用标准集装箱，同时还要有专用设备和专用车辆经营。因此，集装箱汽车运价要以集装箱汽车运输社会平均成本为基础计价。公路集装箱运输是改货为箱，以箱为对象的运输。因此，公路集装箱的运价不能以被送货物的重量或被运送货物的容积计价，而应以箱计价。

① 集装箱汽车运输的计费箱型。集装箱汽车运输收费是根据不同箱型的基本运价为基础计算的，对于超出了标重的集装箱和非标准箱，都要在规定的收费上实行加价，箱型的确定是集装箱汽车运输收费的基本要素之一。按照 ISO 标准和我国国家标准的规定，集装箱的计费箱型主要有以下几种。

一是国际集装箱的计费箱型：20ft 箱型和 40ft 箱型。

二是非标准箱型：是指外型尺寸超过标准箱型的集装箱，如超高、超宽、超长以及特殊用途的集装箱。

② 集装箱汽车运输的计费里程。

第一，计费里程的计算。计费里程的依据是各省、自治区、直辖市制订的营运路线里程图。涉及市区内的计费里程的确定，以市区交通主管部门制订的营运路线里程图为依据。未列入营运路线里程图的计费里程可由承、托运双方协商确定。计费里程包括运输里程和装卸里程。运输里程按装箱地点到卸箱地点的实际里程计算。装卸里程按发车点到装卸点往返空驶里程的50%计算。

第二，包干计费里程。在进行国际集装箱的批量运输或同一地区、同一线路内进行多点运输时，为简化里程计算，可以根据不同运次的运送里程差异计算综合平均运距，作为每次运输的距离，平均运距即包干计费里程。只要是批量运输，在规定区域分布点上，均可按平均运距收费。包干计费里程一般用于港口区域至城市区域内的多点运输。每批运输量不大时，不使用包干计费里程。

第三，起码计费里程。根据我国港口国际集装箱的集疏运条件和内陆中转站的布局情况，国家规定起码计费里程为5km，以公里（km）为单位，不足1km按1km计算。

（2）公路集装箱运费的计收。

① 现行的集装箱汽车运输的运价是全国统一的基本运价。6.1m（20ft）标准箱基本运价6.00元/箱·公里；12.2m（40ft）标准箱基本运价9.00元/箱·公里。各省、自治区、直辖市交通主管部门根据当地实际情况，可以在上述基本运价基础上，有20%的上下幅度来制定本地区基本运价。非标准箱的汽车运价可参照同类箱型的基本运价，由承托双方议定。

② 以重箱为计价基础的运价计算。

第一，单程重箱：按各省、自治区、直辖市制定的国际集装箱汽车运输基本运价计算。

第二，双程重箱：同一托运人托运去程和回程重箱，按对流运输的重箱运价，基本运价减成20%；不属同一托运人的回程重箱，对各托运人均按对流运输部分的基本运价减成10%。

第三，一程重（空）箱、一程空（重）箱：同一托运人托运重箱去同时空箱回，或空箱去同时重箱回的，按一程重箱计费，遇有空箱运输里程超过重箱，运输里程的非对流运输部分按重箱运价计算。

第四，单程空箱：按基本运价收费。

第五，双程空箱：同一托运人托运的双程空箱，其中较长一程的空箱按单程重箱计算，另一程捎运的空箱免收运费。

4. 航空集装箱运费的计算方法

航空货物运费的计算方法有两种：一种是常规运价计费法，另一种是新型运价计费法。

（1）常规运价计费法。这种运价计算办法是以航线运距和货物体积为基础，对两个机场城市间的航线制定出经营航班的运价，并需提交国际航空协会（IATA）和有关政府，通过协议和经政府批准后才开始生效。

① 普通货物运价。对于普通货物适用的运价标准，通常各航空公司针对所承运

货物数量的不同，规定了几个计费重量分界点。最常见的是 45kg 分界点，将货物分为 N（Normal Rate）–45kg 以下（又称为 N 运价/标准普通货物运价）和 Q（Quantity Rate）–45kg 以上（含 45kg，称为 Q 运价/数量货物运价）两种。另外，根据航线货运量的不同还可以规定 100kg、300kg 分界点，甚至 1 500kg 更多，运价代号仍为 Q。运价的数额随运输量的增加而降低，这也是航空运价的显著特点之一。

② 指定货物运价。航空公司对指定货物实行优惠运价。如指定纺织品的运价最低重量为 200kg，机械制品的运价最低重量为 100kg，化学制品的运价最低重量为 500kg 等。

③ 等级货物运价。对特殊货物，如私人行李、报纸、贵重货物、活动物等，实行优惠运价或加价运价。

④ 集装箱运价。按更大的重量划分运价，如 Q100、Q300、Q500 和 Q1 000 等，有利于吸引货物采用集装箱装运。由于航空公司对大件货物提供运价打折政策，所以航空货运代理人可以将其收到的多票同一目的地的货物，拼装在集装箱或成组器内，再以一票货的形式交给航空公司承运，从中赚取货物差价。航空货运代理人的利润，主要来源于"集运"。

（2）新型运价计算法。

① 货舱单位运价。它是以飞机货舱为计价单位。只要将货物装在集装箱或成组器中，就可以将装在飞机货舱里的集装箱或成组器作为计价单位。这是不分货种、等级的计费办法，它有利于加强管理和促进集装箱运输的发展。

② 协议运价。它是采用议价和市场价相结合的定价办法。对于大宗货物或大件货物，可参考当时运价，采取与货主协商的办法决定运价，并采用浮动价格办法，当货运市场货运量增加时，则运价适当上浮，如货运市场货运量减少时，则运价适当下浮。

③ 时令运价。它是根据货物对时间的敏感度进行定价的办法。对时间要求越高的货物，定价就越高。同时，对运输旺季，如每年 7、8 月份对运价定价较高；对运输淡季，如每年 1、2 月份对运价定价较低。这种根据运输时令和货物运输快慢来判定货物运价的办法，可以减少按货物种类、等级为标准进行定价的麻烦。

5. 海上集装箱运费的计算方法

海上国际集装箱运输与普通船海上运输在运费的计算上是有很大差别的，其中最主要的区别是在海上国际集装箱运费的计算上有最低运费和最高运费。

（1）海上国际集装箱最低运费的计收。

在普通船舶海上运输中，各船公司在规定最低运费时是以运费金额作为计费标准的。当托运人向船公司托运任何一票货物时，若承运的货物的运费金额低于最低运费金额时，托运人也应按规定的最低运费金额支付给船公司运费。在海上国际集装箱运输中，除拼箱货物的最低运费与普通船舶海上运输计收办法基本相同外，整箱货物运费计收办法就完全不同了。在整箱货物的集装箱运输中，国际集装箱班轮公司规定的最低运费标准是规定一个最低的运费吨。运费吨的计费方法规定了体积吨和重量吨两种计费标准。每一件货物都有它自己的重量和体积，在确定按哪一种计费标准作为运费吨时，就应当选择其运费高的作为计费标准。例如，有一包件货物，它的重量为1t，而其体积为 $3m^3$，在这种情况下，根据运费办法的规定，这件货物的运费应按 $3m^3$ 的体积吨计收。

在海上国际集装箱运输中，国际集装箱班轮公司对不同种类和不同规格标准的国际集装箱分别规定了各自的最低运费吨。由于国际集装箱运输具有广泛的国际性，尽管各国际集装箱班轮公司对最低运费的计算都有各自的规定，但对不同种类和规格标准的集装箱规定的最低运费吨基本上是相同的，如远东水脚工会对不同集装箱所确定的最低运费吨（如表 10-4 所示）。

表 10-4 不同集装箱所确定的最低运费吨

箱子种类、规格	最低运费吨		
	重量吨/t	尺码吨	运费吨（F/T）
20ft 干散货	17.5	21.5	21.5
20ft 开顶箱	17.5	21.5	21.5
20ft 散装箱	17.5	90%内容积	—
20ft 板架箱	16.5	21.5	21.5

当由托运人自行装箱时，集装箱内所装的货物若没有达到规定的最低运费吨，就出现了装箱不足而亏箱。如果只按照普通船海上运输方式采用实装数量计收运费，则出现了亏箱情况。为确保国际集装箱班轮公司的经济利益，并鼓励托运人合理装箱积载，如果集装箱装载的货物的运费吨不足时，托运人应支付亏箱费。可见，亏箱运费不足的运费吨，实际上就是所规定的最低运费吨和实际装箱货物数量之间的差数。下面就某国际班轮公司对 6.1m（20ft）通用集装箱的最低运费吨的规定作为例子加以说明。

例如，20ft 通用集装箱最低运费吨规定为 18t，而集装箱实际装载货物为 15t，对该集装箱运费的计算仍按 18t，得出的计收的全部运费已包括了实装的 15t 的运费和 3t 的亏箱运费。很明显，20ft 通用集装箱最低运费为 18t，集装箱实际装载货物 15t，两者之间的差数 3t 为装箱不足的亏箱运费吨。据此，可以推出亏箱运费的计算公式如下。

亏箱运费=（亏箱运费吨 × 实际货运的全部费用）/计费吨

式中：计费吨=规定的最低运费吨 – 亏箱运费吨；

或亏箱计费吨=规定的最低运费吨 – 实际运费吨。

有一些国际集装箱班轮公司对最低运费率规定的计算方法是采用百分比计算的。例如，当最低运费吨是以重量吨计算时，则按集装箱装载货物净重的95%计收；当最低运费吨是以体积计算时，6.1m（20ft）集装箱最低运费按箱内装载货物容积的85%计收；6.1m（20ft）以上的集装箱按箱内装载货物容积的75%计收。

（2）海上国际集装箱最高运费的计收。

普通船舶的海运中，在运费的计算上是没有计算最高运费这一规定的。海上承运人根据托运人所托运的货物种类和数量，按对该种货物规定的费率计收海运运费。而在海上集装箱运输中，在托运整箱货物前提下，有的国际集装箱班轮公司采用最高运费计收办法。它的含义是对整箱货物的最高运费计收标准，是按不同规格尺寸的集装箱可装载货物的内容积作为最高运费计算标准的，如果在集装箱内实装的货物超出允许的内容时，对其超出部分货载是免收运费的。

很明显，实施最高运费的目的，一是为了鼓励托运人采用集装箱运输方式，二是为了鼓励托运人在装箱积载时充分利用集装箱的内容积多装载货物。但是，最高运费吨只适用于以体积吨为计算单位的货物，不适用于以重量吨为计算单位的货物，这是因为每一种规格尺寸的集装箱规定了其最大的额定重量，在运输和装载过程中是不允许超过额定载重量的，更不应当鼓励托运人在装箱积载中有超重的行为。

在一般情况下，一只20ft通用集装箱最多可装货约31m³；一只40ft通用集装箱可装货物约67m³。比方说，某国际集装箱班轮公司将其20ft通用集装箱和40ft通用集装箱的最高运费吨分别定为22m³和45m³，而对装箱超出部分货物是免收运费的。

在采用最高运费吨计算整箱货物运费的情况下，托运人和装箱人应注意以下几方面的问题。

① 20ft集装箱比较适于装载重质货物，按重量吨计算运费；40ft集装箱比较适于装载轻泡货物，按体积吨计算运费。

② 对整箱接货和整箱交货的"门到门"、"门到场"、"场到门"交接的集装箱货物以及整箱接货和拆箱按件交货的"场到站"交接的集装箱货物，其运费是根据托运人在"集装箱装箱单"上所列的不同货物品类，按照这些货物品类各自适用的费率分别计收运费。

③ 在上述交接方式的整箱货物运输中，当每包或捆货物中装有不同等级的货物时，其运费则按其中等级最高的货物适用的最高费率计收运费。

④ 在上述交接方式的整箱货物运输中，整箱货的托运人如果没有按照国际集装箱班轮公司的规定申报箱内所装货物资料，其运费则按集装箱的最高运费吨计收，而且按照集装箱货物所适用的最高费率计算运费。

⑤ 在上述交接方式的整箱货物运输中，如整箱货托运人只申报了部分货物资料（申报资料不全），或有一部分无法衡量体积的货物，则这部分货物运费的计算量

是集装箱的最高运费吨与已申报的货物计费吨之间的差数。

（3）海上国际集装箱整箱货物余额的计收。

当托运人托运一票整箱货物需要 3 个或 3 个以上的集装箱时，往往装满几个实箱后剩余一部分货物，需要装载一只 20ft 集装箱，而且还没有装载成满箱。对装载最后一只整箱余额货物运费的计算一般有两种方法：一是对最后一只集装箱的计费标准给予降低；二是对最后一只集装箱按实际所载货物的体积吨或重量吨计收运费。

 项目实施

（1）因为货物装货港为上海，卸货港为安特卫普，所以此批货物装卸港均为基本港，适用于该运价表。

（2）玻璃制品为一般货物，因此使用 General Cargo 运价。

（3）查询运价为$1 850/20'GP & $3 500/40'GP。

（4）计算：3 × 20'GP+1 × 40'GP=$1 850 × 3+$3 500 × 1=$9 050。

所以，此批货物运费为 9 050 美元。

 项目小结

集装箱运输必然涉及运输费用的收取。本项目主要由具体的任务引入相关知识，涉及集装箱运输费用的基本结构和不同货物交接形式下的运费组成，在此基础上详细介绍了不同运输方式下的运费计算方法，最后利用相关知识完成任务。

 综合练习与实训

一、填空题

1. 亏箱运费 =＿＿＿＿＿＿＿＿＿＿＿＿＿

2. 冷藏集装箱和罐式集装箱等特殊用途集装箱造价高，免费使用期比较短，一般为＿＿＿＿＿天；而干货集装箱和开顶集装箱等免费使用期比较长，一般为＿＿＿＿＿天。

3. 公路支线运费主要包括：＿＿＿＿＿、＿＿＿＿＿、＿＿＿＿＿、＿＿＿＿＿和＿＿＿＿＿。

4. 内陆支线运费包括＿＿＿＿＿、＿＿＿＿＿、＿＿＿＿＿、＿＿＿＿＿和＿＿＿＿＿。

二、选择题

1. 实施最高运费的目的是（ ）。

　A. 鼓励托运人采用集装箱运输方式

　B. 鼓励托运人在装箱积载时充分利用集装箱的内容积，多装载货物

　C. A、B 都对

2. 集装箱运费的构成包括（　　　）。

   A. 国际集装箱海上运费　　　　　　　B. 国际集装箱港区服务费

   C. 国际集装箱集散运费　　　　　　　D. 国际集装箱码头运费

3. 国际集装箱港区服务费包括（　　　）。

   A. 集装箱堆场服务费　　　　　　　　B. 拼箱服务费

   C. 集装箱货运站服务费　　　　　　　D. 运输费

4. 国际集装箱集散运费包括（　　　）。

   A. 水路支线运费　　　　　　　　　　B. 铁路支线运费

   C. 公路支线运费　　　　　　　　　　D. 内陆支线运费

5. 计收集装箱超期使用费的单位包括（　　　）。

   A. 从集装箱码头堆场提离进口重箱超过免费使用期后归还空箱的收货人

   B. 从事集装箱运输的多式联运经营人

   C. 从空箱堆场提取空箱后超过免费使用期将重箱运至集装箱码头堆场的发货人

   D. 国际集装箱班轮公司指定的集装箱货运站超期装拆箱的经营人

三、思考题

1. 简述集装箱运费计算的基本结构。

2. 简述集装箱的运费结构。

3. 整个公路运输全程费用包括哪些？

4. 简述集装箱公路运输的计费历程。

5. 简述海上集装箱最低、最高运费的计收。

6. 集装箱在整个运输中的全程运输费包括哪 5 个方面的内容？

四、计算题

1. 上海兴中毛纺有限公司欲出口 120 000 打毛巾至英国纽卡斯尔。20 打毛巾装一纸箱，尺码为 40cm×40cm×60cm。毛巾为 9 级货，出口至英国的运费为 USD92.00/尺码吨，求总运费。

2. 信义有限公司欲向日本出口某货物共 5 000 件，该笔货物包装方式：1 件/箱，包装体积为 45cm×45cm×35cm，包装重量为 7.1/6.8kg，出口至日本的运费为 USD62.00/运费吨，求总运费。

危险货物集装箱运输

【知识目标】

- 熟悉主要海运危险货物的类别
- 熟悉各类危险货物的主要危险特性及基本安全防范措施
- 掌握集装箱危险货物运输的基本技术要求
- 掌握危险货物装箱的基本要求
- 掌握危险货物集装箱运输过程中有关运输、装卸、储存的安全操作规范及注意事项

【能力目标】

- 能根据危险货物的主要危险特性进行合理的包装、标志、积载、隔离
- 对危险货物集装箱运输过程中的运输、装卸、储存能进行合理安全操作

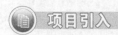 项目引入

2004年春天，某轮0012E航次停靠在比利时的安特卫普港装货，欧控操作部负责公司船舶在欧洲地区的集装箱配载工作。做预配时，欧控德籍配载员将5个8类危险品小柜配在39BAY舱内，根据该轮《危险品适装证书》记载规定，第五货舱内不允许积载危险品箱，而39BAY属于第五货舱的前半部分，显然是配错了地方。在装货前，该

轮船长、大副没有认真检查码头提供的预装船图，没有及时发现问题。船航行到下一港西班牙的瓦伦西亚，被港口当局检查发现，造成倒箱 73 个，损失两天船期和被迫出具 10 万欧元的担保，给公司造成很大的经济损失，并损害了中海集运的声誉。

　　任务：（1）请分析该事故的原因。

　　　　　（2）请提出防范措施。

 **相关知识**

一、危险货物集装箱运输概述

1. 危险货物运输

凡具有爆炸、易燃、毒害、腐蚀、放射性等性质，在运输、装卸和储存保管过程中容易造成人身伤亡、财产损毁和环境污染而需要特别防护的货物，均属危险货物。危险货物因具有特殊的物理、化学性能，运输中如防护不当，极易引发事故，并且事故所造成的损失是无法估量的。

国际海事组织（IMO）颁布的《国际海上危险货物运输规则》（IMDG Code，以下简称"国际海运危规"）规定："凡具有燃烧、爆炸、腐蚀、有毒放射性的或其他危险性质，在运输、装卸、保管过程中易造成人身伤亡和船货损害的物质，均为危险货物。"

按国际海事组织的统计，现在海运货物中属于危险货物的占 60% 以上，且种类达 3 000 种以上，随着化学工业的持续发展、世界一体化、船舶的类型多样化及船速越来越快，无论是普通货物还是危险货物的运输都会迅速增长。危险货物在运输过程中，由于包装不当、操作不规范或其他原因，引发一系列事故，将会对周围环境和人员造成严重损害，如 2001 年 4 月 17 日，韩国籍"大勇轮"与香港籍"大旺轮"两艘货轮雾中相撞事件。

随着国民经济的发展和科学技术的进步，危险货物的种类和运输量不断增长，加强危险货物运输管理、确保运输安全成为各运输企业和各级政府极度关注的事情。

2. 危险货物集装箱运输的意义

由于危险货物从发货人工厂或仓库运至收货人所在地，往往要经过陆上、江河、大海等多个运输环节，经过多次装卸、搬运，容易发生包装破损，危险货物泄漏，从而引发各种事故。使用集装箱装运危险货物的运输方式为保证装卸运输效率，保障港口、船舶、财产和人身安全及防止港口水域污染等方面起到了一定的作用。利用集装箱运输危险货物有多方面的优势：可降低运输成本，可大幅度降低货损，可有效保证人、货、船的安全，安全系数高，危险及污染少，经济效益高等，因而国际上危险货物大多数采用集装箱运输，所占份额在 80% 以上。

3. 危险货物集装箱运输相关法规及国际公约

危险货物运输和储存安全直接关系到社会的安定和人民生命财产的安全，世界各国都对危险货物运输储存实行立法管理。危险货物的运输及其管理，又是一项技术性很强的工作，近年来我国在加强危险货物运输的立法管理过程中，颁布了许多有关危险货物的技术标准，这些标准也是危险货物运输法规的组成部分。

（1）国内危险货物运输主要法规。

①《海上交通安全法》。1983 年 9 月 2 日第六届全国人大常委会第 2 次会议通过、同日第 7 号国家主席令公布的《中华人民共和国海上交通安全法》，在第一章总则的第 3 条规定 "中华人民共和国港务监督机构，是对沿海水域的交通安全实施统一监督管理的主管机关"，其中的第六章是涉及危险货物运输的。

②《海洋环境保护法》。该法于 1982 年 8 月 23 日通过，1999 年 12 月 25 日修订并公布，于 2000 年 4 月 1 日施行。该法共 10 章，第八章部分内容是涉及载运污染危害性的货物相关规定。

③《化学危险物品安全管理条例》。该条例由国务院首次于 1987 年 2 月 17 日发布并从当日起施行，后于 2002 年 2 月 7 日经修订后颁布。新条例规定在中华人民共和国境内生产、经营、储存、运输、使用化学危险品和处置废弃危险化学品，必须遵守本条例和国家有关安全生产的法律、其他行政法规的规定。

④《防治船舶污染海洋环境管理条例》。2009 年 9 月 9 日，温家宝总理签署国务院令，公布《防治船舶污染海洋环境管理条例》，该条例于 2010 年 3 月 1 日起施行。该条例 9 章，包括：防治船舶及其有关作业活动污染海洋环境的一般规定；船舶污染物的排放和接收；船舶有关作业活动的污染防治；船舶污染事故应急处置；船舶污染事故调查处理；船舶污染事故损害赔偿；法律责任等。

⑤《集装箱装运包装危险货物监督管理规定》。该规定 1986 年 11 月 18 日发布，于 1987 年 1 月 1 日起施行，共 16 条。本规定适用于在我国境内、为海上运输目的而使用集装箱装运包装危险货物的装箱、装卸、承运等有关单位、船舶及有关人员。

⑥《港口危险货物管理规定》。该规定于 2003 年 8 月 7 日通过，自 2004 年 1 月 1 日起施行。该规定共 41 条。主要内容：在港口装卸、过驳、储存、包装危险货物或者对危险货物集装箱进行装拆箱等项作业适用本规定；港口经营人从事危险货物港口作业应取得相应资质认定；从事危险货物港口作业的管理、作业人员必须达到规定条件方可上岗作业等。

（2）国际海运危险货物运输主要国际公约。

①《海上人命安全公约》（SOLAS 公约）。船舶从事危险货物的运输在 19 世纪基本上是禁止的，"二战"之后，随着世界经济复苏加之化学工业的发展，海运危险货物数量和种类剧增，《海上人命安全公约》经历了多次修订，1974 年对公约进行了较

大的修改。该修正案于 1980 年 5 月 25 日生效。我国于 1980 年 1 月 7 日批准加入该公约，同年 5 月 25 日起在我国生效。

②《国际海上危险货物运输规则》。国际海事组织组成专家工作组，从 1961 年 5 月召开的第一次会议直到 1965 年的第十次会议，使著名的《国际海运危规》产生。我国从 1982 年 10 月 2 日起正式在国际航线和涉外港口使用《国际海运危规》。《国际海运危规》从首次出版到现在经过了多次修改，国际海事组织于 2004 年 5 月通过了强制性的《国际海运危规》第 32 套修正案，本套修正案于 2006 年 1 月 1 日生效且无过渡期。

③《联合国危险货物运输建议书》。《联合国危险货物运输建议书》又称橙皮书。1988 年 5 月 6 日经社理事会批准并任命中国作为委员会的正式成员国。该建议书适用于任何运输形式包装危险货物。

二、国际海运危险货物的分类及主要危险特性

凡具有燃烧、爆炸、腐蚀、毒害以及放射性的性质，在运输、装卸和保管过程中，如果处理不当可能会引起人身伤亡或财产损毁的物质或物品，统称为危险货物。

《国际海上危规》将危险货物分为 9 大类，即爆炸品、气体、易燃液体、易燃固体、易自燃物质和遇水放出易燃气体的物质、氧化物质（剂）和有机过氧化物、有毒的（毒性的）物质和感染性物质、放射性物质、腐蚀品、杂类危险物质。

1. 第1类：爆炸品

（1）爆炸品的定义。它指在外界作用下（如受热、受压、撞击等），能发生剧烈的化学反应，瞬时产生大量的气体和热量，使周围压力急骤上升，发生爆炸，对周围环境造成破坏的物品，也包括无整体爆炸危险，但具有燃烧、抛射及较小爆炸危险的物品。比如：火药、炸药、烟花爆竹等，都属于爆炸品。爆炸品按爆炸产生的危险性，可分为以下 6 个小类。

第 1.1 类：具有整体爆炸危险的物质和物品。

第 1.2 类：具有抛射危险但无整体爆炸危险的物质和物品。

第 1.3 类：只有燃烧危险和有较小抛射危险或同时具有此两种危险，但无整体爆炸危险的物质和物品。

第 1.4 类：无重大危险的物质和物品。

第 1.5 类：具有整体爆炸危险的很不敏感的物质。

第 1.6 类：不具有整体爆炸危险的极不敏感物品。

（2）爆炸品的主要特性。

① 爆炸品主要爆炸现象。爆炸品按其产生的主要机理，爆炸品主要爆炸现象可

223

分为 3 种类型：一是物理原因所引起的物理爆炸，如蒸汽锅炉因水快速汽化，压力超过设备所能承受的强度而产生的锅炉爆炸；二是物质因获得高速放热的能量而引起化学爆炸；三是由核反应引起核爆炸。

② 敏感度高。爆炸品的敏感度是指在外界能量作用影响下发生爆炸的难易程度。各使用部门对炸药的敏感度都有一定的要求。我们应该了解各种爆炸品的敏感度，以便在生产、储存、运输、使用过程中适当控制，确保安全。

爆炸品的感度主要分热感度（加热、火花、火焰），机械感度（冲击、针刺、摩擦、撞击），静电感度（静电、电火花），起爆感度（雷管、炸药）等，不同的爆炸品的各种感度数据是不同的，爆炸品在储运中必须远离火种、热源及防震等要求就是根据它的热感度和机械感度来确定的。

在爆炸品运输过程中，其中杂质对爆炸品的敏感度影响较大，而且不同的杂质所起的影响也不同。在一般情况下，固体杂质，特别是硬度高、有尖棱的杂质能增加爆炸品的敏感度，如 TNT 炸药中混进砂粒后，敏感度就显著提高。因此，在储存、运输中，特别是在撒漏后收集时，要防止砂粒、尘土混入。相反，松软的或液态杂质混入爆炸品后，往往会使敏感度降低，如雷汞含水大于 10% 时可在空气中点燃而不爆炸。因此，在储存中，对加水降低敏感度的爆炸品，要经常检查有无漏水情况，含水量短少时应立即添加，包装破损时要及时修理。

③ 爆炸品的主要危害性。一是爆炸破坏性，对周围其他货物和建筑物造成破坏；二是毒害性，许多炸药或爆炸性物质爆炸时通常产生大量的 CO、CO_2、N_2、SO_2 等窒息性和有毒气体，有的甚至是剧毒；三是燃烧性，很容易引起周围物质的燃烧。

（3）爆炸品在装卸运输过程中应注意的问题。

① 装卸、运输爆炸品过程中，应悬挂国际通用语信号"B"字旗，或长方形红旗，夜间悬挂一盏红色环照灯。

② 配装爆炸品舱口应保持清洁、干燥，不能留有酸、碱和油脂等物质。

③ 积载处所应远离一切热源、电源、火源，尽可能远离生活区。

④ 起爆器材和炸药的装载高度不得超过规定高度。

⑤ 点火器材、起爆器材、炸药和爆炸物质不得一起配装，积载时应严格执行《国际海运危规》规定。

⑥ 舱室内金属外露部分和底板应用木板衬垫，防止与爆炸品直接接触。

⑦ 装卸时必须轻拿轻放，不得使用铁质工具和明火工具，撒漏之处应洒水湿润后轻轻用扫帚等松软物质和木质器具扫集，防止混入杂质，严禁踩踏。

⑧ 一旦发生火灾，严禁用沙土压盖，消防人员应配备防毒面具，一般应采用大量冷水降温。

2. 第2类：气体

（1）气体的概念。气体是物质的一种状态，在50℃时，其蒸汽压力大于300kPa或在标准大气压101.3kPa，温度20℃时，完全处于气态。气体与液体一样是流体，它可以流动，可变形。与液体不同的是，气体可以被压缩。

由于气体的特殊性，气体在运输中主要处于以下4种状态。

① 压缩气体：气体被加压装于压力容器内载运，在20℃时完全处于气态。

② 液化气体：气体被包装载运，在20℃时部分处于液态。

③ 冷冻液化气体：气体被包装载运，由于温度低，部分处于液态。

④ 溶解气体：气体被包装载运，溶解在溶液中的压缩气体。

在运输过程中，根据气体的主要危险性，《国际海运危规》将气体分为以下3个小类。

第2.1类：易燃气体。

第2.2类：非易燃、无毒气体。

第2.3类：有毒气体。

（2）气体的主要特性。

① 气体的物理特性。一是可压缩和液化性；二是流动扩散性；三是加压溶解性。

② 气体的化学性质。一是易燃性。气体中的易燃气体和某些有毒气体在运输过程中，一旦发生泄漏，与空气混合后，遇到火花或明火容易发生燃烧，如果易燃气体与空气混合物的浓度达到气体燃烧或爆炸极限，遇火花易引起爆炸。

二是毒害性。对于有毒气体，一般发现漏气时应先通风，再倾注大量冷水，然后拧紧开关。若不能迅速制止，应立即将钢瓶浸入水中，或浸入石灰水中。其目的主要是降温，减少瓶内压力，多数剧毒气体溶于水，可防止其扩散到空气中，且多数是酸性物质，能与石灰水中和。

三是助燃性和窒息性。助燃气体本身虽不能燃烧，但具有很强的助燃性，某些可燃物质在助燃气体中，尤其是在高压助燃气体中的燃烧要比空气中容易得多，有时甚至不需点火即能燃烧，所以在运输过程中，助燃气体因漏气扩散极易引起周围可燃物的燃烧。

某些不燃气体，虽然不具有毒害性，这些气体在化学和物理上是惰性的，但在运输过程中，如果发生逸漏，特别在封闭环境中，如果浓度过高，对人畜会产生窒息作用。

四是腐蚀性。大多数的酸性气体具有较强的腐蚀性，不仅对金属结构、建筑材料进行侵蚀，同时对人体皮肤也有很大的危害。

（3）气体在装卸、运输过程中应注意的问题。

① 装有易燃气体的容器在运输过程中应保持阴凉，远离一切热源、火源、电源，

照明设备和电力电缆及装置应保持良好状态。

② 在运输和装卸气体时，应轻拿轻放，严防撞击。

③ 有毒气体的储存和积载应注意远离一切食品和居住处所。

④ 氧气瓶在运输和储存时严禁与油脂接触。

3. 第3类：易燃液体

（1）易燃液体的概念。易燃液体包括易燃液体和液态退敏爆炸品。

① 易燃液体。在闭杯闪点试验 61℃或在 61℃以下时放出易燃蒸汽的液体或液体混合物，或含有处于溶液中或悬浮状态的固体或液体。

② 液态退敏爆炸品。液态退敏爆炸品是溶于或悬浮于水或其他液体物质，形成均质的液体混合物以抑制其爆炸特性的爆炸性物质。

（2）易燃液体的主要特性。易燃液体大多是低沸点液体，在常温下就能不断地挥发。通常，易燃液体呈液态时，实际上是不会燃烧的。但其挥发性蒸汽与空气的混合物一旦接触火种就易于着火燃烧。大多数易燃液体的蒸汽都具有不同程度的毒性或麻醉作用，如长时间吸入乙醚蒸汽会引起麻醉，失去知觉，深度麻醉或长时间麻醉可能导致死亡；另外，还具有易积聚静电性、环境污染性等。

（3）易燃液体在装卸、运输过程中应注意的问题。

① 载运易燃液体的船舶要符合国家有关规范要求，并取得主管机关批准后方可承运。

② 易燃液体在装载时，应保持装载场所阴凉，并且要求远离热源、火源、电源。

③ 在装卸前，应开舱通风，排除可能聚集的易燃液体蒸汽或降低舱内蒸汽浓度。

④ 在运输易燃液体前，应检查其包装，凡是有渗漏的包件应拒绝运输。

⑤ 存放易燃液体的场所应保持阴凉、通风，同时应避免在高温时节进行装卸作业。

4. 第4类：易燃固体、易自燃物质和遇水放出易燃气体的物质

本类是指除了划为爆炸品以外的，在运输情况下易于燃烧或者可能引起火灾的物质。《国际海运危规》对第4类危险货物分成以下3个小类。

第4.1类：易燃固体。

第4.2类：易自燃物质。

第4.3类：遇水易放出易燃气体的物质。

（1）第4.1类：易燃固体。

① 易燃固体的定义。在运输中所经受条件下，主要分为易于燃烧或易于通过摩擦可能起火的固体；易于发生强烈反应的自反应物质；如没有充分稀释有可能爆炸的退敏爆炸品。

② 易燃固体的主要危险特性。具有强还原性，与氧化剂、水接触会引起燃烧和

爆炸，有些受到摩擦、撞击后即能引起燃烧。

③ 运输、装卸预防措施。在装运易燃固体时，严禁与明火、水、酸类和氧化剂接触，避免受摩擦、撞击，以免发生燃烧、爆炸事故。在装卸过程中一旦发生火灾，要根据易燃固体的不同性质选择合适的灭火剂，必须注意以下几方面。

一是粉状物品，如铝粉、闪光粉等着火不可用水扑救。否则不但不能灭火，还可能遇水产生剧烈反应，被水冲散到空气中的粉末还会引起粉尘爆炸的危险。

二是有爆炸危险的，严禁用沙土压盖。

三是遇水或酸产生剧毒气体的严禁用酸碱泡沫灭火剂。

（2）第4.2类：易自燃物质。

① 易自燃物质的定义。易自燃物质是在运输中遇到正常条件下易于自发升温或易于遇空气升温，然后易于起火的液体或固体，可分为引火性物质和自热性物质。

② 易自燃物质的主要危险特性。易自燃物质的自燃点较低，易于被氧化分解，有些物质在周围缺氧的情况下也能自燃，有的还放出毒气。

③ 储运预防措施。易自燃物质在运输、储存时，如果由于包装破损等原因引起撒漏，此时对收集的溢漏品要装在封闭的容器中妥善处理，不得随意抛弃在水域中，如黄磷溢漏时应迅速用水浸湿，再装入容器中。

（3）第4.3类：遇水易放出易燃气体的物质。

① 遇水易放出易燃气体的物质的定义。该类物质无论是固体还是液体，与水作用易于自燃或放出热量的易燃气体，放出的气体与空气混合将形成爆炸性混合物，遇明火或火花易于燃烧或爆炸。

② 主要危险特性。本类物质遇水发生剧烈的反应，放出易燃气体并产生一定热量。当热量使该气体的温度达到燃点时或遇到明火时会立即燃烧甚至爆炸。

③ 预防措施。考虑到该类物质的危险特性，在运输、装卸和储存过程中，绝对不能与水、水蒸气、酸类、氧化剂接触。同时发生火灾时，也不能用水来灭火。

5. 第5类：氧化物质（氧化剂）和有机过氧化物

《国际海运危规》第5类主要包括以下两个小类。

第5.1类：氧化性物质。

第5.2类：有机过氧化物。

（1）第5.1类：氧化性物质。

① 氧化性物质的定义。该类物质本身未必燃烧，但通常因放出氧气可能引起或促使周围其他物质燃烧，这些物质可能包含在一个物品中。

② 氧化性物质的主要危险特性。具有强氧化性，不稳定，易于受热分解，放出氧气，促使易燃物燃烧；能和其他物质发生缓慢的氧化反应，并因释放热量的聚积引起这些物质的自燃；大多数氧化剂和液体酸接触发生剧烈反应，散发有毒气体，某些

氧化剂遇火散发有毒气体。

③ 储运预防措施。

一是在运输、装卸及储存中要远离热源，严禁受热，避免阳光直晒。

二是该类物质在运输及储存中不能和易燃物质混装。

三是装卸中避免摩擦、震动冲击。

四是要存放在干燥不易水湿的地方，因为有些氧化剂遇水会发生分解，特别是活泼金属的过氧化物。

（2）第 5.2 类：有机过氧化物。

① 有机过氧化物的定义。有机过氧化物是指其物质分子结构极不稳定、易于分解的有机物质。

② 有机过氧化物的主要危险特性。有机过氧化物极不稳定，易分解、震动、冲击、摩擦或遇热就能引发分解，所以其分解所需温度很低，分解所产生的一系列反应，很难用常规的抑制方法扑救；而且许多分解产物是有害或易燃的蒸气，再加上可提供氧气，就会发生爆炸。另外有的有腐蚀性，有的具有很强的毒性。

③ 储运预防措施。

第一，载运注意事项。有机过氧化物的积载位置只限于舱面，而且要放置于避光、阴凉、通风、散热良好的处所；有些有机过氧化物要放入稳定剂方可运输；有些有机过氧化物对温度要求高，要冷藏运输。

第二，装卸要求。

一是有机过氧化物的包装及衬垫材料要在性质上与所装物质相容，而且是不燃材料。

二是一切容器都应采用液密封，如设通风装置，则应装在位于保护液面以上。

三是已有破损的包件应拒绝运输。

四是装卸中的撒漏物要用已经浸湿过的蛭石（一种无机矿物）与撒漏物混合，收集起来装在塑料桶内立即处理。

五是绝对禁止用金属或可燃物处理撒漏物，千万不能自行将破损包装换好包装，因为包装破损后，很难确定是否有杂质混入。

第三，稳定性的控制。储运过程中应防止震动、冲击、摩擦及热等敏感因素，现有的有机过氧化物要求控制温度的约占 1/3 以上，最需控制温度一般为 $-25 \sim 30\,^{\circ}\mathrm{C}$；此外，对有机过氧化物本身必须做稀释处理，或加一定量的迟钝剂，或加一定量的惰性无机固定物质，这些方面都符合要求时方可储运。如能严格做到这些要求，那么其危险性将被控制在最低。

6. 第6类：有毒物质和感染性物质

《国际海运危规》第 6 类主要包括以下两个小类。

第 6.1 类：有毒物质。

第 6.2 类：感染性物质。

（1）第 6.1 类：有毒物质。

① 有毒物质。该类物质如吞咽、吸入或皮肤接触易于造成死亡、严重伤害或损害人体健康。

② 有毒物质的特性。

一是有毒物质的化学组成和结构是影响有毒物质毒性的决定因素。固体毒物颗粒越小，越易引起中毒。如铅粒进入人体并不立即引起中毒，但铅的粉尘、蒸气进入人体较容易引起中毒。有毒物质的水解性、脂溶性越大，其毒性也越大；液体有毒物质的挥发性越大，毒害性越大；温度越高，越易引起中毒；空气中的湿度越大，越易引起中毒。

二是有毒物质进入人体的途径主要有呼吸道中毒、皮肤中毒、消化道中毒。

③ 有毒物质装卸、储存预防措施。

一是有毒物质卸货前后，应开舱通风或排风，必要时应进行检测有毒气体或蒸发浓度，在确保安全的前提下，方可安排作业。

二是装卸作业时，应穿戴好个人防护用品，用前检查，用后清洗。毒害品沾污衣服、皮肤后要及时更换或清洗。

三是有毒物质的装卸最好安排在温度比较低的早晚时分作业，尽量避免高温时作业。

四是装卸工具、车、船应在装卸作业完成后进行清洗消毒。

（2）第 6.2 类：感染性物质。

① 感染性物质。感染性物质是指含有微生物或它们的病毒会引起或有可能引起人或动物疾病的物质，该类物质已知或一般有理由相信含有病原体。

② 感染性物质的储运预防措施，主要有以下几个方面。

一是在运输、装卸前，有关货主应向主管部门确认该物质能否承运。

二是感染性物质不管用何种方式运输，均应选择最快的运输路线。

三是装卸作业人员在进行作业时，应穿戴好个人防护用品。装卸作业完毕后，应对个人防护用品进行消毒。

四是对撒漏物不能随意抛弃，应交由主管部门妥善处理。

7. 第7类：放射性物质

（1）放射性物质的概念。本类包括自发地放射出大量放射线，其放射性比活度大于 70kbp/kg 的物质。为了放射性货物的安全运输，将放射性物质分为 5 类：低比活度放射性物质、表面污染物体、可裂变物质、特殊形式放射性物质、其他形式放射性物质。放射性的危害主要是射线对人体的危害。

229

（2）放射性物质装卸作业预防措施。

① 运输、装卸作业前要做好充分的准备工作，尽量减少接触包件的时间。

② 装卸作业人员必须穿戴防护服、口罩、手套等劳动保护用品，搬运时应使用工具，不可肩扛背负，避免身体直接接触货包。

③ 装卸过程中，必须注意保护货物包装完好无损，严防撞击、跌落。

④ 装卸过程中，严禁吸烟、饮水、进食。作业完毕后，要淋浴换衣或用肥皂洗净手脸。

8. 第8类：腐蚀品

（1）腐蚀品的定义。它是指通过化学反应能严重地损害与之接触的生物组织的物质，或从其包件中撒漏亦能导致对其他货物或船舶损坏的物质。

（2）腐蚀品的危害性。固体、液体和气体3种形态的腐蚀品都能对人体引起化学烧伤，还能对其他物品（金属和非金属）产生腐蚀，腐蚀品中有些物品具有很强的氧化性和不同程度的毒性。一些氧化性强的酸，由于能使金属表面生成一层致密的氧化物保护膜，而使金属不再腐蚀，这种现象称为"钝化"，储运中可对这种特性加以利用，如浓硫酸可以用铁罐装运就是这个道理。

（3）腐蚀品装卸预防措施。

① 装卸作业前应检查封口、包装是否良好，有无渗漏，严禁破漏包装上船。

② 装货前，货舱内应打扫干净，不得留有氧化剂、易燃品等。

③ 装卸工具不得沾有氧化剂、易燃品。

④ 工作人员应穿戴必要的防护用品。

⑤ 装卸作业现场应备有清水、苏打水或稀醋酸、食醋等以应急救，严禁火种接近作业现场。

9. 第9类：杂类

杂类是指在运输中具有危险特性，但不属于前8类的物质和物品，以及会对环境造成污染的包装货物。

三、危险货物集装箱运输的技术条件

1. 危险货物运输包装

（1）危险货物包装的主要作用。

① 保护产品，防止产品遗失，方便储运装卸，加速交接和点验等作用，提高运载效率和工作效率。

② 能承受所装货物的侵蚀、化学反应，同时还可确保货物在运输、装卸、储存、销售等过程中的安全以及能承受住正常的风险。

③ 能防止被包装的危险货物因接触雨雪、阳光、潮湿空气和杂质而使产品变质，

或发生剧烈的化学反应造成事故。

④ 可减少货物在运输过程中所受到的碰撞、震动、摩擦和挤压，使危险货物在包装的保护下保持相对稳定状态，从而保证运输安全。

⑤ 通过包装来抑制或钝化所盛装危险货物的危险性，使可能施于危险货物并引发的危险，使外界条件及危险品本身对外界环境可能造成的危害，限制在最小的范围内，使其能更加安全、保证质量地运往目的地，同时也为运输、装卸人员提供良好的作业环境。

（2）危险货物包装的基本要求。根据危险货物的性质和运输的特点，以及包装应起的作用，危险货物的包装必须具备以下的基本要求。

① 包装所用的材质应与所装的危险货物的性质相适应。

危险货物包装容器与所装物品直接接触的部分，不应受该物品的化学或其他作用的影响。包装与内装物直接接触部分，必要时应有内涂层或进行相应处理，以使包装材质能适应内装物的物理、化学性质，不使包装与内装物发生化学反应而形成危险产物或导致削弱包装强度。

② 包装应具有抗冲撞、震动、挤压和摩擦的作用。

包装应有一定的强度，以保护包装内的货物不受损失，是一般货物的共同要求。危险货物的包装强度，与货物的性质密切相关。压缩气体和液化气体，处于较高的压力下，使用的是耐压钢瓶，强度极大；又因各种气体的临界温度和临界压力不同，要求钢瓶耐受的压力大小也不同。

盛装液体货物的包装，考虑到液体货物热胀冷缩系数比固体大，液体货物的包装强度应比固体高。同是液体货物，沸点低的可能产生较高的蒸气压力；同是固体货物，密度大的在搬动时产生的动能亦大，这些都要求包装有较大一些的强度。

一般来说，货物性质比较危险的，发生事故危害性较大的，其包装强度要高一些。同一种危险货物，单件包装重量越大，包装强度也应越高。同一类包装运距越长、倒载次数越多，包装强度应越高。根据所装运危险货物的危险性质大小，危险货物的包装分成以下 3 个等级。

Ⅰ级包装：主要装运高度危险的危险货物，也可装运中等和低度危险的物质。

Ⅱ级包装：主要装运中等危险的危险货物，也可装运低度危险的物质。

Ⅲ级包装：主要装运低度危险的危险货物。

③ 包装的封口应与所装危险货物的性质相适应。

《危险化学品安全管理条例》第 42 条第 2 款："运输危险化学品的槽罐以及其他容器必须封口严密，能够承受正常运输条件下产生的内部压力和外部压力，保证危险化学品在运输中不因温度、湿度或者压力的变化而发生任何渗（撒）漏。"

危险货物包装的封口，一般来说应严密不漏。特别是挥发性强或腐蚀性强的危险货物，封口更应严密。危险货物包装的封口主要有以下几种。

一是牢固封口：所装的固体物质在正常运输、装卸过程中不会撒漏的封口。

二是液密封口：不透液体的封口。

三是气密封口：不透蒸气的封口。

2. 危险货物的标记与标志

（1）危险货物的标记与标志概念。

① 危险货物的标记。根据《国际海运危规》的规定，每个装有危险货物的包件都应标有危险货物的正确运输名称和冠以"UN"字母的联合国编号。

② 危险货物标志。危险货物标志是在包件上使用图案和相应的说明描述所装危险货物的危险性和危险程度，它是以危险货物分类为基础的，又分为主标志和副标志。

（2）危险货物标记与标志的作用。为明确、显著地识别危险货物的性质，保证装卸、搬运、储存、保管、送达的安全，应根据各种危险货物的特性，在运输包装的表面加上特别的图示标志，必要时再加以文字说明，以便于有关人员采取相应的防护措施，提醒各环节的作业人员，谨慎小心，严防发生事故。主要作用如下。

① 危险货物运输标记与标志可正确表示货物的主要特性和发货人的意图，可以保护货物与作业安全，防止发生货损、货差以及危险性事故。

② 有了正确的标志和标记，使得从事危险货物运输的各类人员在任何时候、任何情况下都能对接触的货物迅速加以识别，正确认识其危害性，并采取相应的安全措施。

③ 在运输、装卸过程中，万一发生事故，有关人员能正确、快速地辨认货物，并采取正确的应急行动，减少损害。

（3）危险货物标记与标志的张贴要求。

① 在包件上粘贴标志或标志图案，应使其在海水中浸泡至少 3 个月以上仍清晰可辨，还要考虑标志的材质和包装表面的耐久性。

② 为了清楚地显示危险货物的危险特性和危险程度，一切装有危险货物的包件应以醒目的标志加以区别。

③ 如果运输包件的尺寸足够大，标志应贴在包件表面靠近正确运输名称标记的地方。

④ 当某类危险货物的主危险性标志和副危险性标志都有时，应彼此紧挨着张贴。

危险货物标志张贴如图 11-1 所示。

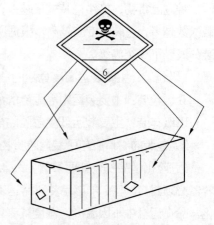

图 11-1　集装箱运输危险货物时标志张贴

3. 危险货物的积载与隔离

（1）危险货物的积载。在危险货物的运输中，危险货物在运输工具上能否正确积载，直接关系到人命和运输工具的安全。由于危险货物具有不同性质，在运输工具上积载的要求也各不相同，在国际海上运输中，在危险货物积载选择舱位时，除考虑满足危险货物基本性质外，还要考虑满足卸货港顺序、货物包装类型以及与货舱条件相适应性。为确保运输安全，危险货物在海上运输过程中，其积载的基本要求主要表现在以下几方面。

① 对于涉及危险货物的事故可能迅速危及全船安全，事故发生后，在短时间内撤离大量人员是不现实的，这些危险货物不适合积载于载客限额大于 25 人或船舶总长每 3m 超过 1 人的船舶。

② 在运输过程中，要求经常查看，注意是否有可能形成爆炸的混合气体、产生剧毒蒸气或对船舶有严重腐蚀作用的危险货物，这些货物均不适合舱面积载。

③ 下列物质应避开生活居住处所积载。

一是易挥发的有毒物质。

二是易挥发的腐蚀性物质。

三是遇潮湿空气产生有毒或腐蚀性蒸气的物质。

④ 对于海洋污染物，在运输时必须合理装载和加固，将其危害减至最低程度，确保船舶、人员安全。

（2）危险货物的隔离。在运输过程中，对互不相容的危险货物进行正确隔离，能有效防止因泄漏等原因而引发危险反应，同时万一发生火灾等事故，易于采取应急措施，最大限度地缩小危害范围，以减少损失。

根据《国际海运危规》，按照危险货物隔离表的要求，隔离分为以下几个级别。

隔离 1："远离"，表示有效地隔离从而使互不相容的物质在万一发生意外时不致相互引起危险反应。

隔离 2："隔离"，表示在舱内积载时，应装在不同的舱室或货舱。

隔离 3："用一整个舱室或货舱隔离"。

隔离 4："用一介于中间的整个舱室或货舱作纵向隔离"。

对于装运危险货物集装箱的隔离原则是严格按配装要求和隔离要求进行配箱；严格按隔离要求和积载类要求进行积载。除按隔离表积载外，集装箱还应按下列要求进行积载。

① 装运危险货物集装箱在"隔离 1"条件下的积载。

一是封闭式集装箱的垂直积载。

二是封闭式集装箱的水平积载。

三是开敞式集装箱的水平积载。

② 装运危险货物集装箱在"隔离 2"条件下的积载。

一是封闭式集装箱的水平积载。

二是开敞式集装箱的水平积载。

开敞式集装箱不应装在同一个舱室内；隔离舱壁应为钢质；舱面积载应按封闭式集装箱的要求进行处理。

③ 装运危险货物集装箱在"隔离 3"条件下的积载（垂直方向原则上不积载）。

一是封闭式集装箱不应装在同一舱室内，且两个舱室之间的舱壁应为钢质。

二是开敞式集装箱应隔开一个整舱，中间壁隔离两个钢质舱壁或甲板。

三是可舱面积载。

④ 装运危险货物集装箱在"隔离 4"条件下的积载（垂直方向不能积载）。

一是封闭式集装箱应隔开两个钢质舱壁或隔开一个钢质墙壁。但间隔至少 24m，且距舱壁最近处不少于 6m。

二是开敞式集装箱至少隔两个钢质舱壁。

表 11-1 所示为集装箱船上集装箱隔离表。

表 11-1　　　　　　　　　　集装箱船上集装箱隔离表

隔离要求	垂　直　向				水　平　向					
	封闭式与封闭式	封闭式与开敞式	开敞式与开敞式		封闭式与封闭式		封闭式与开敞式		开敞式与开敞式	
					舱面	舱内	舱面	舱内	舱面	舱内
远离	允许一个装在另一个的上面	允许开敞式的装在封闭式的上面，否则按开敞式与开敞式要求处理	除非以一层甲板隔离，否则禁止装在同一垂直线上	首尾向	无限制	无限制	无限制	无限制	一个箱位	一个箱位或一个舱壁
				横向	无限制	无限制	无限制	无限制	一个箱位	一个箱位
隔离	除非以一层甲板隔离，否则不允许装在同一垂线	按开敞式与开敞式的要求办理		首尾向	一个箱位	一个箱位或一个舱壁	一个箱位	一个箱位或一个舱壁	一个箱位	一个舱壁
				横向	一个箱位	一个箱位	一个箱位	两个箱位	两个箱位	一个舱壁
用一整个舱室或货舱隔离				首尾向	一个箱位	一个舱壁	一个箱位	一个舱壁	两个箱位	两个舱壁
				横向	两个箱位	一个舱壁	两个箱位	一个舱壁	三个箱位	两个舱壁
用一介于中间的整个舱室或货舱作纵向隔离		禁止		首尾向	最小水平距离 24m	一个舱壁且最小水平距离不小于 24m	最小水平距离 24m	两个舱壁	最小水平距离 24m	两个舱壁
				横向	禁止	禁止	禁止	禁止	禁止	禁止

四、集装箱运输危险货物的装箱作业

在危险货物装载于集装箱进行运输时，由于集装箱运输的特殊性，往往都是在集装箱中加以密闭运输，在运输过程中无法开门进行检查，箱内的危险货物如有因装载不当或包装破损，以及因温度、湿度等变化引起危险货物发生变化与反应等情况不能及时发现，在运输过程中万一发生火灾、海损等事故，由于集装箱难以移动，同时也无法开门投弃货物，从而使事故范围扩大及造成的损害程度加剧。对那些需要经常靠近检查温度及包装的一些易燃液体、易自燃物质尤为不利。某些物质（如有机过氧化物及自反应物质）具有特殊的危险性，需要控制温度运输，如运输时间过长，用集装箱装运也不太适宜。

为确保安全，必须对准备装入集装箱进行运输的危险货物的特性加以全面的了解，选择那些化学稳定性好，对温度、湿度变化不太敏感，对包装条件要求较低的危险货物装入集装箱进行运输。

1. 集装箱装运危险货物的基本要求

集装箱装运危险货物由于要经受陆上、海上运输过程中的振动、颠簸和摇摆，一个有缺陷的集装箱，在运输过程中往往由于货物包装不当或渗漏，可能会导致人员伤亡或运输工具的损坏。因此，集装箱在装运危险货物前，必须经过严格的检查，确保运输的安全。

（1）集装箱外表的检查：检查集装箱外表面是否有弯曲、擦伤的痕迹。

（2）对集装箱曾修理过的部位要仔细检查，看有无仍破漏的地方。

（3）集装箱骨架的焊接处应当完好无损。因为集装箱的结构强度主要取决于主框架的韧性。

（4）集装箱四柱、六面、八角应当完好无损，没有进水孔，焊接处没有裂缝。

（5）箱门、箱壁、箱底、箱顶状况良好，并能承受加速时所产生的负荷。箱内没有突出的钉子，也没有容易造成包件损坏的凸出物。

（6）箱内应保持清洁，不能留有残余物或异味，箱外应没有无关的标志。如前次曾装运过危险货物的集装箱必须进行彻底的清洗，冲洗过的集装箱，应彻底干燥后才能装货。

2. 危险货物装运集装箱作业

（1）对拟装入集装箱进行运输的危险货物包件，在装运前向海事主管部门办理"危险货物安全适运申报单"及"船舶载运危险货物申报单"（如图 11-2 和图 11-3 所示），经批准后方可进行此项作业。

（2）从事危险货物装、拆箱作业的港口企业，在危险货物港口装卸、过驳、储存、包装、集装箱拆装箱等作业开始 24h 之前，应当将作业委托人、危险货物品名、数量、理化性质、作业时间和地点、安全防范措施等事项向所在地港口行政管理部门报告，未经许可，不得进行危险货物港口作业。

235

危险货物安全适运申报单

Declaration on Safety and Fitness of Dangerous Goods

（包装/固体散装危险货物）

（ Packaged/Solid in Bulk ）

发货人： Shipper：	收货人： Consignee	承运人： Carrier：
船名和航次： Ship's Name and Voyage No：	装货港： Port of Loading	卸货港： Port of Discharging：

| 货物标记和编号，如适用，组件的识别符号或登记号
Marks & Nos, of the goods, if applicable. identification or registration number(s) of the unit | 正确运输名称*、危险类别、危规编号、包装类**、包件的种类和数量、闪点℃（闭杯）**、控制及应急温度**、货物为海洋污染物**、应急措施编号和医疗急救指南表号***
Proper shipping name*, IMO hazard class/division, UN number,packaging group**, number and kind of packages,flash point（℃ c.c.）,control and emergency temperature**,identification of the goods as MARINEPOLLUTANT**,Ems No.and MFAG Table No.*** | 总重（kg）
净重/净量
Total weight(kg)
Net weight(kg) | 交付装运货物的形式：
Goods delivered as:
□杂货
Break bulk cargo
□成组件
Unitized cargo
□散货包装
Bulk Packages
□散装固体
Solid in bulk

组件类型：
Type of unit:
□集装箱
Container
□车辆
Vehicle
□罐柜
Portable tank
□开敞式
Open
□封闭式
Close
如适用，在方格内划"×"
Insert "×" in appropniate box |

*仅使用专利商标/商品名称是不够的，如适合：（1）应在品名前加"废弃物"；（2）"空的未经清洁的"或"含有残余物-上一次盛装物"；（3）"限量" **如需要，见《国际危规》第1卷第5.4.1款 ***需要时
*Proprietary/trade names alone are not sufficient. If applicable:(1)the word"WASTE"Should proceed the name;(2)"EMPTY/UNCLEANED"or"RESIDUE- LAST CONTAINED";(3) "LIMITED QUAN-TITY"should be added. **Whenrequired in item 5.4.1.1,volume 1 of the IMDG Code;***When required

附送以下单证、资料： The following document(s) and information are submitted: 在某种情况下，需提供特殊资料证书，详见《国际危规》第1卷第5.4.1小节。 In certain circumstances special information certificates are required, see paragraph 5.4.4,volume 1 of IMDG Code.	
兹声明： 　上述拟交付船舶装运的危险货物已按规定全部并准确地填写了正确运输名称、危规编号、分类、危险性和应急措施，需附单证齐全。包装危险货物，包装正确、质量完好；标记、标志/标牌正确、耐久。以上申报准确无误。 　Declaration： 　I hereby declare that the contents of this declaration are fully and accurately described above by the proper shipping name，UN No.,Class and EmS No. The goods are properly packaged. Marked, labeled/placarded and are in all respects in good condition for transport by sea. 申报员（签字）： Declarer（signature）：_____ 证号编号： Certificate No.：	主管机关签注栏： Remarks by the Administration 申报单位签章 Seal of Declaration Unit 年　　月　　日 Year　Month　Date
紧急联系人的姓名、电话、传真、电子邮箱： Emergency Contact Person's Name.Tel.Fax and E-mail：	

　此申报单一式三份，其中两份申报人留持和分送承运船舶，一份留主管机关存查
　This declaration should be made in tripartite，one is kept by the Administration for file，and two for the declarer and the ship respectively.

中华人民共和国海事局监制

图 11-2　危险货物安全适运申报单

船舶载运危险货物申报单

Declaration Form for Dangerous Goods Carried By Ships

（散装液体货物）

（**Liquid in Bulk**）

船　名：_____　国　籍：_____　□进港　始发港：_____　抵港时间：_____
Ship's name:_____　Nationality:_____　Berthing　Port of Departure:_____　Time of Arrival:_____
所有人：_____　航　次：_____　□出港　作业泊位：_____　装货时间：_____
Owner._____　Voyage No.:_____　Departure　Berth:_____　Time of Loading:_____

货物正确运输名称 Proper Shipping Name of the Goods	种类/性质 Category/ Property	危规编号 UN No.	数　量 Quantity	液货舱编号 Number of Tanks	液舱惰化 （是/否） Tank inerting （yes/no）	装卸货物温度 （℃） Cargo Handling Temperature(℃)	装/卸货港 Port of Loading/Dis-charging	备注 Remarks

本轮液舱中存有下述压载水/污水：
The ballast/bilge water remained in tanks on board:

舱室编号 Tank No.	水质种类 Kinds of water	数　量 Quantity	注明该舱室为专用/清洁压载舱或液货舱 Indicating whether the tank is segrogted/ clean ballast tank or cargo tank	备注 Remarks

本轮准备在港口进行下述作业，并将按规定另行申请：
This ship plans to carry out the following operation(s) in port and application will be submitted separately according to the relevant provisions:

1. 清洗液货舱作业（水洗）　　　　　　□是 / □否　　2. 使用清洁剂/添加剂洗舱　　　　　□是 / □否
   thak washing (water wash)　　　　　Yes　　No　　　　tank washing by detergent /additives　Yes　　No
3. 原油洗舱　　　　　　　　　　　　□是 / □否　　4. 驱气作业　　　　　　　　　　　□是 / □否
   crude oil washing　　　　　　　　Yes　　No　　　　gas freeing　　　　　　　　　　Yes　　No
5. 向港口接收设施排放含油/有害物质的洗舱水/混合物、预计_____吨（m³）
   disposal of tank washing water/water containing harmful substances/mixtures into port reception facilities,estimated quantity _____ tons(m³).

兹声明本轮装载货物安全与防污染证书及文书齐备，船舶构造、设备与布置具备装载上述货物的适载条件并情况正常，货物资料齐全、申报内容正确无误。 This is to declare that this ship's certificates concerning safe transportation and pollution prevention are all valid and complete;the ship's construction,equipment and arrangements are in good condition and meet the requirtments of fitness for carrying the above declared goods; the documentation of goods is complete and the declaration is ture and correct. 附送以下单证、资料 The following document(s) and information are submitted in addition: 轮船长/申报员： _____ Master/Declarer: 船长/申报员证书编号： _____ Certificate No:	主管机关签注栏 Remarks by the Administration
船舶/代理人（盖章） Ship/Agent(Seal) 日期： Date:	
紧急联系人姓名、电话、传真、电子邮箱： Emergency Contact Person's Name, Tel, Fax and E-mail:	

此申报单一式三份，其中两份退申报人留持和分送港口作业部门，一份留主管机关存查。
This declaration should be made in tripartite, one is kept by Administration for file, and two for the declarer and port operator respectively.

中华人民共和国海事局监制

图 11-3　船舶载运危险货物申报单

（3）从事集装箱装运危险货物的单位，首先应经安全生产监督管理部门审核，取得危险化学品储存的资质。从事装、拆箱作业的人员应经相关部门培训考核，并取得相应的上岗资格证书，方可从事危险货物集装箱的装箱作业。

（4）在危险货物装箱作业前，根据危险货物积载与隔离要求，制订合适的积载计划。只有互相相容的危险货物或危险货物与普通货物才能在同一集装箱中积载；易燃液体、易燃固体不能与氧化剂同一箱装载；腐蚀品中的酸与碱亦不能同一箱装载等。如危险货物只构成全箱货物的一部分，则将之最后装在箱门附近，并要注意不能把危险货物装在其他货物（特别是重货）的下面。另外，对于虽然性质相容，但消防不同的危险货物也不能同装一个集装箱。

（5）对准备装箱的危险货物进行逐包、逐桶、逐件的检查，发现有任何损坏、撒漏、渗漏或者容器膨胀变形，不能装入集装箱内，包件外表面严重污染或有水或其他杂物的，必须彻底清除，无法清除者亦不能装入集装箱内。每一包件都应按《国际海运危规》的规定粘贴准确、合格的危险货物标志（规定要贴危险货物副标志及海洋污染物标志的应有副标志及海洋污染物标志）。

（6）危险货物在装箱过程中，应特别注意轻拿、轻放，桶盖、瓶口应朝上，不能倒置。箱、包货要堆码整齐、靠紧、不留空隙。铁桶货物之间及每层铁桶之间要铺垫木板或胶合板，使之互相之间及与箱壁之间隔离，不致因摩擦而产生火星，引起易燃物品燃烧。塑料桶灌装的危险货物，每层之间一定要用木板铺垫，以防压坏下层塑料桶，发生渗漏。箱内积载危险货物不能超过危险货物技术说明书中允许的高度，固定用的钉子等铁质材料不能外露或遗漏在集装箱中。

（7）在集装箱装、拆箱作业前，应根据危险货物的特性，作业现场应备有相应的消防和应急器材，并且要求这些消防和应急器材能在尽量短的时间内投入使用。

（8）危险货物装箱完毕后，一定要对靠近箱门附近的货物进行支撑与加固，使之不能移动，以免因装卸运输过程中的冲击与摇晃而产生塌货，发生砸伤开箱人员及危险货物包装摔破而发生燃烧、爆炸、中毒等危险。

3. 防止危险货物集装箱在运输过程中产生冷凝滴水

装有危险货物的集装箱在运输过程中，由于受到温度、湿度、气压、雨雪、日晒的影响，箱内温度、湿度会发生变化，使箱内危险货物、包装材料、撑垫材料等所产生的水分蒸发、凝结，再蒸发、再凝结，进而变成冷凝滴水（俗称汗水）。这些水滴落在货物上或凝结在货物上，进而渗透到货物内部，就会使货物造成水损或霉变，一些危险货物遇潮湿会分解或产生燃烧爆炸，这是危险货物集装箱运输中必须十分注意的一个特殊问题。主要的预防办法如下。

（1）选择干燥和完好的集装箱。

（2）包装和衬垫材料选用干燥的木材。

（3）箱内采取有效的通风或隔绝措施。

（4）不要将这些集装箱长时间置于高温、雨淋或日气温变化很大的地方，那些遇湿易发生危险的危险货物（如4.3类中的电石等）集装箱应装在舱内通风良好处，而不要装在甲板上。

（5）注意装箱条件，雨湿天不装怕湿危险货物，在货物下面加垫料，并可使用相应的吸水材料将货物加以遮盖（需注意，在密闭集装箱内不得用塑料布作为遮盖物）。

（6）在集装箱内放入一定数量的干燥剂等。

五、危险货物集装箱运输的安全操作规范

1. 船舶载运危险货物集装箱安全操作规范

（1）装运危险货物的船舶，应具有中华人民共和国船舶检验局签发的有效的船级证书和法定证书（以下统称船舶证书），或具有该局认可的船舶证书。船舶在装运危险货物前，应申请当地验船部门进行检验。

（2）装运危险货物的舱室应有有效的自然通风设备或根据所载危险货物的要求，配备足够的机械通风设施，能有效地使用本船的水灭火系统。当装运的危险货物着火不能单靠用水扑灭时，船上应该设有足够的其他适当类型的灭火设备。

（3）船舶载运进口或过境危险货物，应在预定抵港3天前（航程不足3天者在驶离出发港前）直接或通过代理人向所抵港海事管理部门报告所载危险货物（包括集装箱内所装危险货物）的品名、数量、性质、包装和装载位置，办理进口签证，经批准后，才得进港、起卸或过境。

（4）船舶装载出口爆炸品、压缩气体、液体气体、剧毒品、放射性物品、一级易燃液体（闪点低于28℃）、一级氧化剂、一级易燃固体、一级自燃物品、一级遇水燃烧物品、一级腐蚀物品以及其他与上述物品性质、危害程度相当的物品，应在装货3天前，直接或通过代理人到海事部门办理《船舶装载危险货物准单》，经批准后，方可装船。

（5）船舶装载危险货物，必须严格按照"危险货物配装表"的规定，合理配载。爆炸品和一级易燃液体原则上后装先卸，中途港也不宜在装有爆炸品和一级易燃液体的舱内加载其他货物。确须加载时，应严格按照装、卸易燃、易爆物品的要求进行操作。

（6）载运爆炸品和一级易燃液体的船驳，不得与其他船、驳混合编队拖带。拖带应选用燃油拖轮和使用非钢丝缆绳。拖轮的烟囱应设置火星熄灭器，并与被拖船、驳保持一定的安全距离。

（7）装载危险货物的船舶，须严格遵守港口规章和避碰规则，装卸、航行和停泊

时，应尽可能远离其他船舶或设施，并按规定悬挂或显示信号。在气候恶劣、能见度不良或认为不能确保航行安全的情况下，不应进出港口、靠离码头或通过船闸。

（8）船舶所载危险货物的洗舱水和残留物，不准任意排放和倾倒，如需排放或倾倒，须经海事部门和当地环保部门批准。

2. 港口装卸危险货物集装箱安全操作规范

（1）经营危险货物装卸、集装箱装箱、拆箱的企业，应经港口管理机构批准，取得危险货物的经营资质后方可经营。

（2）从事港口危险货物装卸的作业人员和管理人员应按规定持证上岗。装卸前应详细了解所装卸危险货物的性质、危险程度、安全和医疗急救措施。

（3）装卸危险货物，应选择合适的装卸机具。各种装卸机械、工属具在装卸危险货物时，其安全系数要比用于普通货物大 1 倍以上。装卸爆炸品、一级易燃液体、毒害品和放射性物品时，装卸机具应按额定负荷降低 25%使用。

（4）具体装卸安全操作规范。

① 进行危险货物装卸作业时，现场应备有相应的消防、应急器材；严格遵守各类货物的装卸操作规程；轻装、轻卸，防止货物撞击、重压、倒置，严禁摔甩翻滚；使用的工属具不得沾有与所装货物性质相抵触的污染物，不得损伤货物包装；在装卸过程中，有关人员不得擅自离开工作岗位。

② 夜间装卸危险货物，应有良好的照明，装卸易燃易爆危险货物应使用防爆型的安全照明设备。船方应向港口经营人提供安全的在船作业环境，如船舶确实不具备作业环境，港口经营人有权停止作业，并书面通知海事管理机构。

③ 船舶装卸易燃易爆危险货物期间，不得进行加油、加水、拷铲等作业；装卸爆炸品时，不得使用和检修雷达、无线电电报发射机；所使用的通信设备应符合有关规定。

④ 装卸易燃易爆危险货物，距装卸地点 50m 范围内为禁火区。内河码头、泊位装卸上述货物时应划定合适的禁火区，在确保安全的前提下，方可作业；作业人员不得携带火种或穿铁掌鞋进入作业现场，无关人员不得进入。

⑤ 没有危险货物库场的港口，一级危险货物原则上以直接换装方式作业。

⑥ 装卸危险货物时，遇有雷鸣、电闪或附近发生火警，应立即停止作业，并将危险货物妥善处理。雨雪天气禁止装卸遇湿易燃物品。

⑦ 装卸危险货物时，装卸人员应严格按照计划积载装卸，不得随意变更。

⑧ 爆炸品、有机过氧化物、一级易燃液体、一级毒害品、放射性物品，原则上最后装最先卸。

⑨ 对温度较为敏感的危险货物，在高温季节，港口应根据所在地区气候条件确定作业时间，并不得在阳光下直射处存放。

3. 危险货物集装箱储存管理安全操作规范

（1）经常装卸危险货物的港口，应建有存放危险货物的专用库场；建立健全管理制度；配备经过专业培训的管理人员和安全保卫、消防人员；配有相应的消防器材；库场区域内，严禁无关人员进入。

（2）非危险货物专用库场存放危险货物，应经港口管理机构批准，并根据货物性质安装电气照明设备，配备相应的消防器材和必要的通风、报警设备。

（3）危险货物入库前，应严格验收。包装破损、撒漏、外包装有异状、受潮或沾污其他货物的危险货物应单独存放，及时妥善处理。

（4）危险货物堆码要整齐，稳固，垛距灯不小于 1.5m；垛距墙不小于 0.5m；垛距不小于 1.0m；性质不相容的危险货物、消防方法不同的危险货物不得同库场存放，确需存放时应符合相应的隔离要求；消防器材、配电箱周围 1.5m 内禁止存放任何物品。堆场内消防通道不小于 6m。

（5）存放危险货物的库场应经常进行检查，并做好检查记录，发现异常情况迅速处理。

 项目实施

1. 事故分析

（1）通过欧控的事故报告和当时的工作记录分析，欧控操作部德籍配载员没有认真研究分析该轮的《危险品适装证书》记载规定，没有掌握船舶的货舱结构，集装箱配载位置是由 BAY 区分，《危险品适装证书》记载的是货舱位置，没有弄清楚两者间的关系是导致事故发生的直接原因。

（2）码头公司集装箱配载员没有对危险品配载引起高度重视，没有审核船舶的《危险品适装证书》，而完全按照预配方案实配集装箱，未能发觉所配危险品的位置是错误的。

（3）该船船长、大副没有把好集装箱装载的最后一关，根据公司（SMS）文件和危险品装载的相关规定，船舶船长、大副必须严格审核危险品的装载计划，按照《国际海运危规》和《危险品适装证书》的记载规定，确定危险品的装载，文件明确船舶船长对危险品的装载有最后的决定权。

2. 防范措施

（1）中海集运预配中心、海外配载部门、航线部门、安技部和船工各部及所属船舶应按照公司（SMS）文件 ZJ-CZ0701-42《危险品集装箱运输管理规定》的各项要求，严格遵守危险货物集装箱运输管理制度，各负其责，确保一方平安。

（2）预配中心和海外配载部门的配载员必须按照《国际海运危规》的各项隔离要求和船舶《危险品适装证书》及相关法规的规定来安排指定危险品的积载位置，各口岸现场代理要督促和协调好港方优先安排落实危险品箱的积载，若发现配载不合理，应及时向配载员提出并通知港方按要求调整。

（3）装载危险货物的集装箱船舶船长、大副必须认真审核码头危险货物集装箱装船计划，尤其是危险品品名、类别、联合国编号、位置和隔离等是否符合相关证书及法规的规定，检查危险货物集装箱装船的一切手续和证明是否符合装船要求，在满足各项规则、规定、证书等各项要求的基础上，方能签字同意装船，认真仔细把好危险品运输最重要的一关。在审定预配计划时，有权对危险货物集装箱的配载位置提出修改意见，同时需核对《国际海运危规》及船存危险货物集装箱的实际情况，重新制定危险货物集装箱装载计划并及时联系中海集运预配中心或中海海外操作部门配载人员协调解决。

（4）船舶在装载危险品货箱时，当值驾驶员应亲临现场进行监装，认真核对箱号、箱位是否与预配图相一致。核实危险品箱是否按规定贴妥相应的 IMO 危险品标志、甲板、梯口是否悬挂了严禁吸烟或严禁明火作业的警示牌，并在开航前仔细检查和落实危险品箱的绑扎情况。

（5）对于危险品的操作必须加强工作责任心，落实岗位责任制，按照"安全工作重如泰山"的指示，纵向到底、横向到边、一查到底，不留死角，认真学习相关文件和制度规定，时刻牢记《国际海运危规》和船舶《危险品适装证书》及港口国的特殊规定要求，切实做好装船前的审核和航行途中的保管照料工作，确保危险货物的安全运输。

 项目小结

本项目主要讲述了危险货物集装箱运输的意义；主要海运危险货物的类别及各类危险货物的主要危险特性，其基本安全防范措施；重点内容应掌握对集装箱危险货物运输的基本技术要求，如危险货物的包装、标志、积载、隔离等；危险货物装箱的基本要求；危险货物集装箱运输过程中有关运输、装卸、储存的安全操作规范及注意事项等内容。

 综合练习与实训

案例：2005 年 3 月 5 日，"马士基毕尔巴鄂"轮 0505 航次载运危险品集装箱进上海港，其中载有一箱 3 类易燃液体，积载于ＢＡＹ080882 贝位；载有一箱 2.1 类易燃气体，积载于 BAY080884 贝位，上述集装箱在船上积载在相邻位置。而根据《国际海运危规》规定，2.1 类危险品与 3 类危险品的集装箱应在船上至少隔开一个箱位，可见该轮的积载情况违反了《国际海运危规》的规定。该轮船员表示，船上这两个危险品集装箱确实积载在了相邻贝位，但ＢＡＹ080882、BAY080884 贝位之间有一通道隔开，符合《国际海运危规》的规定。为了解船上危险品集装箱的实际积载状况，上海海事局两名海事执法人员登轮对该轮危险品的实际积载情况进行了检查。经检查，涉嫌积载、隔离违章的危险品集装箱所放置的 BAY050882、BAY080884 贝位之间确实有一个过道存在，但测量发现，该过道宽度仅为 3.6m，不符国际海运危规的不少于 6m 的隔离规定，该轮危险品积载、隔离情况仍然不符《国际海运危规》要求。

案例分析：《国际海运危规》规定，对集装箱船上货物运输组件之间的隔离定义为首尾向、横向隔离一个箱位。一个集装箱箱位指的是一个前后不少于 6m、左右不少于 2.4m 的空间。该轮船员对《国际海运危规》有关危险货物集装箱积载、隔离定义的理解、运用出现偏差，认为两个危险货物集装箱之间相隔一个通道，便是进行了隔离，至于这个通道是否符合《国际海运危规》隔离要求规定的距离，却缺乏正确理解。

附录

附录 A　各类集装箱常用技术规范（COSCON CONTAINER VIECHNICAL DATA）

表 A.1　　　　　　　　　　箱体内部尺寸（Internal Dimensions）

	干货箱 Dry			冷藏箱 Reefer			开顶箱 Open Top			框架箱 Flat Rack		
	长	宽	高	长	宽	高	长	宽	高	长	宽	高
20′	5 890	2 350	2 390	5 435	2 286	2 245	5 900	2 330	2 337	5 628	2 178	2 159
40′	12 029	2 350	2 393	11 552	2 266	2 200	12 025	2 330	2 337	11 762	2 178	1 986
40′HC	12 029	2 352	2 698	11 558	2 286	2 505	/	/	/	/	/	/
45′	13 556	2 352	2 697									

表 A.2　　　　　　　　　　箱体内容积及载重量（Capacity and Payload）

	干货箱 Dry		冷藏箱 Reefer		开顶箱 Open Top		框架箱 Flat Rack	
	容积	载重量	容积	载重量	容积	载重量	容积	载重量
20′	33.1	21 740	27.5	21 135	32.6	21 740	/	27 800
40′	67.7	26 630	58.7	26 580	65.8	26 410	/	40 250
40′HC	76.3	26 630	66.1	26 380	/	/	/	/
45′	85.7	32 500						

表 A.3　各类箱箱号首位数字含义（Meaning of the First or the First Two Digits of Container Serial Number）

	干货箱 Dry				冷藏箱 Reefer				开顶箱 Open Top	框架箱 Flat Rack
20′	0	3	5	6	8	22	23	25	26	52	92
40′		1		4	7	20	21	24	27	54	94
40′HC		96					29				

表 A.4　　　　　箱门开度尺寸（Door Opening Dimensions）

干货集装箱				Dry			
20′		40′		40′HC		45′	
宽	高	宽	高	宽	高	宽	高
2 340	2 280	2 340	2 280	2 340	2 585		

备注：尺寸单位为毫米（millimeter）　体积单位为立方米（m³）　重量单位为千克（kgs）

附录 B　部分国家和地区代号表

（引自《世界各国和地区名称代码》GB/T 2659-2000）

中文和英文简称	代码	中文和英文简称	代码	中文和英文简称	代码
阿根廷 ARGENTINA	AR	希腊 GREECE	GR	波兰 POLAND	PL
澳大利亚 AUSTRALIA	AU	匈牙利 HUNGARY	HU	葡萄牙 PORTUGAL	PT
白俄罗斯 BELARUS	BY	冰岛 ICELAND	IS	罗马尼亚 ROMANIA	RO
比利时 BELGIUM	BE	印度 INDIA	IN	俄罗斯联邦 RUSSIAN FEDERATION	RU
巴西 BRAZIL	BR	印度尼西亚 INDONESIA	ID	斯洛伐克 SLOVAKIA	SK
保加利亚 BULGARIA	BG	爱尔兰 IRELAND	IE	斯洛文尼亚 SLOVENIA	SI
加拿大 CANADA	CA	以色列 ISRAEL	IL	南非 SOUTH AFRICA	ZA
克罗地亚 CROATIA	HR	意大利 ITALY	IT	西班牙 SPAIN	ES
捷克 CZECH REPUBLIC	CZ	日本 JAPAN	JP	瑞典 SWEDEN	SE
丹麦 DENMARK	DK	哈萨克斯坦 KAZAKHSTAN	KZ	土耳其 TURKEY	TR
埃及 EGYPT	EG	韩国 KOREA,REPUBLIC OF	KR	乌克兰 UKRAINE	UA

中文和英文简称	代码	中文和英文简称	代码	中文和英文简称	代码
爱沙尼亚 ESTONIA	EE	吉尔吉斯斯坦 KYRGYZSTAN	KG	英国 UNITED KINGDOM	GB
芬兰 FINLAND	FI	墨西哥 MEXICO	MX	美国 UNITED STATES	US
法国 FRANCE	FR	荷兰 NETHERLANDS	NL	乌兹别克斯坦 UZBEKISTAN	UZ
德国 GERMANY	DE	挪威 NORWAY	NO		

附录 C 集装箱尺寸代码

表 C.1   第一位字符

箱长		代码字符	箱长		代码字符
mm	ft in		mm	ft in	
2 991	10	1	7 450		D
6 058	20	2	7 820	—	E
9 125	30	3	8 100	—	F
12 192	40	4	12 500	41	G
备用号/未选定的		5	13 106	43	H
备用号/未选定的		6	13 600		K
备用号/未选定的		7	13 716	45	L
备用号/未选定的		8	14 630	48	M
备用号/未选定的		9	14 935	49	N
7 150		A	16 154		P
73 15	24	B	备用号/未选定的		R
74 30	24.6	C	……	……	……

表 C.2   第二位字符

箱高		代 码 字 符		
		箱 宽		
mm	ft in	2 348 mm（8 ft）	>2 438 mm 和 2.500 mm	>2 500 mm
2 438	8	0		
2 591	86	2	C	L
2 743	9	4	D	M
2 895	96	5	E	N
>2 895	96	6	F	P
1 295	43	8	—	
≤1 219	≤4	9		

附录□ 集装箱类型代码

代码/原代码	箱 型	箱型群组代码	主 要 特 征	箱型代码	原代号
G/0	通用集装箱（无通风装置）	GP	——端或两端有箱门	G0	00
			—货物的上方有透气罩	G1	10/11
			——端或两端设有箱门并且在一侧或两侧亦设"全开式"箱门	G2	01
			——端或两端设有箱门并且在一侧或两侧亦设"局部"箱门	G3	02
			—备用号	G4	05
			—备用号	G5	06
			—备用号	G6	07
			—备用号	G7	08
			—备用号	G8	09
			—备用号	G9	
V/1	通风式通用集装箱	VH	—无机械排风装置，但在上、下两侧设有自然通风窗	V0	13
			—备用号	V1	14
			—箱内设有机械式通风装置	V2	15
			—备用号	V3	16
			—外置式机械通风装置	V4	17
			—备用号	V5	18
			—备用号	V6	19
			—备用号	V7	
			—备用号	V8	
			—备用号	V9	
B/2	干散货集装箱 —无压干散货集装箱	BU	—封闭式	B0	20
			—气密式	B1	23
			—备用号	B2	24
	—承压干散货集装箱	BK	—水平方向卸货，试验压力150Pa	B3	
			—水平方向卸货，试验压力265Pa	B4	
			—倾斜卸货，试验压力150Pa	B5	
			—倾斜卸货，试验压力150Pa	B6	
			—备用号	B7	
			—备用号	B8	
			—备用号	B9	

续表

代码/原代码	箱型	箱型群组代码	主要特征	箱型代码	原代号
S/2	以货物种类命名的集装箱	SN	—牲畜集装箱	S0	
			—汽车集装箱	S1	
			—活鱼集装箱	S2	
			—备用号	S3	
			—备用号	S4	
			—备用号	S5	29
			—备用号	S6	
			—备用号	S7	
			—备用号	S8	
R/3	保温集装箱—机械制冷	RE	—机械制冷	R0	31
	—制冷/加热集装箱	RT	—机械制冷/加热	R1	32
	—自备电源的机械制冷/加热集装箱	RS	—机械制冷	R2	36
			—机械制冷/加热	R3	37
	保温集装箱		—备用号	R4	39
			—备用号	R5	
			—备用号	R6	
			—备用号	R7	
			—备用号	R8	
			—备用号	R9	
H/4	保温集装箱—带挂装式机械制冷/加热装置	HR	—外置式挂装制冷/加热装置 $K=0.4W/(m^2 \cdot K)$	H0	40
			—内置式挂装，制冷/加热装置	H1	41
			—外置式挂装，制冷/加热装置 $K=0.7W(m^2 \cdot K)$	H2	42
			—备用号	H3	43
			—备用号	H4	44
	—隔热式集装箱	HI	—隔热层 $K=0.4W(m^2 \cdot K)$	H5	45
			—隔热层 $K=0.7W(m^2 \cdot K)$	H6	46
			—备用号	H7	47
			—备用号	H8	48
			—备用号	H9	49

代码/原代码	箱 型	箱型群组代码	主 要 特 征	箱型代码	原代号
U/5	敞顶式集装箱	UT	——端或两端开口	U0	50
			——端或两端开口并有活动的上端梁	U1	51
			——端或两端以及一侧或两侧开口	U2	52
			——端或两端以及一侧或两侧开口并有活动的上端梁	U3	53
			——端或两端开口以及一侧部分开口和另一侧全部开口	U4	54
			—全部敞顶，带固定的侧壁（无开门）	U5	
			—备用号	U6	55
			—备用号	U7	56
			—备用号	U8	57
			——备用号	U9	58
P/6	平台（和台架式）集装箱 —上部结构不完整	PL	—平台集装箱	P0	60
	—固端结构	PF	—双固端结构	P1	61
			—固定角柱，活动侧柱或活动顶结构	P2	62
	—折端结构	PC	—可折的完整端结构	P3	63
			—可折角柱，活动侧柱或活动顶结构	P4	64
	—带完整的上部结构的台架式集装箱	PS	—散顶、敞端（骨架式）	P5	65
			—备用号	P6	68
			—备用号	P7	69
			—备用号	P8	
			—备用号	P9	
T/7	罐式集装箱 —非危险性液体货	TN	—最低试验压力 45kPa	T0	70
			—最低试验压力 150kPa	T1	71
			—最低试验压力 265kPa	T2	72
	—非危险性液体货	TD	—最低试验压力 150kPa	T3	73
			—最低试验压力 265kPa	T4	74
			—最低试验压力 400kPa	T5	75
			—最低试验压力 600kPa	T6	76
	—气体货物	TG	—最低试验压力 910kPa	T7	77
			—最低试验压力 2 200kPa	T8	78
			—最低试验压力（未定）	T9	79
A	空/陆/水联运集装箱	AS		A0	90

注：原代号指本标准 1984 年版本规定的箱型代号。

使用说明

按照 ISO 6364.2 中第 6 章 "标记的标志方法"，箱型和尺寸代码应作为一个整体在集装箱上标识。其组配代码结构如下。

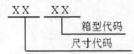

例如：22G1 指箱长为 20ft（6 068mm），箱宽为 8ft（2 438mm）和箱高为 8ft6in（2 591mm），上方有透气罩的通用集装箱。

参 考 文 献

［1］杨茅甄. 集装箱运输实务[M]. 北京：高等教育出版社，2007.

［2］林益松，郑海棠. 国际集装箱班轮运输实务[M]. 北京：中国海关出版社，2011.

［3］杨志刚. 国际集装箱码头实务：法规与案例[M]. 北京：人民交通出版社，2011.

［4］武德春. 集装箱运输实务[M]. 北京：机械工业出版社，2007.

［5］李金龙，刘海英，宋作玲. 集装箱物流实务[M]. 北京：清华大学出版社，2010.

［6］陈广. 集装箱运输实务[M]. 经济出版社，2010.

［7］曹晓发. 集装箱运输实务[M]. 北京理工大学出版社，2010.

［8］谢东建. 集装箱运输管理[M]. 北京：中国物资出版社，2007.

［9］姜大立. 现代物流装备[M]. 北京：首都经济贸易大学出版社，2004.

［10］黎孝先. 国际贸易实务[M]. 北京：对外经济贸易大学出版社，2000.

［11］刘锡蔚. 集装箱船舶积载[M]. 北京：人民交通出版社，1997.

［12］姚大伟. 国际贸易运输实务[M].北京：中国对外经济贸易出版社，2002.

［13］刘伟，王学锋. 国际航运实务[M]. 北京：人民交通出版社，2000.

［14］浦田楠雄. 集装箱化与标准化[M]. 刘鼎铭译. 北京：中国标准出版社，1995.

［15］蒋正雄，刘鼎铭. 集装箱运输学[M]. 北京：人民交通出版社，1997.

［16］于汝民. 集装箱码头经营管理[M]. 北京：人民交通出版社，1999.

［17］田聿新. 国际集装箱货物多式联运组织与管理[M]. 大连：大连海事大学出版社，1999.

［18］姚宗明，林国龙. 集装箱运输管理[M]. 大连：大连海事大学出版社，1986.

［19］杨志刚. 国际货运代理业务指南[M]. 北京：人民交通出版社，1997.

［20］武德春. 集装箱运输实务[M]. 北京：机械工业出版社，2003.

［21］真虹. 集装箱运输学[M]. 大连：大连海事大学出版社，1999.